中国労農教育政策の形成と展開

解放後の国家政策における
人材観を中心に

王　国輝 著

大学教育出版

中国労農教育政策の形成と展開
―解放後の国家政策における人材観を中心に―

目　次

序　章　本研究の課題と方法 …………………………………………… 1
　　第1節　課題意識 ……………………………………………………… 1
　　　　1. 労農教育の歴史と定義　1
　　　　2. 中国成人教育の現状と課題および労農教育との関連　6
　　　　3. 解放後の労農教育政策研究の意義　9
　　第2節　先行研究の検討 ……………………………………………… 15
　　第3節　本研究の課題の限定と方法 ………………………………… 19
　　第4節　労農教育の時期区分と本書の構成 ………………………… 22
　　　　1. 時期区分について　22
　　　　2. 本書の構成　25

第1章　中国共産党統治地域の解放区における労農教育実践の萌芽 ……… 32
　　第1節　中国共産党の成立と労農教育思想 ………………………… 32
　　　　1. 改良の視点に立つ「平民教育」運動と「郷村教育」運動の展開と
　　　　　識字教育　32
　　　　2. 共産党の成立と革命の視点に立つ教育普及　36
　　第2節　共産党解放区における労農教育施策とその実践 ………… 41
　　　　1. ソビエト区期における労農教育の展開　42
　　　　2. 日中戦争期における労農教育の展開　47
　　　　3. 解放戦争期における労農教育の展開　52
　　小　結 …………………………………………………………………… 56

第2章　社会主義体制下の国民経済復興と労農教育体系の確立期 ………… 63
　　第1節　国民経済復興における人材観と労農教育体系の確立 …… 64
　　　　1. 復興期の政治経済状況と教育への要請　64
　　　　2. 労農教育の提唱と労農教育体系の確立　69
　　　　3. 普及と向上の方針に見る人材観　72
　　第2節　労農速成中学の創設・展開 ………………………………… 76
　　　　1. 労農速成中学の展開における諸規定　76

2. 学生募集に見る労農教育の理念　79
　　　3. カリキュラム計画に見る労農教育の理念・方法　80
　　第3節　労農業務余暇教育の成立とその実践的展開……………87
　　　1. 都市部における労働者業務余暇教育の施策とその実態　87
　　　2. 土地改革の実施と併行する農村部における識字教育の提唱とその実態
　　　　　　　　　　　　　　　　　　　　　　　　　　　　　　92
　　小　結………………………………………………………………103

第3章　文化教育と生産教育の結合としての労農教育体系の展開期………109
　　第1節　第1次5カ年計画に見る人材観………………………109
　　　1. 第1次5カ年計画の実施とそこに見られる人材観　109
　　　2. 「速成識字法」実施の偏向に対する修正と労農教育展開の方向　115
　　第2節　労農速成中学の調整……………………………………117
　　　1. 労農速成中学の調整における政府関連規定　117
　　　2. 学生募集要項の調整に見る労農教育の理念　118
　　　3. カリキュラム計画改訂草案に見る労農教育の理念　121
　　　4. 東北農学院付設労農速成中学の概況と学員回想録に見る労農速成中学の実態　123
　　　5. 労農速成中学の特質について　129
　　第3節　労農業務余暇教育の調整・展開………………………131
　　　1. 工業建設の重視に伴う労働者業務余暇教育の展開　131
　　　2. 合作社運動の推進に伴う農村部の識字教育施策の調整・展開　135
　　　3. 識字教育実践における問題とその解決策への探求　140
　　小　結………………………………………………………………145

第4章　大衆路線方針の提出と労農教育体系の「大躍進」期……………153
　　第1節　「教育と生産労働を結びつける」理念の登場と人材観の変化
　　　　　　　　　　　　　　　　　　　　　　　　　　　　　　153
　　　1. 建国初期における教育展開の問題点と教育改革の要請　153

2.「大躍進」政策と「人民公社」の成立に見る人材観の変容　158
　　3.「教育は生産労働と結合しなければならない」理念の提出　159
　第2節　半労半学制度の提唱・試行とその実践的展開 …………… 162
　　1. 劉少奇による「2種類の教育制度と2種類の労働制度」の提起　162
　　2. 農村部における農業中学の創設とその実践的展開　164
　　3. 都市部における半労半学教育の実践的展開　170
　第3節　「大躍進」運動と労農業務余暇教育の「大躍進」………… 172
　　1. 非識字者一掃標準の再確認　172
　　2. 労働者業務余暇教育の体系化と「大躍進」　173
　　3.「大躍進」「人民公社」の推進に伴う農村部の識字教育の「大躍進」
　　　　　　　　　　　　　　　　　　　　　　　　　　　　　181
　小　結 ……………………………………………………………… 183

第5章　経済調整の実施に伴う労農教育の調整期 ……………………… 192
　第1節　「大躍進」運動への反省と経済調整の展開に伴う人材観の変容
　　　　　　　　　　　　　　　　　　　　　　　　　　　……… 192
　　1. 経済調整に伴う教育調整の方針　192
　　2. 毛沢東の教育観における階級闘争理念の強化とそこに見る人材観
　　　　　　　　　　　　　　　　　　　　　　　　　　　　　194
　第2節　労農業務余暇教育の調整と展開 ………………………… 198
　　1. 調整期までの大学レベルの通信教育と夜間大学の初歩的展開　198
　　2. 調整期における大学レベルの通信教育の強化　199
　　3. 業務余暇教育に見られる階級教育の強化　204
　第3節　半労半学制度の再提唱と展開 …………………………… 205
　　1. 半労半学制度の衰退とその理由　205
　　2. 劉少奇による半労半学制度の再提唱　206
　　3. 調整期の実践に見る半労半学制度　210
　　4. 半労半学制度の特質について　216
　小　結 ……………………………………………………………… 217

目　次　v

終　章　中国の労農教育政策の展開における特質と残された課題…………222
　　第1節　中国の労農教育政策の展開における特質 ……………………222
　　　1. 中国の労農教育政策の展開過程に示す「人材像」と国家目的との関係　223
　　　2. 中国の労農教育政策の展開過程に示す「人材像」とその基本的教育内容　226
　　　3. 国家政策の展開と民衆の教育要求との関係　228
　　第2節　残された課題……………………………………………………233
　　第3節　労農教育から成人教育へと今後の課題 ………………………234

補　論　「改革開放」期の中国における成人教育政策の展開とその特質 …239
　　はじめに …………………………………………………………………239
　　第1節　「改革開放」期の中国における成人教育政策の展開過程 …242
　　　1. 成人教育の確立期における成人教育政策　242
　　　2. 成人教育の発展期における成人教育政策　246
　　　3. 21世紀へ向けた成人教育の展開期における成人教育政策　249
　　第2節　中国の成人教育政策の展開における特質 ……………………254
　　　1. 成人教育と国家目的との関係　254
　　　2. 成人教育と学校教育との関係　256
　　　3. 成人教育と生涯教育との関係　259
　　おわりに …………………………………………………………………261

参考文献 ………………………………………………………………………265
付　録 …………………………………………………………………………272
あとがき ………………………………………………………………………283

序　章

本研究の課題と方法

第1節　課題意識

　本研究は、中国共産党による中華人民共和国の国家建設のあり方と教育の関係性について、その建国から文化大革命に至るまでの労農教育（中国語では［工農教育］という。以下、本書中に原語を示す場合［　］で表す）に着目し、政府の施策や行政的な動きからその内実（方針・対象・内容・方法）を歴史的にあとづけることを通じて、中国社会の諸要因に規定されながら政策化され、実践された労農教育の特質を実証的に明らかにすることを目的とする。

1．労農教育の歴史と定義

　労農教育について『成人教育辞典』では「ある時期における中国成人教育の通称」として、具体的に「1950年代から70年代に至って中国では管理機関の設置、成人教育関係の書類の作成および教材の編纂などにおいて、成人教育の通称として扱われている」[1]と概念規定している。

　こうした場合に、ある時期における中国成人教育の通称としての労農教育について定義をするなら、その歴史的、社会的背景に即して、労農教育の概念を構成する諸要素を明らかにし、その特徴を分析しなければならない。そこで、労農教育の歴史を顧みた上で、本研究における労農教育の定義を明らかにする。

　中華人民共和国建国初期[2]には、「新民主主義」[3]体制がうたわれ、共産党が実質的に政策をコントロールすることに力を注いだ。そして、当面の急務で

ある非識字者をなくすこと、国家建設のための人材を養成することなどの課題に取り組まなければならなかった。1949年に開かれた第1次全国教育工作会議では、「教育は国家建設に奉仕し、学校は労働者・農民に対して門戸を開かなければならない」[4)]と教育方針が定められた。国家建設のための人材養成と教育機会の均等を目指す教育拡大という2つの目標が同時に掲げられたのである。しかし、学校教育の普及が遅れたため、労農教育は学校教育に代わってより多くの役割を果たさざるを得ず、共産党と政府によって労農教育の振興が重要な政策として行われた。建国後の1951年にはすでに、新中国の国家建設のために、学校教育と並行する教育制度として、労農教育は独自の体系を整えていた。それは従来学校教育体系の外に置かれていた労農大衆のための初等・中等レベルの業務余暇学校が正規の学校として認められ、中等・高等教育機関に接続され、労農大衆への教育機会拡大と質の向上が図られることになった。詳しく言えば、一方では労農階層の幹部およびその中堅者の速成を意図した労農速成中学から人民大学へという新たなタイプの学校系統の創設である。もう一方では、非識字者の一掃を目的とした業務余暇教育の展開、各種文化ネットワークの建設であった（図序-1を参照、p.5）。これが、「二本足で歩く」という方針であり、学校教育を発展させるとともに、労農成人大衆向けの労農教育も発展させることが目指された。「二本足で歩く」とは、2つの意味から理解できるだろう。一つは、教育体系としては定型の学校教育体系のほか、非定型の成人教育体系を意味しており、もう一つは、学校の運営方式としては、公立学校のほかに民営の学校も必要であるということである。この方針では労農教育が教育政策の中でも重要な位置を占めていたといえよう。

しかし、1953年より実施された第1次5カ年計画は重工業の発展を中心とするものであり、それに即して教育も技術人材養成のための高等教育に力点をおき、限られた資源は「農村よりも都市に、軽工業よりも重工業に、小・中学校よりも大学・高等専門学校に優先する」という傾斜した政策が実施されたため、掲げられた国家建設のための人材養成と教育機会均等を目指す教育拡大の2つの目標が円滑に実施されたとはいえない。

第8回中国共産党の全国大会（1956年）以降、全国的に社会主義建設が開

始された。1957年2月に、毛沢東は「人民内部の矛盾を正しく処理する問題について」という講話の中で、「我々の新教育方針は、教育を受けるものを徳育、知育、体育のそれぞれの面で発達し、社会主義的自覚を持たせ、教養を備えた勤労者に養成することである」[5]と述べ、明確な教育目的を打ち出した。この教育方針においては、毛沢東の全面発達の教育思想が明らかにされたと同時に、学生の政治涵養、すなわち社会主義者としての自覚の育成が強調された。その後の整風運動[6]、反右派闘争、とくに1958年から1960年までの「大躍進」[7]期において、民衆の政治的動員による国家建設が試みられた。教育においては、民衆の政治意識の覚醒が図られ、中でも労農教育においては、「半労半学」[8]、教育と生産労働の結合を基本とした「教育革命」が誇大的に進められ、最大の規模に達した。

　1966年からプロレタリア革命路線とブルジョア反動路線・修正主義路線との対立で爆発した「文化大革命」期には、教育は「階級闘争の道具」として政治化された。労農大衆は国家の主人公としての権利を行使し、勢いに乗って教師と立場を逆転させた。教師は体力の労働に従事し、労農大衆は学校の管理に乗り出した。その結果、正常な教育秩序が破壊され、大量の非識字者が生み出された。そこでの教育政策の策定は、国情とくに社会経済発展の現実状況から離れる教育政策であった。

　そして、1978年からの「改革開放」期においては、「階級闘争を主要な任務とする」という指導方針が廃止されることによって、全国の主要任務は経済建設を中心とする軌道に修正された。中国において、「成人教育」という専門語が用いられ始めたのも、改革開放期以後のことである。中華人民共和国建国後、1950年代には、「成人教育」という言葉が非公式な形では散見されるが、政府の公式文書にはまったく見られず、公的に用いられたのは、1981年に結成された成人教育関係者の協議体である中国成人教育協会を嚆矢とする[9]。

　とくに1982年の中国共産党の第12期大会において、教育は国家経済建設戦略の重点の一つにすえられ、経済発展に資する人材養成が重視されるようになった。文化大革命以後、中国の現実に基づくならば、教育を受けられなかった就労者への教育および経済発展における多くの人材養成の要求は単なる学校

教育の普及の問題ではなく、成人教育も経済発展における各種人材の養成に努めなければならなかった。そこで中国の国情に合わせて、「二本足で歩く」という方針を徹底的に実行しなければならなかったため、成人教育に関する政策立案が求められるようになってきた。当時の人々の教育水準からすれば、多くの青壮年の文化技術の向上と識字教育は、依然として、重要な任務になっていたと同時に、経済発展に必要な各種中、高級の人材も養成しなければならなかった。

　以上、中華人民共和国成立後の国家目的の変容と労農教育の位置づけの変化を概観してきた。この変化から学校教育の普及が遅れたため、労農教育がより多くの役割を果たさざるを得なかったことが、中国における教育の展開を考察する上で見過ごすことができない特質として指摘できる。こうした学校教育と労農教育を並行させる教育制度は、いわゆる中国の教育体系を語るときの通説、「二本足で歩く」ということである。その片足としての労農教育は、中華人民共和国建国後においては、社会主義の経済、政治、文化と教育の発展および旧教育の改造のために、中国政府が労農教育の必要性を提唱し、その結果、教育体系における労農教育の地位が確立され、さらに普通学校教育と併行する成人学校制度が初歩的に構築された。識字教育および労農大衆に向けた多くの成人初等教育機関、中等教育機関のほか、成人高等教育機関が設置され、教育の一部門として、重要な役割を果たしてきた。

　そこで、筆者は「労農教育」の定義を下記のようにまとめることができると考える。労農教育とは、中華人民共和国成立後から1970年代に至って人民民主専制政権の強固、経済の復興と発展の要求に基づいて、その基礎である労働者と農民に対して、計画的、組織的に行われた各種各レベルの教育の総合体である。とくに、労農教育は、人民民主専制を固め、強大な国防力と強力な経済力を建設するために、新中国の人民民主専制政権の基礎である労働者と農民に対して、生産の現場で労働に従事しながら同時に多種多様な方法で基礎学力（非識字者の識字化と大衆の政治意識の涵養、および各職業領域に必要な専門的知識・技能などを含む）を身につける、人材養成の方法として実施された政策である。それは、労働者・農民における文化的な疎外状況を克服する道筋を

示そうとしたものではあるが、従来の国民形成のための社会教育が、階級概念を帯びた労農教育へと変容を遂げていったものと理解できる。その組織形態は図序-1 に示されるように、各種各レベルの労農余暇学校（［業余学校］）、労農速成学校などであった。

なお、「教育政策」であるが、『新教育大事典』によると、広義には、政治機関（立法・行政・司法の諸機関）が教育に関してとる方策の全体をいい、狭義には、教育行政を通じて実施される具体的な教育施策とそれらの根底にある理念・原則・方針とが含まれる[10]。

そこで、本研究では「労農教育政策」とは、「国家政治機関が労農教育に関して示す基本的な理念や思想、そしてそこから導かれる方針とその具体的な教

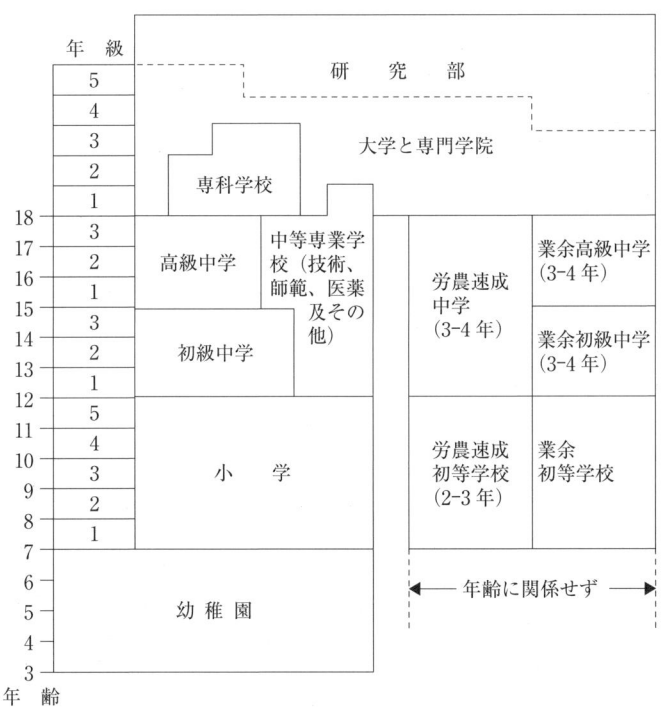

図序-1　建国初期の学校制度
出所：中国研究所編『中国年鑑』石崎書店、1955 年版、p.391。

育施策」と定義する。

2. 中国成人教育の現状と課題および労農教育との関連

「文化大革命」終了後の「改革開放」期において、国家経営の主眼が政治運動から経済建設へと移行し、国家政策が転換されたことによって、「文化大革命」で中断されたすべての教育も早急な回復が必要であるということが認識された。とくに1982年の中国共産党の第12期中央委員会において、初めて教育が重要な国家戦略として位置づけられ、教育体制の改革が行われた。また社会、政治、経済の発展および人々の学習ニーズの向上にしたがって、政府から成人教育重視の方針が出された。すなわち、1980年代中期において経済体制、政治体制、教育体制の改革の進展に伴う1987年の国家教育委員会より公布された『成人教育の改革と発展に関する決定』[11]、1992年の中国共産党の第14回大会における市場経済[12]政策の提起に伴う1993年の『中国教育改革と発展に関する要綱』[13]、さらに1999年市場経済体制の実施および人々の生涯学習のニーズの要請に伴う『21世紀へ向けた教育振興行動計画』[14]などに示されている。確かに「文化大革命」以降、人材の養成、労働者の資質の向上、成人教育そのものの発展において大きな変化が生じた[15]。それにもかかわらず、今なお、中国成人教育はまだ多くの問題を抱えているといわざるを得ない。教育発展に関する国家戦略において、成人教育の位置づけは重視されてはきたものの、十分とはいえない。それは以下のようである。①成人教育の役割が十分に認識されていない、②成人教育システムがまだ整備されていない、③成人教育の理論が深化されていない、④成人教育への投資が足りない、⑤訓練方式と手段が遅れている、⑥中央、地方政府による政策は優先されるが法制度の整備が進んでいない、⑦「人治」が「法治」にとって代わるなどの現象[16]が存在している、などである。とくに1990年代半ば以来、成人教育と職業教育などとの関係において研究者、政府関係者らの間で「代替論」「合併論」「分解論」[17]などの認識があって、それらが成人教育の発展を妨げているとも考えられよう。例えば、1996年初頭、国家教育委員会政策法規司から成人教育法の制定に関する通知書が出され、成人教育関係者による起草委員会が数回にわた

る検討を行った結果、1年後、『成人教育法（草案）』ができあがった。しかしながら、成人教育法制定の必要性などへの認識が一致していないため、いまだ成人教育法、または関連の生涯学習法は公布に至っていない。公布を妨げる主要な意見としては、①成人教育は、すでに他の教育法規（職業教育法など）の中で規定されて、成人教育単独法立法の必要性がない。②学校教育と比べて、成人教育は広範で複雑であり、多様な教育活動を一つの法律の中で規定することは技術的に難しいなどの意見が挙げられる[18]。また、1998年の国家教育部の機構改革の中で、従来の成人教育司は職業教育司と合併され、職業教育と成人教育司に改組され、成人教育司の大部分の職能は発展企画司、基礎教育司、高等教育司、高等教育学生司などに移管された。つまり、成人教育の行政的任務が縮小され、職業教育領域へと包括されたものと考えることができよう。それは新たな職業教育と成人教育司の主要な管掌業務が職業学校教育で占められていることからもわかる。

　2001年に中国は、WTO（世界貿易機関）加盟を受けて、関連の法整備や人材養成に乗り出した。2001年10月に、中国教育部が提出した全国教育事業の第10次5カ年計画の中にも、2005年までの主な目標として教育法律体系の完成が明記されている[19]。つまり、成人教育の発展および成人教育に関する法整備などが迫られているということである。また、政治、経済体制の転換、経済の複雑高度化や国際化の進展に伴って、中国成人教育政策の環境も大きく変わるようになった。例えば、民間の教育への参入、教育行政部門の職能の変化などにしたがって、成人教育政策そのものも改めて位置づけ直さなければならないし、その内容も改めて構築されなければならない。また、現実の諸政策、諸課題の解決のため、いっそう合理的、計画的な政策の作成、決定、執行を迫られるようになった。それゆえ、科学的分析に立脚した政策形成過程の解明などを通して、適切な政策形成に役立つ研究が求められているといえよう。

　また、今後政治民主化の進展および経済の更なる発展に伴って、生涯学習の実現に向けた成人教育政策がますます進められると思われる。いわゆる政治民主化の進展といえば、中国共産党の第16回大会における「三つの代表」[20]が党規約に盛り込まれたということが象徴的である。「三つの代表」の提起は、

「21世紀の半ばに向けて中国共産党が新しい時代に対応した政党を作っていくための足がかりを盛り込んだということ。つまり『階級政党』から『国民政党』に転換するきっかけである」[21]との認識もされている。また、市場経済と自由貿易をモットーにするWTOへの加盟は、中国の改革にグローバル・スタンダードとの「接軌」(リンケージ)という方向性を付け、「改革開放」を促進することになろう。「三つの代表」論そして市場経済化の推進を通して、今後の中国においては、市場メカニズムの中で高度成長と民衆の生活向上を目指していきインターネットに代表される情報化時代の文化や、国民の生活向上に伴う価値観や趣味の多様化、先進国から導入された新しい哲学・思想・経営理念などが中国の文化主流になり、「階級政党」から「国民政党」への転換により党の支持基盤を拡大していくなどの変化が生じるだろう。こういう変化に伴って、成人教育にとっては、成人全体に平等的な教育を受ける機会を提供することが最大の任務になる[22]。したがって単なる国家目的から出発するのではなく、人々の自身の成長に役立つ成人教育政策の展開が求められるであろう。

　総じて、今日における成人教育の直面する問題は、以下の2点に集約することができる。1点目は、成人教育の国家目的と学校教育との位置づけの再確認のことである。2点目は、中国の成人教育政策の展開は今後民衆の高まる学習要求の進展と生活の向上による人権意識の高まりに伴い、新たな政策的対応が必要となると考えられる。つまり、成人教育政策の展開は、民衆の高まる教育要求をいかに結びつけていくか、の問題である。これらの問題をいかに解決すべきか、このような問いに目を向ける時、解放後中国の教育における「二本足で歩く」方針と労農教育の位置づけの確立と展開を検討しなければならない。なぜなら、それは解放後の労農教育の歴史の中で積み残された課題だからである。しかも、従来の研究では、プロレタリア階級による革命という視点から労農教育は建国に資する労働者養成の政治運動という性格が一面的に強調される傾向があった。しかし国家建設に資する人材育成という現実的課題に応えながらも、同時に労働者自身の生活と密接に結びつき、知識や技術を習得することで自らを向上させ、いっそう意欲的に学習に参加させる実践であったという側面を有していたと考えられるからである。

したがって、建国初期においては、共産党政権はどのような社会・経済などの現実に直面してきたのか、そして、それが要求し、生み出した人材観の核心が何であったのか。こうした人材観に対して、労農教育がどのようにとらえられたのか、などの労農教育の到達点とその展開過程が内包していた諸問題を明らかにする必要があると考えている。

また、解放後の労農教育政策の分析は、中国社会の現実の成人教育問題を考察するための基礎的な作業であるといえる。なぜなら、今日の中国の成人教育の根幹（成人教育制度など）は建国初期に形成されたと考えられるからである。その基本的な骨格（「二本足で歩く」）は現在まで続けられており、今日の成人教育問題を分析する時、常に基礎的な検討の対象となりうる。

3. 解放後の労農教育政策研究の意義

解放後の労農教育政策研究の意義は、以下の3点にある。

（1） 中国における国家建設のあり方と教育との関係を考察するために

中国における教育を一つの社会現象としてとらえ、教育上の諸過程の基礎が与えられた特殊具体的な社会の生産様式の中にある、とする見方は、長い間、中国における教育学の重要な視点の一つであった。それはいわゆる社会の上部構造（政治、法律、文化、教育）は下部構造である経済基礎の変化により、変わることになる。確かに、1949年の新中国成立後、建国直前に公布された暫定憲法ともいうべき『共同綱領』の第41条では、人民政府の文化教育活動は、人民の文化水準を高め、国家建設人材を養成し、封建的、買弁的、ファシズム的思想を一掃し、人民のために奉仕する思想を発展させることを主要な任務とすべきであると規定されている。これは、教育に国家建設に資する人材を養成すると同時に、封建的、買弁的、ファシズム的思想を一掃することも重視すると要求されており、教育の政治的働きと経済的働きをともに重視することも明らかにされた。つまり、中国における教育は、とくに解放初期においては、基本的には、新生の社会主義体制の維持と社会主義経済の発展が最優先事項となっており、政治に従属し、国力伸張を図るための国策遂行の一つの手段であ

ると考えられる。従来の研究では、プロレタリア階級による革命という視点から労農教育は建国に資する労働者養成の政治運動という性格が一面的に強調される傾向があった。しかし、国家建設に資する人材育成という現実的課題に応えながらも、同時に労働者自身の生活と密接に結びつき、知識や技術を習得することで自らを向上させ、いっそう意欲的に学習に参加させる実践であったという側面を有していたと考えられる。牧野は「経済装置としての国家が成立して後の、国家制度としての教育制度は、国家の道具でありながら民衆の道具でもあり、その場において、国家の意思と民衆の意思とが一致し合い、またせめぎ合いつつ、教育の現実をつくりだしている」[23]と中国の改革開放期における教育の特質を指摘している。これは普通教育に対するだけではなく、労農教育の場合においても同じであったと考えられる。こうした視点からの分析により、当時の共産党政権の強制的支配下にあっても、労農教育政策が一面的に強制によって行われていたのではなく、民衆の生活上の利益との接点を国家政権と民衆双方が探るような形で、実施されていたであろうという構造をとらえることができる。それはまた、共産党政権の教育政策の性格に新たな一頁を加えるものと思われる。

（2） 今日における成人教育理論の創造・発展と現実の成人教育の実践の深化に寄与することを目指す

近年の中国における高度成長の恩恵は、都市世帯・農村世帯の双方にもたらされており、収入の増加ペースでみれば、農村世帯も都市世帯とほぼ同水準の伸びとなっている。しかし、収入額の水準を見ると、都市世帯の収入は2005年時点で、農村世帯の3倍以上である[24]。そこで、中国政府は、2006年3月5日に開幕した第10期全国人民代表大会において、農村重視の政策を強く打ち出し、都市と農村の間の大きな所得格差の縮小を目指している。そこで「農村における教育、技術訓練、文化事業を大いに発展させ、文化、技術、経営に精通した新型農民の養成」を提起している[25]。しかし、現実としては、現在中国には8,507万人の非識字者がいる。そのうち約2,000万人が15～50歳の青壮年に相当し、その90％は農民である[26]。この数字の膨大さは、義務教育

がまだ十分に普及していないことを示している。また、貧困のために子どもを養い、本を買ってやることができない。これらの子どもが近い将来の非識字者になるという悪循環に陥る。これは今日の農村においては、文化水準の向上どころか、文化の普及の仕事も急務であることを思わせる。

今日の中国都市部社会においては、社会主義計画経済から市場主義経済への急速な転換に伴う市民個人の位置づけの急激な転回によってもたらされる社会的な動揺に直面している。そして、個人の市場経済への適応とより良い生活を求める競争への参加の平等の機会を、教育において引き受けて保障しつつ、人々の生活の向上要求を実現し、住民の相互理解を進めて、職業生活や日常生活を安定させる。その一方で人々の労働力としての流動化を促進し、市場経済を活性化することで、労働力構造や社会構造の変化などがもたらす諸問題を吸収し、解決することが、行政が目指す政策である[27]。また、最新の国務院研究室の発表した『中国の農村からの臨時就労者に関する調査報告』（[中国农民工調研報告]）によると、農村からの臨時就労者（[農民工]）は中国の第2次産業の従業員の中で58％、第三次産業の従業員の中で52％を占めており、すでに中国の経済発展を支える重要な労働力になっている。同報告は、農村からの臨時就労者が労働者と農民の間、都市と農村の間の労働力移転の新たな活路を切り開いて、第2次と第3次産業の発展のためにローコストの労働力を不断に提供し、製造業、建築業、飲食サービス業などの労働密集型産業の従業員の不足を埋めたと指摘している。しかし、こうした農村からの臨時就労者をめぐっては、量的な問題にとどまらず、知識・技能の普及と向上なども課題となっており、一定の教育的役割が寄与していると考えられる。

前記のような社会・経済構造の変化への対応、そして、今の中国における各階層の所得格差拡大、各地区経済発展格差の拡大などの社会問題を解決するために、中国政府はさまざまな措置を講じている。その一環として教育も重視され、学校教育を中心にした教育改革が行われてきた。しかし、学校教育整備の都市—農村間の格差は、新たな貧富の格差を生み出すなどの問題を生じさせた。しかも経済発展にとって鍵となる労働者の教育水準の向上にも効果的な作用を及ぼしているとはいえない状況にある。これらの社会問題とくに教育の

諸問題をいかに解決すべきか。このような問いに目を向けるとき、九年制の義務教育がまだ完全に普及していない中国では、教育普及の目標を実現するために学校教育とともに成人教育を重視する「二本足で歩く」という方針を貫徹しなければならないと考える。なぜなら、成人教育はすでに就労している人々を対象とし、人々の生活向上と国家の経済発展に直接的な作用を及ぼすことになると考えられるからである。とくに注目すべきことは、牧野が指摘したように、社会の急激な構造転換に伴って、従来の「単位」[28]が保障してきたさまざまな社会的なセーフティネットが機能不全を起こしており、それに代替する社会的なシステムの構築が焦眉の急となっていることである。そのための措置として、民衆に、労働市場における競争力をつけ、その市場価値を高めるための教育を受ける機会を与えたり、「単位」が保障してきた職業教育を社会化して、正規の学校教育へと組み込むとともに、就労後のキャリアアップ、離転職を促すための短期職業訓練のシステムを構築して、人々の再教育・再訓練が支援されたりしている。また、「単位」の職員から地域コミュニティの住民へと性格を変えた人々に対するさまざまな文化・教養教育や、流動の激しい地域コミュニティにおける住民相互の融和を図るための市民教育を行うなどの措置も進められた。このように、従来の学校教育では担えないさまざまな新しい形態の教育機会の提供と普及が、成人教育の分野を中心にして、社会的に養成されることとなってきたのである[29]。つまり、「単位」の解体に伴い、個人が自らの生活の必要に応じて、自らの生活を向上させるための学歴や学位を取得し、また技能・技術を身につける学習とその機会の保障のために成人教育への国家的関与が図られるべきなのである。このように進められてきた中国成人教育政策は、今後民衆の学習要求がさらに高まることに伴っていかなる対応をとるかが注目される。

　ところで、中国における教育は、とくに解放初期においては、基本的には、新生の社会主義体制の維持と社会主義経済の発展が最優先事項となっており、政治に従属し、国力伸張を図るための国策遂行の一つの手段であると考えられていた。こうした中で中華人民共和国建国初期には、当面の急務である非識字者をなくすこと、国家建設のための人材を養成することなどの課題に取り組ま

なければならなかった。しかし、学校教育の普及が遅れたため、労農教育は学校教育に代わってより多くの役割を果たさざるを得ず、共産党と政府によって労農教育の振興が重要な政策として行われた。建国後の1951年にはすでに、新中国の国家建設のために、学校教育と並行する教育制度として、労農教育が独自の体系を整えていた。つまり労農教育は教育政策の中でも重要な位置を占めていたのである。そしてそこにおける人材養成は中国建国初期における政治、経済の発展に貢献してきた。また、労農教育においても労働者、農民を共産党が指導し解放運動へと組織するための役割が強調されており、教育と政治との関係がより直接的に現れている。そのため、中国共産党政権下の政治と国家目的を強く反映した労農教育の実態を見ることは、国家政策に従属した中国教育政策の特質の一端を析出することにつながると思われる。解放後の労農教育展開の特質を析出し、今日の状況を見る実践的・理論的視点を提示することが課題である。

（3）中国における生涯学習システムを構築するために

　周知のように、日本の生涯学習政策はコミュニティ形成や社会的再構築に重点がおかれてきた。これに対してイギリス等の生涯学習政策は、経済的な競争力と成長を目的に行われてきた。すなわち、こうした歴史的着眼点の違いはそれぞれに国の生涯学習の独自性に影響を与えてきたと思われる。中国の場合は、近年の目覚しい経済発展の基礎には、中国社会の流動化とそれを促し、支える、成人教育の生涯学習化と学習機会の拡大による社会の学習化が存在している。そこで、中国社会の諸要因に規定されながら政策化され、実践された成人教育の価値がどのように形成されてきたか、教育概念を歴史的に究明する必要がある。それは、前述した現実の教育的実践の課題意識にもつながるからである。

　近代世界の発展において、成人教育の展開は社会、政治、経済などの状況と密接な関係があるが、それは中国も例外ではない。中国で「成人教育」という用語が公式的に用いられたのは1980年代のことであるが、中国における「成人教育」の成立と発展は、社会の諸状況の影響を深く受けており、屈折した、

複雑なものであった。そのためか、成人教育と関連する意義と内容をもつ用語についても、これまで通俗教育、社会教育、労農教育、職工教育、識字教育、継続教育、生涯教育など、さまざまな表現がなされてきた。19世紀後半、清朝の近代化政策として西洋の近代的な技術が取り入れられ、軍事工業などの工場が建設され、そこで働く人々に対する教育が行われたこと。これが近代中国における成人に対する教育の芽生えといえる。ただし、その内容は先進諸国の成人教育の模倣であった。例えば、学徒訓練班、図書館と博物館の開設および学習内容としての近代科学技術と社会科学知識などである。その後、辛亥革命によって、中華民国が建国された。中央教育行政機関である教育部の中に社会教育司が設置され、識字教育と国民意識の涵養が主たる目的として扱われた。当時は、労働者の資質が必ずしも高くはなかったため、成人教育は基本的に識字教育から始まったのである。1919年の「五四」[30]運動期においては、大学生リーダーたちによる平民教育運動が識字教育を中心として全国的規模で推進され、とくに労働者の資質の向上に貢献した。さらに、三回にわたる国共内戦[31]および日中戦争期には、共産党統治区、国民党統治区、そして日本占領区において、成人に対する教育がさまざまな形で進められてきた。しかしながら、新中国成立前における成人に対する教育は混乱的な社会環境の下でそれぞれ違う政治集団に利用され、その規模も小さなものであった。その内容は主に識字教育と、異なる階級集団ごとに行われた政治教育であった。

　中国建国までの成人教育は上述のようにとらえられるが、イギリスの学者ジョン・フィルトンが各国の生涯学習の新しい体制作りは各国の歴史と現実に基づかなければならない[32]と指摘したように、中国における生涯学習システムの構築はこうした今までの教育発展、とくに成人教育の展開の歴史を無視することができないと思われる。現実としては、中華民国期を中心とする近代史研究[33]や「改革開放」政策以降の現代史研究[34]に関しては、蓄積されてきたが、中国共産党の指導による解放をめぐる連続性に着目し、その間をつなぐ中国の建国初期を対象とした研究は、これまで資料的制約のため本格的に行われるに至っていない。そこで、本研究では当時の保存資料などによる具体的史実の提示により、中国成人教育史の研究に新たな視点を提示しようとするもので

ある。中国現代成人教育の展開における重要な一時期である労農教育の展開の検討をなくしては、近現代を貫く中国社会の成人教育の全体像を描き出すことはできない。

第2節　先行研究の検討

　ここで、これまでの労農教育に関する研究では、どのような研究成果が蓄積され、またこれらの研究で残されてきた課題とは、いかなるものであっただろうか。以下では、従来の研究の到達点と限界とを見ていく。

　中国における先行研究では、1950年代に各地における労農教育の実践の高まりを背景に、それを紹介した資料集の編集・刊行がなされた[35]が、それ以降は文化大革命などの政治的混乱によって、労農教育に関する研究は顧みられなくなった。1980年代の半ば以降、成人教育実践が盛んになるのに伴い、再び教育史研究の中で成人教育に関する研究が見られるようになった。その中で、中国革命発展史の視点から代表的な研究として、建国初期の労農教育について検討した方海興の研究が挙げられる。方海興は、建国初期の労農教育について、「人民教育事業の進展にともない、労農成人教育活動も日増しに展開され、新中国の文化教育事業の発展を推し進めたと同時に、人民民主専制を強固にするためにも寄与された」[36]という視点から建国初期の労農教育展開の事実を断片的に説明している。また、それ以降近年の近現代史研究重視の流れの中で、建国初期に行われてきた識字教育に関して多くの研究が行われた。とくに注目すべきなのは、1950年代の識字教育に焦点をあてた馬雲の修士論文である。馬は1950年代の農村の識字教育の特色を識字教育制度の整備、幹部教育の重視などとし、1950年代の識字教育運動の特色をまとめた。しかし、馬は建国初期における識字運動の背景を経済発展、および政治建設の需要に求め、その特色を識字教育制度の整備、幹部教育の重視などとしてまとめたが、その識字教育の政策的展開にほとんど触れていない[37]。また、蔵永昌は労働者教育史論の中で、1950年代の労働者教育の展開を概観している[38]。

　これらの労働者、農民を対象にし、展開されてきた教育に対するそれぞれの

研究のほかに、董純朴は、中国の成人教育通史の研究の中で、建国後の労農教育に関して、一章をさいて扱っている[39]。董明伝は中国建国50年来の成人教育の方針、政策、制度などの軌跡を整理し、とくに、「二本足で歩く」という方針の具体的な実践である半労半学制度という教育理念提出の背景、展開のプロセスなどについても整理している[40]。半労半学とは生産労働と教育を結びつけ、頭脳労働と肉体労働の両方に対応できる新しい人材養成のあり方を意味している。そこで董は労働者資質の向上、および社会生産力の発展の必要を半労半学教育制度の展開の背景として論じており、筆者もその必要性への認識に賛同できる。確かに1956年社会主義改造の達成および社会主義建設の開始に伴い、とくに「全国民の主要任務は力を集中し、社会主義生産力を発展し、国家の工業化を実現して、国民の増大する物質と文化に対する需要を徐々に満足すること」[41]が国家の発展の目標になり、教育の普及・向上、つまり、労働人民を知識化することが要求された。その必要性は1957年に毛沢東が提出した社会主義中国の教育方針[42]からも見られる。

これらの中国における先行研究においては、断片的に労農教育について概観されているものの、紹介の域にとどまり、研究対象として位置づけているものはないため、その展開のプロセスと問題の解明がなされたとは言いがたい。そして、もう一方で、これまで教育に恵まれなかった労働者・農民階級も政治的主導権の獲得によって自らの生活を向上させるために文化レベルの向上の要求もますます強くなってきたという視点が欠落していると思われる。さらに、先に指摘したように、建国後の各時期における労農教育の特質が明らかにされたとは言えない。とくに、国家の目的と民衆の教育要求とのせめぎあいの中での労農教育理念の変容過程が明らかにされていない。

先行研究では、国家意思による教育への統治的性格が強いという見解が見られる[43]。なぜなら、社会主義の体制を維持するために、教育は政治に従属し、国策遂行の一つの手段にすぎなかったからである。その一方で、中国は開発途上国であるので、国づくりに重点を注いでおり、それと同時に人づくりにも重点をおいていたからである。そこで中国の成人教育政策は中国共産党の国策に従属するような展開になり、経済、および政治発展に資する人間の養成が必要

であるという考え方が見られる。こうした中で、従来の中国教育史研究、とくに中国の研究においては中央政府の動向分析が主であったと言われている[44]。このように、先行研究では、人民民主専制による一方的な統制、あるいは政治的経済的方針を優先し、それに従属した教育政策が強調される傾向が強いが、こうした理解は、なぜ民衆がその押し付けられた教育に従順に、むしろ積極的に取り組み、自らの生活の中で自助努力による教育「普及」を進めていったのか、という疑問に答えられない。むしろ、上からの政策に対して、民衆レベルにおいては、まさにその生活において「向上」を願う論理が内包していたのではないか。つまり、国家の目的と民衆の教育要求とのせめぎあいが見られたのではないかと考えられないだろうか。この意味で現実としては、建国初期においては、労農教育が重要な役割を果たしたにもかかわらず、労農教育の展開における内実は何であったか、については明確にされておらず、さらに言えば、国家の意図した人材像の立場から建国初期の政策やその実行過程を見るとどのように労農教育が位置づけられたのか、については検討されていない。

　日本における中国教育研究においては、斉藤秋男と新島淳良の一連の業績が挙げられる。これらの研究では、「民族＝階級的教育史観」により、教育をより広い社会的機能としてとらえ、中国現代教育史を概説している。その中で、労農教育に触れてはいるが、利用し得る資料が限られ、また労農教育史を主たる研究対象としたものではないため、幹部学校教育および大衆教育の組織を簡単に紹介するにとどまっている[45]。さらに、新保敦子は、中国社会主義建設過程（1949〜1959年）における労働者教育が展開されてきたプロセスを考察している[46]。ここで、新保は、中国社会主義建設過程における労働者教育の到達段階を明らかにすることを課題として、労働者の教育要求と国家の政策との乖離が生じていたことを指摘し、その原因として「第一に、企業、教育行政部門、あるいは国家までを含めた各レベルにおいて、労働者教育に対する認識が不十分なこと」「第二に、労働者がいまだ階級として未熟である段階で、彼らの教育要求組織化が政府から発動される運動の形態をとったこと」を問題点として挙げている。そして、1950年代の労働者業務余暇教育が、解放後の特殊な状況下において、一定の限界を有しつつ展開したものであることを明ら

かにしている。しかし、国家の政策的意図と、労働者が自らの向上を目指す教育要求とは、一致した方向性も窺えるのではないかと考えられる。つまり、労働者の教育要求と国家政策とが齟齬を来す面とともに、さまざまな試行錯誤の中で、労働者の向上を目指す教育要求を巧みに汲み上げ、政策的に民衆利益の誘導をしつつも、そのことが労働者自身の生産と学習への強い動機と高い意欲を顕在化させ、実現しようとした可能性も考察しなければならない。

　また、奥野と李の研究では、「1950年代の識字教育に注目し、当時の識字運動の根底にあった識字教育の原動力を歴史的に考察して」[47]いくことを課題としているが、1958年からの「大躍進」政策と人民公社の展開による識字教育の推進について論じるだけで、1958年までの識字教育の展開とその原動力については分析されておらず、識字教育に関する具体策にも論及されていない。また、千野陽一の研究では、建国初期に行われてきた労農教育の流れを概観している[48]。すなわち、先行研究では、新中国の成立に当たって全人口の80%を占める農村部における識字教育政策の展開についての検討は不十分であるといえる。

　このように、これまでの先行研究では、資料的制約もあり、労農教育に関する個別的で断片的な研究にとどまり、いまだ本研究の対象である労農教育の全体状況の把握が十分になされていない。つまり、先行研究については、次のような問題点を指摘することができる。第1に、中国建国後の教育は、その原点としての共産党の指導下における解放区の教育政策との関係が問われてこなかった。第2に、建国後の各時期において、労農教育は国家目的やその示す人材像などの中国社会の諸要因にいかに規定されながら政策化され実践されたのか、という視点が欠落している。第3に、従来の研究では、必ずしも学校教育のみに焦点化しているわけではないが、学校教育が中心であり、労農教育の展開の実態については、明らかにされていない。それゆえ、学校教育の普及が遅れたため、労農教育はより多くの役割を果たさざるを得なかったという、中国における教育の特質が十分に検討されてこなかったことである。つまり、学校教育との関係性については問われていない。第4に、従来の研究では、プロレタリア階級の社会主義革命による解放という側面から、労働者養成としての業

務余暇教育の展開という政治運動としての性格が強調されがちであった。しかし国家建設に資する人材育成という現実的課題に応えながらも、同時に労働者自身の生活と密接に結びつき、知識や技術の習得が自らを向上させ、いっそう意欲的に学習に参加する実践であったという側面を有していたことが見過ごされた。以上にまとめられるような労農教育の多様性および多面性を中国社会の歴史的現実に位置づけ、総体として考察する視点が欠落していることが先行研究の限界として挙げられる。

第3節　本研究の課題の限定と方法

　以上の先行研究の検討から、中国における労農教育政策の成立と展開に関する研究は、まだ不十分であることが明らかになった。

　とくに新興の社会主義国家として出発した中国としては、人民民主専制政権の強固と経済の復興と発展の建国初期においても、中国独自の社会主義建設の展開の「大躍進」期とその後の調整期においても、すべての労農大衆に教育機会を提供するための量的「普及」と、国家建設に必要な専門技術人材を育成するための教育の質的「向上」、という2つの課題を抱えていた。労農教育政策はこうした「普及」と「向上」の2つの課題に直面し、展開されてきた。そこでは、どのような人材観が込められているか、その核心と内実は何であったか。そしてその人材観を具体化するために、教育制度がいかに構築されてきたか、労農教育がどのようにとらえられているか、つまり、労農教育政策の適切な政策プログラム、内容の選択・策定およびその政策の策定の背景（政治、経済、教育理念の変遷）、労農教育の展開はいかなるものであったのか、これらの相互関係を分析対象にした研究はほとんどなされていない。

　そこで、本研究は、中国共産党による中華人民共和国の国家建設のあり方と教育の関係性についてその建国から文化大革命に至るまでの労農教育（[工農教育]）に着目し、その内実（方針・対象・内容・方法）を歴史的にあとづけることを通じて、中国社会の諸要因に規定されながら政策化され、実践された労農教育の特質を実証的に施策や行政的な動きから明らかにすることを主眼と

する。

　具体的には、中国成人教育の形成と展開の研究の一環として、新中国成立から文化大革命までの労農教育政策の歩み、とりわけ各時期における労農教育政策について、国家施策における人材観を中心に、その政策の策定背景および主要なプログラムの分析と評価を通じて、労農教育の実現過程の特質の析出を目的とする[49]。そのために、以下のような課題を設定し、検討する。

　①　中国においては「教育は社会主義現代化の建設に奉仕しなければならず、教育は生産労働と結合しなければならず、徳育、知育、体育などのそれぞれの面での全面的発達の社会主義事業の建設者と後継者の養成に努めなければならない」[50]と規定されており、教育と政治、経済との関連は深いことが看取される。そこで、労農教育政策の展開に国家目的がどのように反映されてきたのか、すなわち、中国社会に貢献できる「人材像」を解明することを通じて労農教育と国家目的の関係を明らかにする。それによって、労農教育に凝縮された中国社会の諸構造が照らし出されてくるものと思われる。

　②　中国の近代教育とは、「正規化」され組織化された学校教育の普及をしつつ、なおかつ、それ以外の対象に対して異なる教育的作用に働きかけ、学校にとどまらない社会生活全般にわたって機能する成人教育を展開することであった。中華人民共和国成立後に「二本足で歩く」という言葉は、中国の教育体系を語る時の常套句であり、その基礎を築いたのは建国初期の学制改革であった。その政策的展開の中において、労農教育はいかに学校教育と連携して、発展してきたか。すなわち、基本的内容構成から労農教育と学校教育との関係を解明する必要があると思われる。

　③　「国家制度としての教育を民衆生活のレベルにおいてとらえ直した場合、国家から求められる任務を教育が担うためには、次の条件が満たされている必要がある。つまり、民衆生活の物質的な向上が教育制度によって実現される限りにおいて、民衆は国家の準備した制度としての教育を利用して、自らの欲望を遂げようとするのであり、そのような民衆の行動が国家の経済発展を促すという循環が形成されるということである」[51]というように、教育制度と国家目的および民衆の生活上の欲望の三者の関係が考えられる。これは、中国

における労農教育政策の展開を見る際に有効な視点である。このようなことから、国家の目的と民衆の教育要求とのせめぎあいの中で労農教育理念の変容過程を明らかにする必要があると考えられる。

　上述の課題を解明するために以下の作業を行う。

　①　本書では、現代中国の労農教育の原点は、旧解放区の教育に求められると考え、中国共産党と赤軍（紅軍）が、中国南部の瑞金を首都とする中華ソビエト共和国を作り上げた時点において、共産党の指導のもとでの労農教育が始まるととらえる。中央ソビエト区は、中国共産党の新民主主義革命を展開する際の、最初の政権組織である。ソビエト区の教育は、その展開に際し、学齢児童への学校教育に比べて大衆への教育に比重がおかれた。こうした労農大衆に対する教育を優先する政策はその後の日中戦争期と解放戦争期の教育活動の展開においてもさらに深化されていく。現実には解放区の成人教育は普通教育に比べ、かなり重視されていたにもかかわらず、成人教育の視点から解放区の労農教育を研究したものは多くない。しかも、解放区における教育の性格の把握は主に学校教育の枠内で限定的に扱われてきたにすぎないように見える。実際には、解放区では労農教育がかなり重視されていたことから、解放区における労農教育の実態の解明の必要にも迫られるといえよう。そこで、解放後の労農教育政策を中国成人教育史、とくに中国共産党の指導の下での解放区における成人教育政策史の中で位置づけることがまず重要なことであると思われる。したがって、解放後の労農教育政策を考察するためには、まず解放区における成人教育政策の発展過程を考察することから始めなければならない。労農教育政策の展開に先駆けて、共産党の指導下における解放区の教育政策との関係についても分析を加えることで、より実証的、立体的に労農教育史像を提起したい。

　②　労農教育理念の形成と展開は、社会主義建設の各段階と密接に関わっているため、その理念の形成・展開過程を、社会主義建設の各段階に即してあとづける。そして、政策策定の背景要因として、本書では国家目的と密接な関係をもつ政治的要因、経済的要因、教育思潮に整理し、分析を行う。中国においては、「教育は政治運動と経済建設のはざまにおかれて、…国家目的達成のた

めの『道具』と化し、また民衆はその時々の国家権力の意思を鋭敏に感じ取りながら、時流に乗り、自らの保身と生活の維持のために教育を道具として利用してきた」[52]との指摘もある。つまり教育は国家による民衆統治と民衆の欲望の実現とをうまく満たすものとして、政策的に機能していた。こうした道具化された教育において、その中の教育思潮も便宜的に国家目的の中に組み入れられることがある。したがって、国家目的を政治的要因、経済的要因、教育思潮の3つに分けて、論じていきたい。

③　中央集権制の中国においては、国家政策における人材像を解明するには、中国共産党により策定された政策文書の分析をしなければならない。中国において、教育政策は国家意思を直接的に反映するものであり、往々にして中央から社会の末端にまで行き渡った党組織を通じて優先的に実施される。その意味で本研究では教育政策文書の分析が不可欠である。そして、国家の目的と民衆の教育要求とのせめぎあいの中で労農教育理念の変容過程を明らかにするために、中央政府の施策分析だけにとどまるのではなく、地方レベルの動きや人々の認識にも経験者へのインタビュー[53]および当時の関連資料を通じて分析を加え、民衆の教育要求との結びつきを視野に入れつつ、労農教育政策の実態の一端を検討する。

第4節　労農教育の時期区分と本書の構成

上述の課題に取り組むにあたり、記述上の困難を避けるとともに、分析をより精緻に進めるために、ここでは、本研究の主たる対象時期である解放後から文化大革命に至るまでの時期区分を行いたい。

1. 時期区分について

本研究の対象である労農教育とは、一般的には1950～1970年代にかけての成人教育の通称であった。しかし、1966～1976年の「文化大革命」期においては、中国全土にわたる「文化大革命」という政治運動の発動によって、それまでの労農教育が示した初歩的な展開から大きくそれることとなった。こ

の時期の教育に関しては、大きく後退あるいは停止したとの評価が一般的である。教育は「階級＝権力闘争」の道具として利用され、教育組織、施設などは大部分が破壊された。労農教育においても、教育の質が大幅に低下したため、新たな非識字者を大量に生み出すことになった。その結果として、それまでの教育システムを徹底的に破壊し、民衆の生活までを政治化し、教育も完全に政治に従属させることになった。このような状況下での教育政策の策定は、国情とくに社会経済発展の現実状況から離れる教育政策であり、従来の労農教育機関もその機能を停止した。そこで、本研究では、対象時期を中華人民共和国建国後から文化大革命までと設定する。解放までは中華民国建国の初年（1912年）、日本から導入されたとされる用語「社会教育」が公的に採用され、民衆を国民化することを主たる目的とした識字教育が展開されてきた。また、成人教育に関わる用語としては、通俗教育、民衆教育、郷村教育、補習教育、農民教育、幹部教育、職工教育などが挙げられる。そして1949年の新中国成立後、従来の国民形成のための社会教育は、階級概念を帯びた労農教育へと変容していく。

　本研究では、対象時期を中華人民共和国建国後から文化大革命までと設定し、社会主義建設の各段階に即して策定された労農教育の内実（方針・対象・内容・方法）の変化をメルクマールとして、①労農教育体系の確立期（1949～1952年）、②労農教育体系の展開期（1953～1956年）、③労農教育体系の「大躍進」期（1957～1960年）、④労農教育体系の調整期（1961～1966年）という4つの時期区分を設定し、検討を行う。また労農教育の歴史的連続性を考察するために、その原点である共産党指導下の解放区における教育政策を第1に検討する。なぜならば、旧解放区における共産党政権はソビエト政権の樹立から一貫して労農教育を重視してきたからである。

　第1期（1949～1952年）は、労農教育体系の確立期である。この時期は、国民経済の復興に伴い、共産党指導下にあった旧解放区における諸実践を基礎に、ソ連モデルも参考にしつつ、労農教育は、1951年に公布された『学制改革に関する決定』に明文化され、制度的に保障され、労農教育体系が確立される時期である。この段階では、労農教育は労農業務余暇学校、各種訓練班を通

して、読み書きの基礎教育に重点がおかれる形で展開されたものであった。

第2期（1953～1956年）は、第1次5カ年計画の実施に伴う労農教育体系の展開期である。この時期には、第1次5カ年計画の実施に伴い、学校教育の整備拡充とともに、労農教育計画の重要性も併せて叫ばれ出した。この段階では、文化教育と政治教育、生産教育がともに重視されるようになった。

政策の背景としては、1952年までには経済の再建は基本的に完了し、生産水準は戦前の最高水準にまでほぼ回復し、そして1953年からは第1次5カ年計画期に入ったことが指摘できる。これらは建国初期の労農教育政策の変化に強い影響を与えた。

第3期（1957～1960年）は労農教育体系の「大躍進」期である。この時期には、社会主義的改造（工業、手工業、私営工商業の国有化）がほぼ達成され、「反右派闘争」および中ソの亀裂の深化という政治的な変化と相互に影響しあいながら、「大躍進」が推進され、中国独自の社会主義建設が進められた時期である。この段階では、労農教育は政治・生産のために奉仕すべきものとして提唱されるようになった。

政策の背景としては、1956年末までの社会主義的改造の完成と1957年からの社会主義建設期の開始が挙げられる。これはとくに「反右派闘争」をはじめとする政治的イデオロギーによって教育政策が規定され、社会主義建設に資する人材養成の観点が強調された。その一方で、農村の社会主義体制の協同化、人民公社化の進展に伴い、これまで冷遇されていた農民大衆および都市普通労働者自身による独自の教育運動が広汎に行われ、労農自身の力による解決策がとられるようになった。しかし、さまざまな阻害要因（大躍進、3年にわたる自然災害など）の存在によって予期した効果を完全に果たすことはできなかった。

第4期（1961～1966年）は、労農教育体系の調整期である。この時期には、大躍進期の民衆動員による極端な政治運動の方針が是正され、国家建設の課題が再び経済建設を中心とする軌道に乗せられた。この段階では、労農教育の展開は第3期における実際から遊離した過渡的発展が是正されるに伴い、工農業生産の実際の要求に見合うようになった。

政策の背景としては、1961年に経済的調整策が登場し、1965年まで引き続き実施された。教育は「調整・強化・充実・向上」（［調整・巩固・充実・提高］）といういわゆる「八字方針」の下で調整が進められ、教育の質の向上が図られた。とくに、国家の財政不足のため、半労半学教育制度が1964年段階で急速に発展し、全国各地で実践された。

このような時期区分に基づき、各時期に見られる特徴から共産党政権がどのような国家目的をもって社会を構築し、いかなる人材像を目標に、人材を養成しようとしていたのか、その政策において教育はどのような性格を付与され、学校教育といかなる関連があったのか、その中で民衆自身はいかなる対応を行ったのかを検討することを通じて、中国社会の諸要因に規定されながら政策化され実践された労農教育の特質を実証的に明らかにする。

2. 本書の構成

本書では具体的には以下の構成をもって、労農教育の特質を考察していくことにする。

第1章では、新中国成立以前、すなわち中華民国における共産党根拠地の建設から人民解放戦争に至る時期の、中国共産党統治地域つまり解放区における労農教育の実践の萌芽を概観し、解放区における識字学習運動と新中国における労農教育のあり方との関連性の解明を試みる。解放区教育では、学齢児童への学校教育に比べて大衆への教育に重きがおかれた。ここでは、とくに中央ソビエト区期・日中戦争期・解放戦争期の3つの時期における社会的・政治的背景を考察しつつ、解放区における労農教育政策の展開過程を分析し、その教育方針の変容と特質を明らかにする。

第2章では、1949年の建国から1952年までの国民経済の復興における「労農教育体系の確立期」における労農教育体系の確立を概観した上で、労農速成中学での人材育成に関する実践的展開および労農業務余暇教育に関する政策的展開を明らかにする。解放後においてはそれまで教育を受ける機会に恵まれなかった労農階層が初・中等教育、さらに高等教育までを受けることが可能となった一方、農村よりも都市を、軽工業よりも重工業を、小中学校教育よりも

大学高専を、それぞれ優先する教育計画が実施され、言わば労農教育の「正規化」理念への志向が強く打ち出された、という状況下での実践を検証する。

第3章では、第1次5カ年計画実施の1953年から社会主義的改造が達成された1956年までの「労農教育体系の展開期」における労農教育の政策的展開を明らかにする。第1次5カ年計画の実施に伴い、学校教育の整備拡充とともに、労農教育計画の重要性も併せて指摘されたという点について検討を加える。

第4章では、1957～1960年の「労農教育体系の『大躍進』期」における労農教育の政策的展開と実践の特質を明らかにする。とくに当時推進されていた半労半学制度に着目し、その特質を明らかにする。この時期は、社会主義的改造がほとんど達成され、「反右派闘争」および中ソの亀裂の深化と相互に影響しあい、「大躍進」が推進され、中国独自の社会主義建設が進められた時期である。とくに「反右派闘争」をはじめとする政治的イデオロギーによって教育政策が規定され、社会主義建設に資する人材養成の観点が強調された。その一方で、農村の社会主義体制の協同化、人民公社化の進展に伴い、これまで冷遇されていた農民大衆および都市普通労働者自身による独自の教育運動が広汎に行われ、労農自身の力による自立的展開の方策がとられるようになった、という状況下での実践を検証する。

第5章では、1961～1966年の文化大革命までの「労農教育体系の調整期」における労農教育の展開状況を明らかにする。この時期では大躍進期の民衆動員による極端な政治運動の方針が是正され、国家建設の課題が再び経済建設を中心とする軌道に乗せられた。教育は「調整・強化・充実・向上」といういわゆる「八字方針」の下で調整が進められ、教育の質の向上が図られた。とくに、国家の財政不足のため、普通学校教育制度の整備の遅れを補完する半労半学教育制度が再び提起された、という点について検討を加える。

終章では、既述の各章における労農教育の内実（方針・対象・内容・方法）を歴史的にあとづけた上で、労農教育の特質を、国家目的と労農教育、学校教育と労農教育、民衆の教育要求と労農教育との関わりから析出する。

〈注〉
1) 関世雄主編『成人教育辞典』職工教育出版社、1990年1月、p.15。
2) 建国初期とは1949年新中国の成立から1956年社会主義的改造が達成したとされるまでの時期をさす。この時期は、1956年から本格的に社会主義建設に入る準備期間として社会主義的改造を推進した時期である。1956年の中国共産党第8回全国代表大会では「全国民の主要任務は力を集中し、社会主義生産力を発展し、国家の工業化を実現して、国民の日増しに増える物質と文化に対する需要を徐々に満足させること」が社会主義建設の目標として示された。
3) 1940年毛沢東が提唱した革命理論であり、中国共産党の指導原理である。半封建的・半植民地的な中国社会を改革するためには、旧来のブルジョア民主主義革命と異なる新しい型の民主主義革命、すなわち労働者階級に指導される労働人民連合によって新民主主義革命を行わなければならないとするものである。
4) 『中華教育歴程』編委会編『中華教育歴程』光明日報出版社、1997年9月、p.575。
5) 『中国教育年鑑』編輯部編『中国教育年鑑（1949-1981年）』中国大百科全書出版社出版、1984年、p.39。
6) 1957年4月から始まった官僚主義、宗派主義、主観主義を反対する運動である。目的は人民内部の矛盾を正確に解決して、活発で民主的な政治体制を作り出し、社会主義の建設に奉仕することである。「整風」とは「整頓工作作風」の簡略で、「仕事の態度や活動方法を整頓する」という意味である。
7) 「高指標、高速度」を追求する誇大現象である。1958～1960年にかけて、ソ連をモデルとした第1次5カ年計画から離れて、人民公社の設立、また大衆動員によって、鉄鋼・穀物生産などを極めて短期間に、急激に増産しようとし、急進的な理想社会の実現を目指した運動である。
8) 後述するが、簡単に言えば、半労半学とは、生産労働と教育を結びつけ、頭脳労働と肉体労働の両方に対応できる新しい人材養成のあり方を意味しており、基本的に工場や職場で働きながら学ぶ場合を指して使われている。
9) 牧野篤「中国成人高等教育の動向と課題」『名古屋大学教育学部紀要（教育学）』第45巻第1号、1998年度、p.81。
10) 細谷俊夫ほか編『新教育学大事典（第2巻）』東京第一法規出版、1990年7月、p.293。
11) 「国家教育委員会関于改革和発展成人教育的決定」（1987年6月）鄒淵主編『教育執法全書』中国民主法制出版社、1998年。
12) 中国共産党第14期中央委員会第3回総会で採択した『社会主義市場経済体制の確立に関わる諸問題についての決定』によれば、社会主義市場経済体制とは、政府によるマクロコントロールの下、市場メカニズムによる資源配分を基礎とし、公有制をはじめとする多様な所有形態を容認するシステムと規定される。そして当面する経済改革の主要課題は国有企業に

おける自己責任の確立、政府による直接的コントロールの排除、間接的手段によるマクロ経済運営の徹底である。中国研究所編『中国年鑑』大修館書店、1994年、p.100。
13) 「中国教育改革和発展綱要」（1993年2月13日）　国家教委政策法規司編『中華人民共和国教育法規実用要覧』広東教育出版社、1996年、pp.365-387。
14) 「面向21世紀教育振興行動計画」（1999年1月13日）『中国教育年鑑』編輯部編『中国教育年鑑（1999年）』北京：人民教育出版社、1999年、pp.107-121。
15) 例えば、①識字教育（［掃盲教育］）において大きな成果を上げたこと、②遠隔教育などの新型の成人教育事業を創出したこと、③在職訓練や継続教育などの実施が、労働者の資質を高めるだけでなく、国民経済の発展にとって、重要な役割を果たしたこと、④成人高等教育の発展および中等、高等教育独学試験制度の実施によって、人々の勉学の意欲を強めると同時に、各種人材の育成に役立ったこと、⑤社会力量弁学（民間団体による学校の経営）の実施および発展によって、教育体制の改革を推進したこと、などである。中国国家教育委員会成人教育司の報告「為全民接受教育提供更多的機会和渠道――中国非正規教育和成人教育近年来的改革与発展」『中国成人教育』、1995年第10号、pp.5-10。
16) 劉済良・董標「成人教育：問題在哪？如何解決」『中国教育報』、2002年7月20日。
17) 「代替論」とは職業教育は成人教育に取って代わることができる、という議論である。「合併論」とは成人教育は職業教育と合併すべきである、という議論である。「分解論」とは成人教育の任務、機能などをその他の教育領域中に分解する、という議論である。
18) 劉翠英「成人教育立法刍議」『貴州民族学院学報（哲学社会科学版）』1999年第4号、pp.57～59、および劉秀英「浅議成人教育立法」『北京市経済管理幹部学院学報』2000年第2号、pp.64, 65。
19) 中国教育部「中国教育事業第十個五年計画」『中国教育報』、2001年11月15日。
20) ①先進的な社会生産力の発展の要請②先進的な文化の前進の方向③最も広範な人民の根本的な利益、の3点を党が代表すべきだとする新たな指導思想である。
21) 「座談会・中国の新体制」（参加者：加藤千洋・朱建栄・小島朋之）『朝日新聞』、2002年11月17日。
22) このような教育は以下のような特性が備えるべきである。①成人教育体系の開放性、②管理方式の融通性、③目標選択の自主性、④情報伝達の迅速性、⑤知識生産の創造性、⑥成人学習の生涯化、⑦人材養成の効率性、などである。王国道「『三個代表』思想与成人教育発展」『遼寧工学院学報（社会科学版）』2002年第2号、p.86。
23) 牧野篤『中国変動社会の教育』勁草書房、2006年4月、p.1。
24) 宮嵜浩・石田琢磨「中国の第11次5カ年計画：「農村重視」の背景に、都市・農村間の所得格差」『アジア経済』2006年3月号、pp.21-23。
25) 「国民経済和社会発展第11個5年企画綱要（草案）」『人民日報』2006年3月7日。
26) 「教育格差について」『南方週末』2002年4月18日。

27) 牧野篤「中国都市部社会のセーフティネット・『社区』教育に関する一考察―上海市の『社区』教育を一例として―」『名古屋大学大学院教育発達科学研究科紀要（教育科学）』第50巻第2号、2003年度、pp.1-24。

28) 単位という言葉は、ごく単純して言えば、勤め先、職場をさす言葉であるが、それは社会主義中国では、決定的といってよいほどに、重要な意味を担ってきていた。それは中国社会の最も基本的な社会組織であり、政治的・社会的・経営的な意味を合わせもち、中国の権力構造、社会構造を規定するとともに、生産システムの基本的な枠組みを構成するものとなってきたからである。

29) 牧野篤前掲論文「中国都市部社会のセーフティネット・『社区』教育に関する一考察―上海市の『社区』教育を一例として―」、pp.2。

30) 1919年5月4日、北京で起こった学生デモ隊と軍警の衝突事件に端を発した、中国民衆の反帝反封建運動である。ヴェルサイユ講和会議において日本の山東利権を承認していた民国政府の態度を不満として起こり、全国的な大衆運動に発展した。

31) 中国国民党と共産党による国内での戦争である。

32) ジョン・フィールド著　矢野裕俊その他訳『生涯学習と新しい教育体制』学文社、2004年6月。

33) 中国近代教育史研究に成人教育と関連する研究は以下のように挙げられる。牧野篤『中国近代教育の思想的展開と特質：陶行知「生活教育」思想の研究』日本図書センター、1993年9月。新保敦子「中華民国時期（1912-1949年）における国家統合と社会教育の研究」早稲田大学に提出した博士論文、2002年。上田孝典「近代中国における社会教育に関する研究―清末民国初期の「社会改良」と「教育普及」への試み」名古屋大学に提出した博士論文、2005年3月。李建興『中国社会教育発展史』三民書局、1986年8月。王雷『中国近代社会教育史』人民教育出版社、2003年12月。

34) 「改革開放」期における成人教育と関連する研究は以下のように挙げられる。牧野篤『中国変動社会の教育』勁草書房、2006年4月。張玉琴「中国成人高等教育の研究」東北大学に提出した博士論文、2000年。呉遵民「中国における生涯教育思想及び政策の形成と展開」神戸大学に提出した博士論文、2000年。南部広孝「中国における高等教育独学試験制度の展開」京都大学に提出した博士論文。王国輝「中国の成人教育政策に関する研究―「改革開放」期の展開を中心に」名古屋大学大学院教育発達科学研究科に提出した修士論文、2003年1月。董明伝その他著『成人教育史』海南出版社、2002年3月。「面向21世紀中国成人教育発展研究丛書」編集委員会『面向21世紀中国成人教育発展研究』、高等教育出版社、2001年。
同上編集委員会『面向21世紀中国成人教育発展模式研究』高等教育出版社、2001年。
同上編集委員会『面向21世紀中国終身教育体系研究』高等教育出版社、2001年。
同上編集委員会『面向21世紀中国成人教育制度研究』高等教育出版社、2001年。
同上編集委員会『面向21世紀中国成人教育法規建設研究』高等教育出版社、2001年。

同上編集委員会『面向21世紀中国成人教育学科建設研究』高等教育出版社、2001年。
35) 例えば、東北総工会文教部編『怎様在職工中開展業余識字教育』東北工人出版社出版、1951年11月、山西人民出版社編『工農教育工作経験選輯』山西人民出版社、1959年10月、などが挙げられる。
36) 方海興「論建国初期的工農教育」『党史研究与教学』1998年第2号、pp.32-36。
37) 馬雲「20世紀50年代中国農村掃盲運動研究」2003年5月に西北大学に提出した修士学位論文、および馬雲「20世紀50年代中国農村掃盲運動的特点」『商丘師範学院学報』2004年、pp.69, 70。
38) 蔵永昌編『中国職工教育史稿』遼寧人民出版社、1985年12月。
39) 董純朴編著『中国成人教育史綱』中国労働出版社、1990年9月、pp.193-268。
40) 董明伝その他著『成人教育史』海南出版社、2002年3月。
41) 何東昌主編『中華人民共和国重要教育文献（1949～1975年）』海南出版社、1997年10月、p.689。
42) 「教育を受けるものを、徳育・知育・体育のいずれの面でも成長させて、社会主義的自覚をもつ、教養を備えた労働者に育成することである」ということである。『中国教育年鑑』編輯部編『中国教育年鑑（1949-1981年）中国大百科全書出版社出版、1984年、p.39。
43) 王国輝「『改革解放』期の中国における成人教育政策の展開とその特質に関する一考察」『名古屋大学大学院教育発達科学研究科紀要（教育科学）』第50巻第1号、2003年、pp.109-121。
44) 柳士彬・孫麗英「成人教育史研究的発展与反思」『中国成人教育』2005年第1号、pp.31, 32。
45) 斉藤秋男・新島淳良著『中国現代教育史』（新末期以降、現代に至る教育史の概説書である）国土社、1962年6月。また斉藤秋男『中国革命の教育構造』田畑書店、1977年3月。
46) 新保敦子「中国社会主義の建設過程における労働者教育」東京大学教育学部社会教育学研究室『社会教育学・図書館学研究』第8号、1984年、pp.43-55。
47) 奥野アオイ・李燦「1950年代中国における識字教育の意義とその歴史的背景に関する考察」『関西福祉科学大学紀要』第3号、1999年、pp.145-154。
48) 梅根悟監修　世界教育史研究会編『世界教育史大系37　社会教育史II』（千野陽一執筆の第6章第7節）講談社、1975年7月、pp.216-245。
49) 教育政策の研究領域としては、通常①教育政策の主体としての政治権力と政策決定過程、②政策内容（対象）の問題、③実現過程の3つが挙げられる。日本教育政策学会編『転換期の教育政策を問う』、八千代出版株式会社、1994年6月、p.12。
50) 『中華人民共和国教育法』の第一章総則の第五条である（1995年3月18日公布）。
51) 牧野篤著『中国変動社会の教育』勁草書房、2006年4月、pp.293, 294。
52) 牧野篤著『民は衣食足りて』総合行政出版、1995年3月、p.134。

53) 筆者の聞き取りの対象者は、建国初期の識字教育を受けた人々である。調査の地域は主に遼寧省大連市と北寧市の農村部であった。経験者への個別の聞き取りの形で、当時の話を聞き取ることができた。雑談からはじまり、対象者の昔の思い出を引き出し、当時の自分、家族、社会などについて自由に語るということであった。

第1章

中国共産党統治地域の解放区における労農教育実践の萌芽

　本章では、労農教育の視点から解放区における教育政策を考察する。新中国成立以前、すなわち中華民国における共産党根拠地の建設から人民解放戦争に至る時期の、中国共産党統治地域つまり解放区[1]における労農教育の実践の萌芽を概観し、解放区における識字学習運動と新中国における労農教育のあり方との関連性の解明を試みる。

第1節　中国共産党の成立と労農教育思想

1. 改良の視点に立つ「平民教育」運動と「郷村教育」運動の展開と識字教育

　中国においては、近代学校教育制度の普及が遅れたこともあり、社会教育、とりわけ成人に対する補習教育としての識字教育が、重要な役割を果たすことになった。非識字者に対する識字教育は、すでに近代的学校教育制度の導入と軌を一にして、政府によって清末以来取り組まれていた[2]。しかしながら清朝末期・民国初頭における財政難や後の軍閥割拠の分裂状態などの社会的混乱のため、非識字者に対する識字教育はあまり広がることがなかった。
　識字教育が全国的に大衆運動としての盛り上がりを見せたのは、1910年代末の新文化運動・「五四」運動期[3]より、1920年代の大学生や教育家たちを主力とする平民教育運動[4]が全国的規模で展開された時期にかけてであった。この過程で積極的役割を果たしたのが、1923年に結成される中華平民教育促

進会であった。この会は、全国20省の代表が理事を務める全国組織で、同会の成立後、中国全国に省立・市立・県立平民教育促進会が結成され、運動は全国規模で展開されていった。この後、識字教育を中心とした国民形成の運動は農村へと展開し、農村改造運動として推進され、農村を再建し、民族的危機を克服する道が模索された。その代表する人物は晏陽初と陶行知であった。そして陶行知を含めた平民教育運動の指導者たちが、さらには影響力ある多くの教育家たちが、1926年前後を境に「平民教育」運動から離れ、一斉ともいえる仕方で「郷村改造」運動へと進んでいった。そのことについて、牧野篤は陶の思想における論理的展開を、1925年の「五三〇」事件を直接の契機としながら、陶の「国家」概念が2つに分裂、すなわち既存の変革されるべき国家・国家権力と民衆の「国民」化によって実現されるべき目的としての「国家」とに分裂し、後者が前者から身を引き剥がして、前者を相対化することによって、目的としての「国家」を民衆の生活の場である「郷村」へと同値しようとした[5]ととらえている。言い換えれば、「平民教育」運動は、都市における実践の限界＝既存国家の抑圧による「国民」形成の不徹底、そしてそれが導く運動の既存権力からの逃避という傾向性により、既存権力が及ばない農村への運動へと転じていく。この運動は、「郷村教育」運動と呼ばれ、農民たちへの識字教育と実業教育を中心として、農民生活を改善するとともに、農村を一つの「自立」した「社会」とくに経済圏として形成することで、「国民」の自己形成の基盤を整備しようとするものであった[6]ととらえられる。

　晏は河北省定県の実験において、平民教育の発展形態として考えた教育内容[7]の中で、とくに国家主義的色彩の強い「公民教育」の大衆への浸透を図った。そして、これは「三民主義教育」という名の下に国家主義的かつ復古主義的な教育方針を打ち出し、教育への中央集権的統制を強めつつあった蒋介石国民政府の教育政策と方向性を同じくするものとなったのである。しかし、この「公民教育」普及の試みは失敗した。晏は定県における平民教育を基軸とした総合的な改進事業を、米国からの援助などで得た膨大な資金を投入して推進した。その巨額の投資と晏をはじめとする促進会の多くの工作人員の熱意は、識字教育と衛生教育における成果として結実したが、その他の目標を達成するこ

とはできなかった。その不振にはさまざまな政治的・経済的要因も考えられるであろうが、小林善文に指摘されたように、晏や他の工作人員が欧米流の上からの啓蒙的姿勢をとり、自ら農民生活の中に入って、農民と同じレベルで改進実験をしなかった実践的姿勢も有力的な要因となるであろう[8]という。

晏陽初らの郷村教育運動のもつ性格については、費孝通により次のように指摘されている。

「私は識字のテキストとしての『千字課』の価値を否定するものではないが、農民は決して『千字課』によって自覚するのではない。晏氏は逆立ちしている。農民は識字によって自覚するのではなく、逆に一旦自覚した農民は識字を欲求するのみならず、この不合理な社会機構の改革に自己を立ち向かわせる。この自己解放運動の過程で、さらに識字の欲求が高められていくのである」[9]と晏の郷村教育のもつ問題を語っていた。しかし、彼らによる一般民衆・農民への教育的接近の試みは、中国教育界に対し教育のあり方への根本的反省をせまることとなったのは否定できないであろう。

一方、陶行知は晏陽初とともに平民に対する識字教育の実践において主導的役割を果たし、「人民の中へ」の教育に携わる中で、欧米直入の「デモクラシー教育」ではなく、中国の社会状況に適した「デモクラシー教育」確立の必要性を痛感した。中国の伝統的教育を打破し、停滞していた平民教育運動の新たな高揚を図るために、陶は現実生活に即した行動的・経験主義的な生活教育理論の確立を、暁荘学校の実験の中で試みたのであった。つまり、陶は五・四運動以来の「デモクラシー教育」の精神を継承・発展させて、生活に根ざし、個性の伸長を目指す教育実験を郷村教育の場で実践しようとしたのである。続く山海工学団[10]の実験が、現象的に見れば定県の実験と類似点が多い。しかし、「真農人」を中心にすえた改進実験は、少なくともその姿勢から言えば下からの実践といえるし、わずかな経費で運営されたこの運動の精神は、晏陽初の定県における運動の精神とは対照的であった。ともに改良主義的運動と見なしうる晏陽初と陶行知の平民教育運動は、晏のそれが初期の精神を失っていたのに対し、陶のそれはいくつかの欠陥をもっていたとはいえ、安価な教育とデモクラシーの教育という2つの精神を生かし、より中国の現実に適した実践形

態に発展させていった[11]。その一つの具現形態である民衆への教育普及のための「小先生」制[12]の運動はたちまち全国に普及し、こうした民衆への教育普及を目指した「小先生」制の方法など、従来の固定的な学校運営方式にとらわれない斬新な実験を行っている。共産党指導の解放区と解放後の中国においても実践されたところにその真価があると思われるのである。

また、陶の普及教育の実践と解放区の労農教育の展開との関連については、以下のことから見てとれる。陶の指導下の生活教育社は、全国各地に支社・分社をもっている。こうした全国組織は、1927年に暁荘師範学校が開校式を行った3月15日を生活教育運動発足の記念日としている。1943年3月14日、生活教育社延安分社は、陝甘寧解放区政府教育庁・新教育学会と共催で「延安各界・生活教育運動16周年記念集会」を開いている。翌44年3月24日には、解放区教育の指導者、徐特立・柳湜が連名で呼びかけ、「解放区国民教育」座談会を開催、この座談会もまた、生活教育記念日にちなんだものである。『解放日報』報道によると、2つの集会での報告・討論に共通しているのは、次のようなことである。

陶行知の生活教育の理想追及は、いつでも濃厚な実践精神から出発している。「解放区の教育は、陶先生の実際精神から学ばなくてはならない。同時に、先生の理想実現には民主的な環境が必要であって、解放区こそがそれを備えていることを確認しよう。しかし、解放区の現実、深刻な欠陥は、教育と生活との遊離である。解放区のわれわれ教育者は、陶先生の精神を発揮し、解放区の実際から出発して、解放区人民のために教育の普及と向上を保障しなくてはならない」[13]と論じられていた。

また、1943〜1944年という時期は、整風運動[14]の展開過程にあたる。整風運動が克服の対象としたのは、解放区教育をむしばんでいた主観主義・教条主義であった。『解放日報』の記事は、解放区教育における党の指導が「大衆路線」確立に至る道筋で、とりわけ「実際から出発し、実際と結びつける」という点で、陶行知の思想と実践が媒介の役割を果たしたことを語りかけている。

2. 共産党の成立と革命の視点に立つ教育普及

中国共産党成立後の1920年代前半には、党内に、国共合作のみに気をとられて農民のことを忘れた陳独秀を代表とするグループ、また労働者運動のみに気をとられて同じく農民を忘れた張国燾を代表とするグループの日和見主義の2つの傾向があった。こうした2つの傾向に対し、プロレタリア階級に最も忠実な同盟軍は農民であることを毛沢東が指摘した[15]。つまり、「労農階級」として産業労働者と農民をもってする新たな階級概念を打ち出し、これを革命運動の主力としている。この意味で、中国共産党成立後、労農教育という概念によって、最初の労働者教育の重視から後に毛沢東らによる農民教育の展開まで、労働者教育と農民教育がそれぞれ展開された。そして、1926年11月に毛沢東が中央農民運動委員会書記に就任したことで、農民運動による社会改造とその教育的側面である農民教育への視点が共産党中央に認められたことを示すものである。

（1） 共産党成立初期における労働者教育の重視

1919年の五・四運動以後、学生や各社会団体によって、平民教育運動は展開された。1919年3月に結成された北京大学平民教育講演団はその代表的なものの一つである。それは共和政体の維持・発展のためには広汎な教育を受けた平民の存在が必要であるとする「教育救国」論の立場に立ち、普及活動の第一歩として講演活動を行った。活動の展開に伴い、平民教育講演団の活動成功のためには、その前提として非識字者に対する識字教育の実施が必要不可欠であると認識された。そして後に共産党員になった張国燾、鄧中夏、李立三らによって、各地で労働補習学校、平民学校などがつくられ、平民教育の名による労働者教育が展開された。そして、1921年中国共産党は結成当初から都市部における労働者の啓発・教育に取り組んだ。中国共産党の第一次全国代表大会決議案の中に「労働者学校が産業組合を組織することにおいて重要な役割を持っているのであらゆる産業部門で労働者学校を成立しなければならない」と労働者教育問題が定められた。また、中国共産党は、同党の労働運動指導機関

である「中国労働組合書記部」が1922年6月頃に労働立法要求運動を展開するために傘下の各労働組合に対し示達した19条からなる「労働法大綱」の第19条において「国家は、法律を以って男女労働者に対し補習教育を享受する機会を保障する」と定めた。こうした労働者教育方針の確立が、労働者教育の展開を推し進め、全国各地で労働者補習学校が創立された。例えば、1921年冬、李立三は安源で創立した安源労働者補習学校、中国共産党北京執行委員会と「中国労働組合書記部」によって北京で創立した長辛店労働者補習学校、などが挙げられる。これらの労働者補習学校では、多くの労働者運動の人材を養成した。このようにして、中国共産党結成以来、中国の労働者運動は、党中央労働組合書記部によって、進められた。1922年1月の香港ストライキから同年9月の安源路鉱ストライキ、10月の開灤炭坑ストライキを経て、1923年2月の京漢鉄道の大ストライキに至る間、100回にわたるストライキがあり、労働者運動の第1次高潮となったが、京漢鉄道ストライキの惨敗後この運動は低潮となった。しかし、北京では中国共産党北京区党委の李大釗指導の下で、1924年2月中華全国鉄道総組合が秘密裡に結成され、10月馮玉祥による北京クーデターにより、京漢鉄道ストライキ以来逮捕された労働組合幹部が釈放されて、労働組合が再建され、それは山東の膠済鉄道、北京、武漢、唐山に及んだが、なお局部的なものであった。

　労働者運動が本格的に展開されたのは1925年1月上海で中国共産党の第4次党代表大会を契機とし、同年5月広州での第2次全国労働者大会から労働運動は反帝運動とつながり、全国的に拡大した。それを代表するものとして上海および香港の大ストライキが挙げられる。この2つのストライキはもっぱら外国資本および香港政府を対象としたものであった。

（2）　毛沢東の教育実践と思想

　中国共産党が労働者教育を重視していた時期に、党内で農民の中へ入っていた党員が、広東省の彭湃と湖南省の毛沢東であった。農民問題については、コミンテルンは革命における農民の役割の大きさを認めながらも、土地革命については最初土地問題については土地の国有化を主張したが、国共合作ととも

に戦術的とはいえ小作料と租税の引き下げにとどまり、封建軍閥地主の打倒とはいえ、土地問題には直接関係することはなかった。毛沢東は農民協会（組合）運動を展開、直ちにして数十万の農民を組織し、この中で農民とはだれを指し、農民は何を求めているかをその実践の中で体得し、農民階級についての分析をなし、土地なき農民、土地少なき農民に土地を分配する農民運動を展開した。これをもって民族革命とし新民主主義革命としたのである[16]。とくに、毛沢東のこの時期の教育実践と思想がその後の共産党の統治地区である解放区および中国成立後にも共産党の教育理念として影響を及ぼしている。ここで、この時の毛沢東の言論に基づいて、とくに、毛沢東のこの時期の主要実践である湖南自修大学と湖南農民運動視察報告により、この時期の毛沢東の労農教育思想の一端を探っていきたい。

　毛沢東は、1921～22年、長沙に農民教育補習班をつくり、また、湖南自修大学を開設していた。長沙近郊の農村では、前後して農民補習学校17校が開校していた。そして1924年、国共合作の成立に伴い、農民運動講習所を広東省広州に設置、農民運動の指導にあたる幹部を養成した。毛沢東は1926年5～9月の第6期の教育を主宰した。そして、この第6期生の大部分が華中・華南各地の農民運動の指導を担当することになった。その後に毛沢東が湖南省視察に入ったのである。

　ここで、1921年8月、毛沢東は湖南の有志が結成した「船山学社」の資金と建物を基礎に、勤労青年に呼びかけて湖南自修大学という学習組織をつくった。湖南自修大学の『創立宣言』には、書院・学校それぞれの長短を説いた上で、自修大学は、その利をとってその弊を去るものだとしている。詳しく言えば、自修大学は、つとめて下記のような弊害を取り除こうとするものである[17]。

　　①「住校学友」すなわち寄宿学生の場合は、部屋に限りがあるから若干の制限があるが、通学する学生については、学ぼうとする志さえあれば、誰でもひとしく入学できる。②学術の秘密はこれを打ち破って公開すべきであり、人々誰もがそれぞれに一定のものを手に入れるようにする。③自修大学は、今日のような「カネこそいのち」の風潮の時代にあっては、もとより、いわゆる「無産階級」の人々すべてに、深遠

な学問のなにほどかを修得する機会を得させるというわけにはいかないが、しかし彼らに「たくさんの金を積まなくても求学の道を歩むことができる」という心構えを持たせるべきである。自修大学の学生は、学校に来て研究するのもよいし、自分の家で研究してもよい。さまざまな店であるいは団体で、また公務の機関で研究するのもよい。官立大学に比べてずっと便利だし、無論費用も少なくてすむ。

また、『創立宣言』はこの学習組織の規則を、次の5点に要約している[18]。

①「自分で本を読み、自分で思索する」ということである。自修大学にある図書館は、専らこのために役立てる。②この大学の学生は、自分で本を読み、自分で思索するだけでなく、「共同討論・共同研究」する。各種の研究会組織は、専らこのために設けてある。③この大学は、詰め込み式の教員は必要としないが、学生の自修を随時、援助する指導者を必要とする。④この大学は、学科を単位とし、学生は一科目を研究してもよいし、数科目を研究してもよい。各科目の研究の時間と範囲は、学生の志望と程度を聞き、それに基づいて決める。⑤この大学の学生は、学問を修めるだけでなく、向上の意思をもち、健全な人格を養い、よくない習慣を洗い落とし、社会革新の準備を整えなくてはならない。

つまり、自修大学の目指した学習の組織とは、次のようなものであった。普通の授業は行われない。その代わりに学生は教師とともに本を読んだり、思考したり、討論したりする。教師は、知識を教え込むものではなく、学生の学習を指導するものである。学習内容は、教師が決めるのではなく、学生自らが決めるのである。学習は、学生1人のことではなく、共同体で協力的に行われるのである。また、知識の実際運用という段階について、毛沢東が強調していることは、理論を生かし、発展させ、再創造することである。

自修大学の創立は、中国の教育に大きな反響を引き起こした。教育総長蔡元培は、「湖南自修大学の紹介と説明」[19]という文章を発表し、自修大学が中国新教育制度の「新紀元」を創立したと述べ、それは各省の学ぶべき「模範」だと高く褒め称えた。また、自修大学の教育思想は「覆すことのできない真理だ」と教育総長は肯定している。これらの教育実践を通じて、毛沢東の今後の理論と実践を結びつける教育論の基礎になったと考えられる。

この大学は、軍閥の干渉、圧迫を受け、足かけ3カ年でひとまず終息した

が、前記のような『創立宣言』にいう、「自分で本を読み、自分で思索するだけでなく、『共同討論・共同研究』」「学友は、文弱の習慣を払拭し、頭脳・体力の平均発展をはかり、また知識・労働両階級の接近をもとめるため、労働を重視すべきである」などは、後に解放区および解放後の大衆路線の思想方法に理論化される実践の萌芽が見られると考えてもよい。

　また、毛沢東はこの時期の農村における教育の実態を次のように報告していた[20]。

　　　中国では昔から地主だけに文化があって、農民には文化がなかった。しかし、地主の文化は農民が作り出したものである。なぜなら、地主の文化はほかでもなく、農民の体から搾り取った血と汗で作り出されたものである。中国では、人民の90％までが文化教育を受けたことのないものであって、そのうちの大多数は農民である。
　　　農村で地主の勢力が倒れると、農民の文化運動が始まった。見たまえ、農民は今まで学区をひどく憎んでいたのに、今では夜学校の開設に力を入れている。「洋式学校」[21]は今まで農民の間で不評判のものであった。私は以前、学生のころ郷里に帰り、農民が「洋式学校」に反対するのを見ると、やはり一般の「洋式学生」や「洋式教師」に同調して、洋式学校の利益の側に立ち、どうも農民の方が少し間違っているように思った。民国14年に、農村に半年ばかり住んだことがあるが、このときには私は共産党員であり、マルクス主義の見地に立っていたので、私の方が間違っていて、農民の言い分の方が正しいことがわかった。(中略)
　　　彼らは大いに夜学を開き、その名も農民学校と言っている。もうすでに開設されたところもあり、今ちょうど準備中のところもあるが、平均して一つの村に一つがある。彼らは、このような学校の開設に非常に熱心になっていて、こういう学校こそ自分らのものだと考えている。
　　　農民運動の発展の結果、農民の文化程度は急速に高まった。まもなく何万という学校が全省の村々にどしどし立っていくであろう。このことは、知識階級や「教育家」といわれる連中がいくら口先で「教育普及」を唱え、騒ぎまわっても結局無駄話に終わったのとは、わけが違う。

　これらの教育実践からわかることは、彼ら農民が地主、郷紳あるいは軍閥の激しい闘争の中で農会・農民協会に結集して減租・免租を実現する中で、毛沢東らが農民運動指導者養成と、農民運動の視察を行い、農民運動の高まりの中で自発的に教育を求め始める農民たちのために、農民学校・農民夜学を設立

し、労農教育運動の一つの道を開いた。そこには従来の「上から」の民衆啓蒙活動には見られなかったような農民の自主的・主体的な教育要求があったといえる。

「洋式学校」とは異なり、農民の実際にあった学校作りといった農民学校の精神は蒋介石による1927年の反共クーデター後各地に成立するソビエト地区の教育において、発展的に継承されていく。

第2節　共産党解放区における労農教育施策とその実践

中央ソビエト区は、中国共産党の新民主主義革命を展開する際の、最初の政権組織である。ソビエト区の教育は、政権を強固にすることが目的であり、土地革命を断行し、学校教育と労農大衆を対象とする労農教育をともに重視する新しい教育体制が創設され、それまで教育に恵まれなかった労農大衆階層に教育を受けさせる試みであった。とくに注目すべきは総人口の90%以上が非識字者である状況の下で労農教育が展開されてきたことである。識字教育を中心内容とする労農教育は、軍事作戦上、あるいは解放区の統治をする上で必然的に迫られたものであった。こうした「労農大衆に対する教育を優先」する政策は、その後の日中戦争期と解放戦争期の教育活動の展開においてもさらに深化されていった。

とくに、当時の国民党政権下において、また日中戦争の激化という日本侵攻に対して、中国共産党は反権力の抵抗勢力であり、解放区を基盤に中国の自立、とりわけその大部分を占める被抑圧階級としての労働者、農民の解放を目指し、今まで彼らのための教育はほとんど顧みられなかったため、彼らの文化的水準の向上が共産党政権の要務であった。そこで、共産党支配下の解放区における教育も、彼らの文化的水準の向上を図ることが中心的課題であった。その意味において、学齢の青少年を対象とする正規の学校組織にとらわれない、一般大衆全体をその対象とした、文化的啓蒙を目指す労農教育こそが、現実的方策として取り組まれていったのである。なおかつ、当時の混乱した危機的状況下において、形式的・組織的な学校形態よりも、むしろ正規化への志向性を

もちつつも柔軟に対応できる非定型、および不定型の教育活動の方が、時代に即した展開として広がりをもち得たといえよう。したがって、より具体的には労農大衆に対する識字をはじめとする啓蒙教育活動を労農教育のアプローチから試みることが必要である。

そこで、本節では、労農教育の視点から解放区における教育政策（方針・対象・内容・方法）を考察する。解放区の各時期において、共産党政権がどのような局面に直面し、どのような社会を構築し、いかなる人材を養成しようとしていたのか、その政策において教育はどのような性格を付与されていたのか、当時の中国社会の諸要因に規定されながら政策化され実践された労農教育の展開とその特質を実証的に明らかにする。そのために、本節では、労農教育政策の展開を、ソビエト区期、日中戦争期、解放戦争期の3つに時期を区分し、労農教育政策の展開に焦点をあて、各時期における社会的・政治的背景の変化に伴う、労農教育基本方針の変化、その組織形式と内容を考察していく。

1. ソビエト区期における労農教育の展開

（1） ソビエト区期における労農教育展開の歴史的背景

1927年8月1日、共産党の指導による南昌における武装蜂起の失敗をきっかけに、その残存部隊は井崗山に到着、最初の農村革命根拠地を築いた。後には華中、華南一帯にも拠点が築かれた。当時、地方の革命政権はソ連革命の影響によってソビエトの形式（代表会議）を採用し、ソビエト政府を称し、各農村革命根拠地もソビエト区と略称していた。ついに1931年11月に、「中華ソビエト共和国」臨時政府の樹立を宣言し、辺境農村地帯に形成された、いくつかの革命根拠地を統合した統一政権が作られるようになった。この時期は戦時下にあり、支配する地域は文化的に遅れた辺境農村地帯であった。中華ソビエト共和国は、工農紅軍（労農赤軍）を組織して地方の地主権力と対峙し、地主の土地を没収してそれを農民に分配した。また大衆の理解と支持を得ようとして、貧農団や労働諸団体を重視した。このような状況において、支持基盤となるべき労働者・農民に対する文化的啓蒙は重要な課題であり、当時の教育政策に大きく影響していた。

（2） 労農教育に関連する諸規定に見る基本方針

1931年11月、中華労農兵ソビエト第1回全国代表大会において『中華ソビエト共和国憲法大綱』（以下では『憲法大綱』とする）を採択し、労農大衆の教育を受ける権利の保障と学費全額免除の普通教育の実施が掲げられた[22]。その特色の一つとして、労農教育（労働者、農民など）を主体とすることが掲げられている[23]。ソビエト中央政府教育委員会は『憲法大綱』の精神に基づいて、教育に関する訓令を次々と公布した。「当面の教育任務について」[24]（訓令第一号）においては、当時の教育の状況が分析され、「ソビエト区の現在の文化教育の任務は、大衆に階級的自覚を持たせ、文化的・政治的水準を高め、旧社会の思想と習慣を打破し、思想的な闘争を深化させ、大衆への動員を通し、戦争に参加させ、そしてソビエト各方面の建設に参加させる」ことであるとされた。さらに、具体的には「クラブでの識字運動、夜学、小学校などは目下の大衆教育の主要部門であり、これらの活動を通し、とりわけ青年・成年教育と社会教育を強化すべきである」とされ、青年・成年教育と社会教育の強化という活動の方向が示された。またいくつかの訓令において、労農教育の方針、形式など、労農教育の具体策が明示されている[25]。

1933年10月20日、中央政府教育部はソビエト文化教育建設大会を主催し「当面の教育工作の任務についての決議案」[26]を採択した。この大会決議は、これまで同様に労農教育の重要性を強調している。しかし、これまでの教育活動の限界を、共産主義教育の軽視にあるとして、ソビエトの教育は共産主義の教育であるべきだと指摘し、労農教育の正規化と共産主義理念の実施を提起した。ただこの時期の教育政策に対しては「共産主義を内容とする国民教育政策をとり、インテリに対して極左政策を行った」として、毛沢東らが後に批判した。それは「共産主義思想体系の宣伝を当面の行動綱領の実践にしてしまった」からであり、「共産主義の立場・観点・方向で問題を観察し、学問を研究し、活動を処理し、要員を養成するということを、中国民主革命段階における国民教育・国民文化全体の方針にしてしまった」[27]からである。この限界は、第2回全国ソビエト代表大会における毛沢東の報告および次の日中戦争期で是正される。

さらに、「中華ソビエト共和国中央執行委員会と人民委員会の第2回全国ソビエト代表大会に対する報告」(1934年11月)[28]では、ソビエト文化教育の全般的方針を明示し[29]、その中心任務について「全般的な義務教育を励行し、広汎な社会教育を発展させ、非識字者の一掃に努力し、闘争を指導する大量の高級幹部をつくることである」とした。これは前記のようなソビエト区での教育は共産主義教育であることを提唱する左傾路線への是正であると同時に、新民主主義教育方針の原点でもある[30]といえよう。なぜならこの方針に基づいて、ソビエト区では戦争に貢献し、生産と結びつき、大衆の要求に応じるような教育制度が立てられていったからである。注目すべきは、この4項目の任務のうちの「広汎な社会教育を発展させる」「非識字者一掃に努力する」「闘争を指導する大量の高級幹部をつくる」の3項目は労農教育がいかに重要な項目として確認されていたかを示すものである。当時のソビエト区は戦時体制下にあり、したがって、教育対象として第1に闘争およびソビエト区建設に必要な幹部の養成を目指し、その次に労農大衆の教育を位置づけたのである。「労農大衆に対する教育を優先」する政策は、その後の日中戦争期と解放戦争期における教育活動の展開において、さらに深化されていく。

(3) ソビエト区期における労農教育の組織と内容

1933年10月20日、中央文化建設大会において『非識字者の一掃に関する決議案』[31]が審議、公布された。非識字者一掃のための組織は郷を基本的組織とし、郷ごとに非識字者一掃協会、夜学、識字クラス、短期訓練班、半日学校などを設立することが規定された(図1-1を参照)。夜学は補習学校とも称し、その目的は「大衆の生産と生活を妨げないように、短期間で非識字者の一掃および大衆の文化レベルの向上を実現する」[32]ことである。また、「夜学および半日学校の方法について」によれば、夜学は人口の集中するところに設置すべきものとされている。その卒業の基準については「手紙を書き、報告をつくり、『紅色中華報』が読めるようになることを卒業の基準にする」[33]と記されている。これは学校としての性格をもつ、非識字者一掃を目的とした教育組織であった。

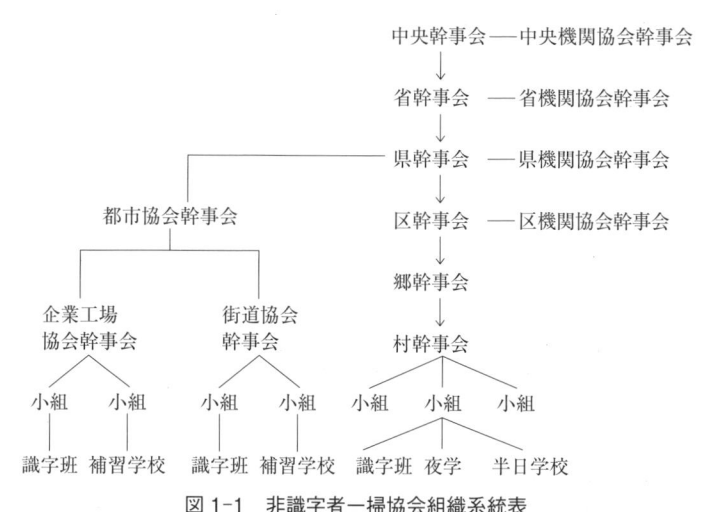

第 1 章　中国共産党統治地域の解放区における労農教育実践の萌芽　45

```
                          中央幹事会 ── 中央機関協会幹事会
                               ↓
                          省幹事会　── 省機関協会幹事会
                               ↓
                          県幹事会　── 県機関協会幹事会
                               ↓
            都市協会幹事会      区幹事会　── 区機関協会幹事会
                               ↓
                              郷幹事会
                               ↓
     企業工場      街道協会      村幹事会
    協会幹事会     幹事会
     小組 小組   小組 小組   小組 小組 小組
    識字班 補習学校 識字班 補習学校 識字班 夜学 半日学校
```

図 1-1　非識字者一掃協会組織系統表
出所：陳元暉ほか編『老解放区教育資料（一）土地革命戦争時期』教育科学出版社、1981 年、p.252。

　ここで 1933 年 12 月に毛沢東の『長岡郷の調査』から、夜学の一端を見ることにしたい。全郷に 9 つの夜学があり、学生の数は、9 校で合計約 300 人であった。全郷の 16 ～ 45 歳の青年および成年は全部で 412 人であり、大部分は夜学に通っていたことになる。各村はいずれも甲、乙、丙の 3 クラスに分かれていた。大部分の夜学が 1 つの油灯を備えつけており、10 ～ 20 人がこの灯火の下で読書していた。そのために毎月 1 人当たり 2 個あるいは 3 個の銅貨を出すことになっていた。教材としては、甲クラスは新聞の解説と算術、乙クラスは成年読本、丙クラスは児童読本が用いられていた。また各学校には校長 1 人、教員 1 人が配置されていた。教員には、9 つの夜学教員のうち 7 人は郷ソビエトの代表であり、いずれもこれは無料奉仕であった[34]。また、半日学校の仕組みは夜学と同じであり、昼間に時間を取れる人が半日学校に入っていた。
　識字クラスは主に、レーニン小学校や夜学、補習学校のない村の人々、忙しくて夜学や補習学校に入れない人々、各種機関における文化水準の低い人々からなっており、もっぱら非識字者一掃を図るための組織であった。「識字班の

方法について」[35)]によれば、その編成は生活圏（住所、飲食、勤務）の近い者3～10人を1組とし、若干の識字者を教員とし、場合によってはレベルの高い半日学校や夜学の学生を教員にあてることもできた。教え方は、時・場所・人数に応じてさまざまであったものの、文字は実用的な文字から始めた。各自の手帳は数日あるいは1週間ごとに非識字者一掃クラスの組長が集め、夜学の教師が点検した。こうした識字班の活動および成績の検査については非識字者一掃協会が担当した。また『長岡郷の調査』によれば、1933年の夏から「識字黒板」の方法が実行された。「識字黒板」は、1つの村に1つずつ街角の壁に釘でうちつけてあった。この黒板には絵と字が書かれ、2～3日おきに書き換えられた。1日に1回書き換えられることも、あるいは4～5日おきに書き換えられることもあり、1回には少なくとも2字が書かれた。

　ソビエト政府は、識字教材の編集および識字教員の配置にも力を注ぎ、中央、省級教育部門に識字教材の編集機構を設置し、政治、文化、各種専門の3種類の教材を編集した。教材は当時の闘争とソビエト区建設に深く結びつけ、簡単で覚えやすい内容とした。また、教員は、各種の師範学校を通じて養成するほか、旧知識人・専門家を利用することも行った。

　夜学、識字クラスのほかに、クラブはソビエト区における社会教育の重要な組織の一つでもあった。「クラブのあらゆる活動は大衆を動員し、共産党とソビエト政府の働きかけに応えるためであり、革命戦争のためであり、封建およびブルジョア階級意識と戦うためである」という目的が定められ、労農大衆の自己教育組織として位置づけられている。クラブの設置については、「クラブは政府機関あるいは工場企業、地方の組合、協同組合の中の組織である。クラブは生活地域（村など）によってレーニン室を開設し、レーニン室は少なくとも識字班、図書室および壁新聞の他、運動場あるいは遊芸室もそろえて」とあった。これらの組織と活動を通してソビエト区の共産党の統治を浸透させる役割をもっていることである。クラブの部員については、「あらゆるソビエト公民は所在地のあるクラブに加入する」とあり、大衆動員型の組織でもあった。またクラブの執行機関は一定の計画に基づいて活動を展開し、「定期的に部員大会あるいは部員代表会議を開き、部員に活動を報告し、部員との連携を

密接なものにする」ことが定められ、さらに「その中心的な仕事は政治動員である」ことが強調された[36]。こうしてクラブは恒常的な政治思想教育、軍事訓練、文化教育の三位一体の労農教育機関であった。また『長岡郷の調査』によれば、全郷にはクラブが4つあり、1つの村に1つずつあった。各クラブの下には「体育」「壁新聞」「夜会」など、多くの委員会があった。各村には1つの壁新聞があり、レーニン小学校におかれた。10件の記事のうち、小学校の生徒によるものが8件を占めており、大衆によるものが2件を占めていると記録されている。

2. 日中戦争期における労農教育の展開

（1） 日中戦争期における労農教育の展開の歴史的背景

　中国共産党は、1年半にわたる西遷をへて、1936年5月頃に陝西省へと移動した。その後、抗日戦争に乗じて、華北から華中におよぶ広大な統治領域をもつ延安政権へと発展した。第2次国共合作に際して、国民党政府は陝甘寧政府を承認したので、共産党勢力はいっそう伸張し、各根拠地の建設へと向かった。しかしその後の国共関係の再緊張化および日本軍の華北、中原などの占領により、各根拠地の統治は危機に陥った。とくに1941年の皖南事件によって共産党は大きな打撃を受け、以後両者の関係は再度緊張した。1941～42年にかけては解放区にとって最も困難な年であった。1940年以来の天災とともに日本軍による作戦が展開されており、また同時に国民党によって経済封鎖が行われた。

　この時期、共産党は知識人の吸収政策をとり、多数の知識人や学生が辺区に流入した。しかしこうした知識人は、労農大衆と合わず、多くの問題を起こした。そして地域の実情に適合しない政策を一律に実施しようとする官僚主義的路線のために政策は行き詰まり、法令も有名無実化した。こうした事態からいかに軍・政・民の共存関係を回復し、政策を浸透させるかが、共産党政府にとって緊急な課題であった。1941年、延安の『解放日報』に掲載された『旧来のやり方を打ち破ろう』と題した社説[37]は旧教育を批判すると同時に、教育と生産との結合の理念を強調した。これは解放区における旧教育の影響を克

服しようとしたものであった。こうした精神はしだいに労農教育および学校教育の各方面に徹底されるようになった。そして、この危機を乗り切るために、生産運動と整風運動とが展開された。とくに、1942～44年にわたる整風運動は、セクト主義・主観主義・公式主義に批判を加え、官僚主義の克服に力を注いだ。官僚主義によって軽視されていた大衆が、三風の克服に伴って、大衆路線[38]が登場するに至る。この運動を通じて大衆を主体的能動的人間の集まりと位置づけたことは、労農教育における民衆の役割への認識にも影響を与えた。

(2) 労農教育に関連する諸規定に見る基本方針

日中戦争期の教育政策は、基本的にソビエト区期の政策を継承し、とくに非識字者一掃に努力を払い、革命戦争に適応した教育体制を作り出そうとした。日中戦争当初から、戦争の遂行に教育の果たす役割の重要性が認識され、解放区において抗戦教育を実行するための政策が示されていた[39]。日中戦争期の教育は、基本的に整風運動を画期とする。整風運動以前を正規化路線、以後を大衆路線として特徴づけることができる。さらに抗戦の進行は、すべてを戦争のために動員するという原則の下に、教育は戦争に奉仕するのを提起することとなるのである[40]。

先にソビエト区の教育においては、幹部教育が第1であり、大衆教育は第2の取り組みであったと述べたが、陝甘寧辺区の極端に文化的に立ち遅れた辺境農村地帯では、ともかくも過酷な環境の中で戦争に対する備えを組織していかなければならない状況に対応するため、大衆教育が何よりも必要とされた[41]。ただし、陝甘寧辺区では、小学校教育を重視しその制度を整える試みが行われていた[42]。しかし、こうした学校の正規化と就学の義務化により学校教育を普遍的に組織しようとする試みは、容易には実現し難いものであった[43]。学校教育だけではなく、1940年以後、大衆教育運動の高揚とともに民衆学校（民校とも言われる）を正規化しようとする方向性も打ち出され、晋察冀辺区の冀中区では「毎村ごとに民衆学校1校を設立し、統一組織が指導する」計画が立てられた[44]。このような非現実的な指導を推し進めたのは陝甘

寧辺区へ大量に入ってきたインテリゲンチャ層であった。戦時中のため財政的余裕はなく、分散している農村ごとに公立学校を設立することは実際には不可能であった。にもかかわらず政府は1940年頃より、正規化路線に沿って、新文字冬学を唱導した[45]。しかし、これも性急かつ一方的に進められたために失敗に終わる。教育の普及には、辺区の実情に適合した方法が必要であった。そのため、整風運動を通じて正規化路線を戒め、1944年には大衆路線に基づく教育が提唱されることになったのである。

　1944年4月に陝甘寧辺区政府は小学校の民間による運営と公的補助の方針（「民営公助」）を提唱した指示を出した[46]。これは従来の教育の正規化とは異なり、大多数の小学校を地方大衆の自主運営に委ね、政府は物質的援助と教育方針について指導しようとするものであった。将来的には村ごとに民間運営の村学を設置し、村学の援助の下に冬学[47]・夜学・識字組を置き、全辺区の非識字者の一掃を達成しようとするものであった。この新形式の「民営公助」の小学校は、1945年春から実行された。この「民営小学」は、各地の状況により、教育内容はさまざまであり、学制の長短や授業時間についても一律に要求されることはない。民営村学は人々の自発的意志と必要性とによることを原則に、非識字者と不衛生の一掃を中心とするものと規定されている。民営村学は日中戦争期の過酷な条件下で編み出された極めて独創的な制度であった[48]。

　晋察冀辺区は、陝甘寧辺区とは異なり、日本軍と戦線を接していた。ここでも民弁小学に類似する「民衆学校」が設立され、非識字者の一掃と人民の文化知識の増進、そして民族意識の確立が目的とされた。労農教育では冬季集中教育運動を基礎に、民衆学校活動を行うよう指示が出されている[49]。そこでは、農業生産の展開のための農耕に関する知識の教育や戦いのための反ファシズムの立場に立つ時事教育、環境衛生の保持のための防疫教育がそれぞれの部門で強化されることが目指された。識字教育はこうした労農教育の核として位置づけられ、識字者の拡大を通じて戦時下においても実際に役立つ内容を広げようとしたのである。

　上記から見て「民営公助」は教育形式の改革を含み生産と学習の結合が目標とされたことがわかる。これは整風運動以後大衆を能動的要求をもち思想をも

つ人間の集まりと考える大衆観に支えられ、多数の大衆をその内に包摂する。そしてこの新たに内包された大衆がまさに民営公助の主体となったのである。つまり、正規化路線が実施される際の従来の解放区共産党政府と大衆との緊張関係は新たな橋架がかけられたことで協力関係へと転化し、相乗的関係性への可能性が芽生えたといえよう。

（3）日中戦争期における労農教育の組織と内容

日中戦争期の労農教育の形式は冬学・夜学・半日学校・識字サークルなど多種多様な方法がとられた。その中でも冬学は最も主要なものであった。1937年10月の冬季識字運動に関する教育部の通達[50]によれば、冬季識字運動は冬の農閑期を利用して11月末から2月初めまでの間の80日間行われ、課程としては国語・政治・軍事および歌唱・珠算・抗戦常識などがあり、とくに政治と国語を主要科目としたものである。開校の地点は、人口の多い地方は郷ごとに1校、人口の少ない地方は区を単位あるいは数郷を単位として1校を設けるが、小学校のある地方は学校を利用し、人々を1カ所に集めて行っていた。交通の中心地点を選んではいたものの、大多数の農民は学校に寄宿しなければならず、その生活費は紙や筆さらには薪・食料を自弁することとされていた。集中授業は効率的であるものの、受講する農民には大きな負担であったと推察される。

実際の冬学の形態は多種多様であった。例えば、教員が学生グループを順に巡回して教える形式、学生が定期的に教師のところを廻って教えてもらう形式、生産の単位ごとに炊事組、大工組、紡績組などに分かれて、各組に配置された教員がいて、早朝や仕事の間に教える形式、「小先生」制、すなわち子どもを教師にして習う形式、家庭で字を知っている者が家族や近所の人を集めて教える形式などがあった[51]。解放区は経済、文化の遅れた農村地域にあるために、労農教育と学校教育はお互いに連携しつつ発展している。その中で「小先生」制は代表的な実践である。「小先生」運動は中国においては、すでに1930年代の初めから始まっていた。陶行知が始めたといわれるこの制度は、旧解放区でも大いに活用されて、各地で模範小先生を生み出した。また労農教

育教師の不足のため、小学校の教師は冬学の教師を兼ねた。これで教師の不足の問題を解決したばかりでなく、労農教育と小学校教育の間の関係を密接なものにして、学校教育は労農教育の展開を促した。

労農教育における教育内容は、「していることを学ぶ」という原則で、それぞれの村の生産に役立つことから教えられた。文化科は国語・算数で、その他の主要な学科には政治・生産・衛生があった。実際の授業では学科を分けないことが多かった。以上のような学校以外の大衆教育方法として、識字カード、宣伝画、壁新聞、演劇などがあり、映画も製作され、ソビエト映画も上映された。

整風運動後には、正規化路線が戒められ以後には大衆の生活との結合を新たに目指し、大衆路線に基づく教育が展開され、民衆学校の創設が大いに推進された。生徒はすべて生産の場を離れず、識字数が1,000字に足りない年齢15歳以上45歳以下の男子と、15歳以上35歳以下の女子であった。教育目標を識字数1,200字におき、600字以上を高級、600字未満を初級とする2級に分けられた。「民衆学校」は行政村を単位に設置し、村公所の招聘する校長1人、教員若干名で教育に当たった。40～60人を1班とし、男女別々に編成された。班の下には5～7人のグループが設けられた。科目およびその割合は次のようであった。高級班では、①国語35％、②算術15％、③常識35％、④党課15％などであり、初級班では、①識字課45％、②珠算10％、③政治常識25％、④党課20％などであった。授業時間は農耕を妨げないように、農繁・農閑期に合わせ随時増減し、早朝・正午の時間を利用し、雨天に集中的に授業を行うなどの工夫がなされた。また教師は小学校の教師が兼任、あるいは相当程度の文化水準のある村の幹部が担当していた。毎回2時間、冬季は毎日1回、春夏秋3季は3日あるいは5日に1回行い、1年を通じた授業時間数は高級が360時間、初級が280時間とされた。修業期間は暫定的に4年とされ、高級・初級共各2年、毎学年を2学期に分け、3月から10月を第1学期、11月から翌年2月を第2学期として、毎学期終了時には試験が行われ、昇級・留級が決定された。校長と教員は無給職とし、抗戦勤務の一部あるいは全部を県政府の承認を受けて免除することができた。教科書・文房具は生徒の自前であったが、家計の貧

しいものには村公所が支給してあげた。初級小学以上の卒業生は「民衆学校」入学が免除され、公民訓練には参加できた[52]。これらは日中戦争期の過酷な条件下での学校教育と成人教育を結び付ける有効な方法として現実の中から考案されたものであった。

また、延安の整風運動以後、直接生産組織と結びついた労農教育組織も現れた。例えば、ある地区に、業務によって分けられた冬学においては、生産組長は学習の組長でもあった。また、延安のある大工の店主は6人の学徒を集めて冬学を開いた[53]。これらの組織は生産組織でもあり、教育組織でもあった。それは、集中的に学校を開設することが、大衆の負担を増加させるので「分散」形式をとり内容も大衆の必要に見合うものへ転換されたことがわかる。これは従来の学校の補足としての単純の識字のための識字教育の意味を変え、学校の補足という性格から生産・生活・学習の結合を図る新たな性格を生じたといえよう。

3. 解放戦争期における労農教育の展開

（1） 解放戦争期における労農教育展開の歴史的背景

太平洋戦争が終結すると各解放区に隣接する奥地に駐屯していた日本軍小部隊は鉄道沿岸まで撤退した。日本軍の撤退した地区には共産党が進出して新解放区として組み込んでいった。1945年8月15日の日本降伏後、公然化した国共両党の対立、抗争は、翌年7月から第2次国共内戦に発展した。最初の約1年間は、国民党軍が圧倒的な勢いで進攻した。それに対して中国共産党は1946年7月に、戦略を変更して一時的に都市や解放区を放棄して深く敵を誘いこむ方針をとった。10月には「中国土地法大綱」を発表することで、共産党に対する農民の圧倒的支持を得た。そして共産党は1947年6月末から反撃を開始し、次第に各地を占領し、1948年末には東北全土を、1949年には北京・天津を新解放区とし、新解放区に次々と地方政府を樹立していった。1949年3月には、今後の共産党の活動の重点を農村から都市へと移すこととなった。このことは、将来の社会主義への移行を展望し、その物質的諸条件の創出のために、当面は工業建設に重点を移すということであった。解放区の工業生

産を発展させるということは、重要な任務とされたのである。この時期の労農教育は、急速に拡大する支配地域において、人民解放戦争という中心任務と結びつくとともに、新たな労働者の余暇教育を旧来の農民教育と同時に発展させる必要が生じたのである。

（2）労農教育に関連する諸規定に見る基本方針

　国共内戦の激戦区では、教育が実施される余裕はなかったが、共産党勢力の安定した東北地区、および華北地区では教育の再建が取り組まれていった。これまでの中華ソビエト共和国の教育施策は、農村中心で識字教育を中心に行われており、工業の発展のための労働者教育は、積極的に推進されてこなかった。解放戦争の初期における労農教育は人民解放戦争という中心任務と結びつき、戦時教育の実施原則として、次の3点を定めていた。

① 社会教育と学校教育を結びつかせる。とくに戦時においては、社会教育の役割を高めなければならず、広範な成年・青年を動員し、直接、あるいは間接に戦争に参加させるように呼びかける。
② 時事教育と文化教育を結びつけさせる。
③ 教育内容と戦争生活を結びつけさせる[54]。

　労農大衆向けの社会教育はとくに生産、節約、自衛、救護などの時事的な政治教育を主要内容としていた。

　東北地域は、従来より工業が発展し、1945年の日中戦争勝利後には、旧解放区から大量の幹部が東北解放区建設のため派遣されており、早くから労働人民の教育活動に対して積極的な取り組みがなされてきた。この地域においては、東北行政委員会より1946年に「学校教育の改造並びに冬学運動の展開に関する指示」が、1947年に入ると「冬学運動に関する指示」が、それぞれ出され、冬学を中心とする農村部での識字教育が重視された。これは当時の解放区が主に農村部を中心としたためである。

　解放区の状況の変化に伴い、労働者教育の重要性が認識され、農民教育を同時に発展させる方向性へと向かう。その後解放区の都市部への拡大に伴い、1948年頃より「重点的に大・中都市における社会教育を発展させ、労働者を

主な対象とする」[55] 政策が実施される。1948年10月10日、東北行政委員会により、『教育工作に関する指示』[56] が出され、東北地区の生産建設と戦争への支援という中心任務に応えて、とくに幹部養成、国民教育および社会教育の強化が今後の教育の方針と任務とされた。この後1948年11月、東北全土が共産党の支配下に入った。

こうして進められた成人補習教育は、統計によれば、1948年まで、東北地区において冬学3万762ヵ所、学生数は123万2,299人であり、労働者夜学96ヵ所、学生数は7,336人であり、民衆学校3,435ヵ所、学生数は7万5,433人であり、識字班82ヵ所、学生数は4,114人であり、民衆教育館は119ヵ所であり、図書館39ヵ所であった[57]。少数の民衆教育館と図書館のほかに、冬学、労働者夜学、識字班のような組織はすべて解放区成立後にできたものである。そして1949年2月に公布された「労働者大衆に対する政治文化教育の強化に関する指示」では、「東北解放戦争の勝利のために、……労働者大衆を組織し、労働者階級の覚悟と政治文化レベルをいかに向上させるか、ということは現在の一刻も緩められないことである」[58] と労働者の幹部養成が切迫した重大任務とされ、労働者補習夜学などを設置して労働者の業務余暇教育（［業余教育］）[59] を発展させ、幹部養成のため労働者政治大学を設置することなどが規定された。労働者教育は積極的に推進され、1949年の段階で、「全東北1,117,20人の労働者中、325,957人が学習に参加し、この数は労働者総数の29.1％を占めた」という。しかし、当時から生産小組や党の会議が多く、学習時間が確保できないなどの労働者の不満も起きており、こうした問題は中華人民共和国建国後へともち越されていく。

（3）解放戦争期における労農教育の組織と内容

解放戦争期における農村部の労農教育は日中戦争期に引き続き、主に冬学と民衆学校になっていた。ただし、そのカリキュラムなどについては、新たな規定が提出された。そこでは、課程と教材の編纂は辺区教育庁によって担当すべきこと、大衆の実際的な必要性と密接に結びつくものになるように工夫されるべきこと、学習年限も、学校教育のように年限を定めることはせず、一定の課

程の修了で定めるべきこと[60]などが明示された。

　都市部においては、今までの夜学、識字班、クラブ、民衆教育館などの教育組織形態のほかに、労働者学校が創設され、業務余暇教育と学校教育とが連携する形式も現れた（1949年の状況は表1-1を参照）。このような業務余暇教育の組織は業務余暇学校（[業余公学]）ともいわれる。業務余暇学校は主として各種各レベルの学校の教師や各種機関の幹部によって担当されている。その募集対象は各種機関の在職幹部と職員、労働者であり、在職幹部教育と労働者教育の強化の2つの役割を果たしていた。その教育内容は文化教育を主としており[61]、業務余暇学校は文化補習教育の機能をもっていたといえよう。1949年2月に公布された「労働者大衆に対する政治文化教育の強化に関する指示」では、労働者の幹部養成は切迫した重大な任務とされ、労働者補習夜学などを設

表1-1　遼寧地区各省・市1949年各種成人教育統計表

		瀋陽市	遼北省	鞍山市	熱河省	旅大市	遼寧省	安東省
民衆教育館	館数	9	25	1	15	10	14	4
	従業員	10					51	9
	学習者数	2257	1250					
図書館	館数	1			5	4	3	1
	従業員						18	3
	本冊数	15590		15600				
労働者夜学	校数	8	13	11	11			
	教師	62						
	学習者数	1191	475	405				
民衆学校	校数	3	41			3185		
	教師	8	43			2958		
	学習者数	291	1577			72433		
識字班	班数	10	30	32				
	教師	44						
	学習者数	936	1852	1203				
補習班	班数	3		7				
	教師	11						
	学習者数	122		235				

出所：東北行政委員会教育局「遼寧地区各省市1949年各種成人教育統計表」『遼寧省档案館全宗』1949年第19巻第19号。

置して労働者の余暇教育を発展させること、幹部養成のため労働者政治大学を設置することなどが規定されている。労働者教育の内容としては、政治教育、文化教育、技術教育が挙げられ、地区と時期によって内容を変えるように指示されている。例えば、新しく共産党の支配下に入った地域においては政治教育を主とし、同時に技術と文化を勉強させ、その他の地域においては、労働者はすでに政治的自覚を有しているので、技術と文化の教育を主とする[62]ように提唱されている。

小　結

　以上、中国解放区における労農教育の政策的展開に関する考察を通して、以下の諸点が明らかにされた。

　解放区においては、共産党政権が労農教育を重要政策に掲げ、残酷な戦争環境（国共内戦、日中戦争）と遅れた農村地区という困難な条件下で、現実的な課題と結びつけ、生産労働と結合させて、教育活動を展開した。解放区における教育は、今まで教育の機会に恵まれなかった広汎な人々に教育を受ける機会を与えた。しかし戦時下にあって、戦争の勝利、共産党政権の拡大・強化、労農大衆の組織動員などを至上命題とし、そのための人材育成を労農教育に求めたのであり、解放区の政治思潮を色濃く反映したものとなった。したがって解放区における労農教育は、幹部教育を最優先とし、可能な限り労農青年・成年を主とする労農教育も尊重した。ソビエト区の教育体系は、幹部教育を第1の課題、労農大衆教育を第2の課題とした。労農大衆教育においては、労農青年・成年を主とする労農教育を第1の課題、児童教育を第2の課題とした。陝北の革命根拠地の構築に当たっても、この方針が引き継がれ、その後の陝甘寧辺区政府にも受け継がれる。とくに整風運動に際して、大衆の実際から出発し、組織動員と大衆の必要と自発を結びつけ、大衆の積極性と創造性に依拠する大衆路線を堅持することが強調された。日中戦争期と解放戦争期を通じて中国共産党の一貫した政策となったのである。

　解放区における労農教育では、一貫して非識字者の一掃を重要な課題とし

て掲げ、そのための労農教育が推進されたのである。解放区の劣悪な条件下では、共産党政権が正規の学校教育によるのではなく、時・場所・人数に応じて多種多様な方策を採用した。抗戦前のソビエト時期の教育方針は正確に時の必要に即して行われていた。第2の時期の1939～1943年の教育活動は形式的な正規化への要求として教育普及への思想を矮小化した形で現れるようになった。すなわち、質だけを重んじて量を軽視し、多くの学校を合併した。これは解放区が、分散した村から成り、村と村の間の距離が極めて遠く、しかも1つの村の人口が少ないという状況を無視するものであった。そして教育内容も大衆の要望からかけ離れていた。そして、第2時期後半と第3時期では大衆に奉仕し、大衆の利益から出発し、大衆を通じて行うという方針が貫徹されたといえよう。こうした大衆路線の重視こそが劣悪な解放区の環境の下で労農教育が進められ、共産党政権の支持基盤になったといえよう。言い換えれば、貧しい農村地域に寄り添う共産党政権が、大衆路線の実施によって民衆の利益を第1とすることと同時に、共産党としての政治路線を確立していたともいえる。

　解放区の教育は、ごく限られた地域の人々に行われたものである。さらに言えば、生産力の低い農村の分散的な状況に制約され、教員の不足などの劣悪な教育環境の下で展開されたものである。しかし中華人民共和国の建国後も、解放区における現実的な課題と結びつけ、生産労働と結合するといった教育の価値を継承し、労農教育の重視路線を展開したのであり、中華人民共和国の教育を考える際には極めて重要な意義を有すものなのであることが確認された。

〈注〉

1) 解放区とは1931年11月の中華ソビエト共和国臨時政府樹立以後、新中国成立までに共産党支配下に入った地域を指す。一般的に、1945年8月以前に中国共産党の支配下にあった地域を旧解放区といい、それ以後の国共内戦期に新たに共産党の支配下に入った地域を新解放区という。このような新・旧という分け方もあるが、本書では、ソビエト区期（1931～1937年）、日中戦争期（1937～1945年）、解放戦争期（1945～1949年）の3つの時期区分により、解放区における労農教育の政策の展開過程とその特質を見ていく。また、ソビエト区期に共産党の支配下の地域はソビエト区ともいい、日中戦争期に共産党の支配下の地域は辺区ともいう。

2) 清末期において、学校教育制度を確立し、教育の普及を図る重要性が認識されていく過程において、その対象は学齢期の児童だけではなく、一般民衆にまで拡大される。それは半日学堂章程や実業補習普通学堂章程、芸徒学堂章程などに表れている。詳しくは、上田孝典2006年3月名古屋大学大学院教育発達科学研究科に提出した博士論文「近代中国における社会教育に関する研究」を参照。
3) 1910年代後半に起こった反封建・新文化提唱の運動である。五・四新文化運動とも呼ぶ。
4) 平民教育運動というのは、五・四新文化運動下の平民主義教育の盛行と並行して、従来学校教育から疎外され無学文盲のままに放置されていた一般民衆に対して始められた組織的教育の動きを指す。
5) 牧野篤「『共和国民』の創造」『名古屋大学教育学部紀要（教育学科）』第43巻第2号、1996年度、p.45。
6) 牧野篤『〈わたし〉の再構築と社会・生涯教育』大学教育出版、2005年、pp.94, 95。
7) 平民教育運動をめぐる困難な情況の中で、晏陽初は打開の道を模索した。その中で彼が発見した道は指導方法の改革であり、「文字教育」の上に「生計教育」を加え、さらに「公民教育」を付加するものであった。
8) 小林善文『平民教育運動小史』同朋社、1985年、pp.72, 73。
9) 中国研究所編『現代中国辞典（増補）』（現代教育の項所収）現代中国辞典刊行会、1952年9月、p.462。
10) 陶行知により「生活教育」の課題を担う基底の集団として構想されたのが、「工学団」であった。陶は「工学団」は「工場・学校・社会」が相互に「融通」しあい、「農村改造の生活力を豊富に有した真細胞を作り出す」ものであるとした（牧野篤『中国近代教育の思想的展開と特質：陶行知「生活教育」思想の研究』日本図書センター、1993年、pp.395, 396）。その中で「山海工学団」は「工学団」運動の拠点とされている。「山海工学団」は上海市大場の餘慶橋を中心とした2華里以内の「郷村」を実験区と設定したものである（同上、pp.454, 455）。
11) 小林善文前掲書、pp.73, 74。
12) 「小先生」制とは、子どもを教師にして習う形式のことである。
13) 梅根悟監修『世界教育史大系4 中国教育史』講談社、1975年、pp.297-300。
14) 整風運動とは、学習における主観主義、党生活におけるセクト主義、言語表現における「党八股」をなくし、理論と実践の一致を目指す調査研究の学風、革命のための団結、民主と集中の統一の党風、生き生きとした内容のある文風を作り上げよう、という意図で、中共中央が全党機関に呼びかけた自己教育運動でもある。整風運動のきっかけになったのは1941年5月に、毛沢東が行った講演「われわれの学習を改革せよ」だが、これが整風運動として始まるのは1943年であり、毛沢東の「党の活動態度を直せ」（1942年2月1日、中共中央党学校の開校式での講演）、「党八股に反対せよ」（1942年2月8日、延安幹部会での講演）およ

び同年5月に開かれた「延安文芸座談会」における講話が、その指導的ものとなった。
15) 毛沢東「中国社会における各階級の分析」竹内実・和田武司編『毛沢東初期著作集 民衆の大連合』講談社、1978年、pp.183-203。
16) 同上。
17) 藤本幸三訳『毛沢東・人間革命を語る』現代評論社、1975年、pp.6, 7。
18) 同上、pp.7, 8。
19) 蔵永昌『中国職工教育史稿』遼寧人民出版社、1985年、p.45。
20) 斉藤秋男・新島淳良編訳『毛沢東教育論』青木書店、1962年、pp.17, 18。
21) ここでいう「洋式学校」は農民の必要に合致しない国民学校のことである。
22) 波多野乾一編『資料集成 中国共産党史 第1巻』時事通信社、1961年、pp.598-602。
23) 例えば、第12条の内容を挙げると、「中華ソビエト政権は労働者、農民、勤労大衆の教育を受ける権利を保障する。完全に学費全学免除の普通教育を施行し、まず青年勤労大衆より開始する。ならびに青年勤労大衆の一切の権利を保障し、積極的に彼らを政治的、文化的革命生活に引導参加させ、しだいに新なる社会的力量に発展させなければならない」と掲げられている。波多野乾一編、前掲書、p.599。
24) 「中華ソ維埃共和国臨時中央政府教育人民委員部訓令第1号 目前的教育任務」（1932年）という。陳元暉他編著『老解放区教育資料（一）土地革命戦争時期』教育科学出版社、1981年、pp.29-32に所収。
25) 例えば、訓令の第4号に、「目下の国内革命戦争の下で、ソビエト区の文化教育は平和の事業であるべからず、文化教育は戦争動員において欠けてはならない力量になるはず」であるとされ、つまり、ソビエト区における文化教育は当面の戦争に奉仕すべきであると論じられており、訓令の第五号においては「目下の教育環境の下で、教育の重点を社会教育、教育の普及活動に置くべきである」「力を注いで社会教育を発展させ、クラブ、レーニン室、識字班、労農劇団などの大衆組織を通して大衆の政治レベルを高めることは極めて重要である」ことが論じられている。陳元暉他編著、前掲書、p.34、pp.36-39。
26) 「目前教育工作的任務的決議案」（1933年10月）という。具体的には次のようなことが述べられている。例えば、「ソビエトの教育制度の基本原則はすべての男女児童を17歳まで学費免除の義務教育とするが、戦争状態にあることを考慮し現実と必要に応じ、義務教育の基幹を五年に短縮することに同意する。教育を受ける機会を失した年齢を超過した青年と成年の救済のために、補習学校・職業学校・中等学校・専門学校などを設置」する。また、「迅速に非識字者を絶滅させるために、系統的な指導を行う非識字者絶滅協会を発足させる。共産主義の教育を軽視してきた誤りを正し、旧知識人と専門家を教育活動に誘い込み」、とくに強調されたのは「当面の重要な任務は系統的に労農の幹部を養成することであり」「ソビエト区で教育人材の団結のために、大会は教育部の指導による紅色教員連合会の招集を提議」することがあった。陳元暉他編著、前掲書、pp.60-62。

27)「関于若干歴史問題的決議」という。『毛沢東選集（第3巻）』人民出版社、1991年、p.975。
28)「中華蘇維埃共和国中央執行委員会与人民委員会対第2次全国蘇維埃代表大会的報告（1934年11月）」という。陳元暉他編著、前掲書、pp.16-21。
29) それは共産主義の精神で広汎な勤労大衆を教育することにあり、文化教育を革命戦争と階級闘争に奉仕させることにあり、教育と労働を結びつけるところにあり、広汎な中国の大衆に文化を享受させる幸福な人間にするところにある。同前注、p.20。
30) 毛沢東の『新民主主義論』によれば、「現段階の中国の新しい国民文化の内容は、ブルジョア的文化専制主義でもなければ、また単純なプロレタリアートの社会主義でもなく、プロレタリアートの社会主義文化思想によって指導される人民大衆の反帝・反封建の新民主主義」であり、さらに新民主主義の文化は「民族的・科学的・大衆的文化」であると論じた。『毛沢東選集』（第2巻）外文出版社、1968年5月、p.522。
31)「消滅文盲決議案」（1933年10月20日）という。陳元暉他編著、前掲書、p.249。
32)「夜校辦法大綱」（1933年）という。江西教育科学研究所編『江西蘇区教育資料滙編（3）』贛南師範学院、1985年、p.73に所収。
33)『夜学校及半日学校辦法』という。陳元暉他編著、前掲書、p.257。
34) 斎藤秋男・新島淳良編、前掲書、pp.42-47。
35)「識字班辦法」という。陳元暉他編著、前掲書、pp.259, 260。
36)「倶楽部綱要」（1934年4月、教育人民委員会制定）という。陳元暉他編著、前掲書、pp.282-287。
37)「打砕旧的一套」という。『解放日報』社説、1941年9月11日。
38) 大衆路線とは、あくまで新しい大衆の概念—能動的な要求を持ち思想を持った人間の集まり—の上に、指導者がはっきり限定された責任をもち、指導者と大衆とが相互に働きかけ、ともに絶えず発展していくという路線なのだ（新島淳良著『中国の教育』東洋経済新報社、1957年、p.56）。
39) 毛沢東「すべての力を動員して抗戦の勝利を勝ち取るために戦おう」（1937年8月）『毛沢東選集（第2巻）』（外文出版社、1968年、p.23）に所収。
40) 抗戦以来、教育制度はすでに変化しており、とくに戦区では顕著な改善が見られた。しかし、今日までにまだ制度全体が抗戦の必要にあうよう変化していないが、こうした情勢はよくないことである。巨大な抗戦は、巨大な抗戦運動とあい呼称して行われなければならず、両者が呼応しあわない現象はさけなければならない（毛沢東「論新階段」（1938年10月）人民教育出版社編『毛沢東同志論教育工作』人民教育出版社、2000年、p.44に所収）。
41) この点は、陝甘寧辺区第一期参議会における林伯渠報告に対する決議の中で、過去の活動の成績と欠点を根拠に、辺区参議会によってとくに指摘された。それは、今後の努力水準とする諸項目の活動範囲と活動任務の第2の、抗戦動員の3番目に精神動員の面として次のよ

第1章　中国共産党統治地域の解放区における労農教育実践の萌芽　*61*

うに書かれていることからも、知られるところである。すなわち、「1. 現有の基礎の上に小学校教育を発展させ、生徒を拡大し、学校の質を高め、教師の資質を改善して、小学校教育を民族精神と生活知識を以って中華民族の新後進世代の養成という使命を担うことができるようにする。2. さらに社会教育を広範に発展させ、計画的に手順を追い非識字者の一掃を実行し、全辺区人民の民族意識と政治的文化的水準を高める。3. 幹部教育を強化し、幹部の間で自己学習運動に力を入れ、その理論水準と工作能力を向上させるための人材養成の学校を創設する」とあり、小学校教育・社会教育が先に置かれている。「陝甘寧辺区第1届参議会対陝甘寧辺区政府工作報告的決議」中国科学院歴史研究所第3所編集『陝甘寧辺区参議会文献彙輯』1958年10月、p.37に所収。

42)　1938年8月に辺区教育庁は「陝甘寧辺区小学法」および「陝甘寧辺区小学規定」ならびに「陝甘寧辺区模範小学暫定条例」を公布した。(中央教育科学研究所編『老解放区教育資料 (2) 抗日戦争時期　上冊』教育科学出版社、1986年、pp.303-312に所収。) その後、1940年3月には、「陝甘寧辺区普及教育実施暫定条例」を、また同年12月には「陝甘寧辺区義務教育実施暫定弁法」を公布している。

43)　学校へ児童を入学させることを義務づけるにあたっては、教育の旧制度・旧課程の徹底的改革がいわれながら学校の正規化はそれ以前の如く生徒を学校に寄宿させ、家庭から引き離すことにより、大切な児童の家庭内における労働力を取り上げる結果となり、農民の拒絶にあうことになる。

44)　教育陣地社『抗戦時期辺区教育建設』新華書店晋察冀分店、1946年、p.53。

45)　新文字とは中国語を発音に基づいてラテン文字で表記するものであり、辺区政府は非識字一掃の対策として導入した。つまり非識字問題の根本は習得しにくい漢字にあり、漢字をやめ新文字化すれば非識字者が急速に減少する、と政府レベルでは考えられていたのである。

46)　「陝甘寧辺区政府関於提唱小学民弁公助的指示」(1944年) という。中央教育科学研究所編、前掲『老解放区教育資料 (2) 抗日戦争時期　上冊』、pp.349-352。

47)　冬学とは、冬季の農閑期に識字教育などを行うことである。

48)　「群衆教育的『民弁公助』」中央教育科学研究所編『老解放区教育資料 (2) 抗日戦争時期　下冊』教育科学出版社、1986年、pp.137-155に所収。

49)　同上書、pp.120-122。

50)　同上書、pp.1-5。

51)　同上書、pp.84-87。

52)　「晋察冀辺区民衆学校暫定規程」河北省社会科学院歴史研究所・河北省档案館等編『晋察冀抗日根拠地資料選編 (下冊)』河北人民出版社、1983年、pp.168-170に所収。

53)　ある地区とは、子洲県苗家坪区周家圪老のことである。陝西師範大学教育研究所編輯『陝甘宁边区教育資料　社会教育部分 (上冊)』教育科学出版社、1981年、p.28に所収。

54)　「陝甘寧辺区戦時教育方案」中央教育科学研究所編『老解放区教育資料 (3) 解放戦争時期』

教育科学出版社、1991 年、pp.4, 5 に所収。
55) 張建「東北社会教育概況」『人民日報』1949 年 9 月 3 日。
56) 「東北行政委員会　関於教育工作的指示」(1948 年 10 月) 前掲『老解放区教育資料 (3)』、p.162。
57) 「3 年来東北教育工作的初歩総結和今後的方針任務」(1948 年) 前掲『老解放区教育資料 (3)』、p.216。
58) 「中共中央東北局、東北行政委員会　関於加強工人群衆中政治文化教育工作的指示」(1949 年 2 月 20 日) 北平市人民政府教育局編『弁好工人文教工作』1949 年 5 月、pp.1-5 に所収。
59) 業余教育というのは、業務余暇の時間を利用し、教育活動を行うことである。
60) 中央教育科学研究所編、前掲『老解放区教育資料 (3)』、pp.526, 527。
61) 「開展業余教育」『晋察冀日報』1946 年 4 月 2 日。
62) 「全党弁好工人文教工作」『東北日報』1949 年 2 月 27 日。

第 2 章

社会主義体制下の国民経済復興と労農教育体系の確立期

　第 2 章では、中華人民共和国建国後の復興期（1949 ～ 1952 年）における労農教育体系の確立過程を概観する。とくに労農速成中学での人材育成、および労農業務余暇教育に関する実践的展開に焦点をあて、社会主義体制下における国家建設の人材育成において労農教育の果たした役割を考察することを目的とする。

　1949 年 10 月 1 日、低い生産力水準と膨大な数の非識字者をかかえて、「一窮二白」（一に貧窮、貧しさを意味し、二に白紙の状態、すなわち教育・文化水準の低さ、不毛をさしていた）の状態から出発した中華人民共和国が成立した。教育状況については、1949 年に人口総数 4 億 5,000 万人のうち、80％以上が非識字者であり、小学校への入学率は全国平均約 20％であったといわれる。そのため、建国初期の教育は、内戦や革命がもたらした混乱を収拾しつつ、教育制度の再構築、当面の急務としての非識字者対策、国家建設のための人材養成など、多くの課題に取り組まなければならなかった。何より共産党統治による社会主義国家建設のため、生産力発展の核を握る基幹要員として労働者・農民（労農）を中心とするプロレタリアを育てることが党と国家の要務であった。しかし、学校教育の普及が遅れたため、労農教育はその補足としてより多くの役割を果たさざるを得ず、党と政府によって労農教育の振興が重要な政策として行われてきた。当時は、新国家建設のために、労農教育が普通学校教育と並行する教育制度として、独自の体系を整えていた。そして労農教育体系には「正規化」への強い志向性が示されていた。それは一方では、労農階層の幹部およびその中堅者の速成を意図した労農速成中学から人民大学へという

新たなタイプの学校系統の創設であり、もう一方では、非識字者一掃を目的とした業務余暇教育の展開、各種文化ネットワークの建設であった。

第1節　国民経済復興における人材観と労農教育体系の確立

1. 復興期の政治経済状況と教育への要請

（1）復興期の政治経済状況

新国家建設にあたって、「我々の人民民主専制[1]は国家制度の勝利の成果を保障し、内外の敵の復活の陰謀に反対する有力な武器であり、我々は、この武器をしっかりと掌握しなければならない」[2]との決意が示された。そして人民民主専制を強固にするために、主として経済建設と文化建設の2つの任務が課せられた[3]。建国直前の1949年9月29日に開催された中国人民政治協商会議第1回全体会議で暫定憲法（1954年の憲法制定まで）とも言うべき『共同綱領』が採択された。この『共同綱領』の第5章（『共同綱領』第41条、文化教育政策）には、文化教育の基本方向と政策が規定されている。その主要な部分を摘録しておく[4]。

第5章　文化教育政策

第41条　中華人民共和国の文化教育は、新民主主義的、すなわち民主的、科学的、大衆的な文化教育である。人民政府の文化教育活動は、人民の文化水準を高め、国家建設人材を養成し、封建的、買弁的、ファシズム的思想を一掃し、人民のために奉仕する思想を発展させることを主要な任務とすべきである。

第42条　祖国を愛し、人民を愛し、労働を愛し、科学を愛し、公共財産を愛護するよう提唱することが、中華人民共和国の全体の公共道徳である。

第46条　中華人民共和国の教育方法は、理論と実践の一致である。人民政府は計画的に、一歩一歩、古い教育制度、教育内容、教育方法を改革すべきである。

第47条　教育の普及、中等教育および高等教育の強化を、計画的に、一歩一歩実行し、技術教育を重視し、労働者の業務余暇教育および幹部の在職教育を強化し、知識青年および旧知識分子に革命的な政治教育を行って、革命活動および国家建設活動の広範な需要に応える。

第48条　国民体育を提唱する。衛生医薬事業を押し広め、また、母親、乳幼児および児童の健康を保障するよう留意する。

　『共同綱領』における規定は、新中国成立後の文化教育に関する初めての公式的な政府綱領であり、新中国建国初期の教育活動に関する最高の根拠法としての性格をもっている。ここから新しい社会主義教育の創造に向けての模索が始められた。成人教育との関わりから見れば、その意義は以下の3点にまとめられる。

　第1に、『共同綱領』の第41条では、中国の人民民主専制は中国の労働者階級、農民階級、ブルジョア階級、およびその他愛国民主分子による人民民主統一戦線的政権であり、労農同盟を基礎とし、労働者階級を指導勢力としている。そして、教育が新民主主義的、すなわち、民主的、科学的、大衆的な文化教育であると規定された。ここに見られる教育の性質の規定は、労農を主要な対象とする労農教育を確立した意味から重要であると思われる。

　第2に、同じく『共同綱領』の第41条では、人民政府の文化教育活動は、人民の文化水準を高め、国家建設に資する人材を養成し、封建的、買弁的、ファシズム的思想を一掃し、人民のために奉仕する思想を発展させることを主要な任務とすべきであると規定されている。これは、教育に国家建設に資する人材を養成すると同時に、封建的、買弁的、ファシズム的思想を一掃することも要求しており、教育の政治的働きと経済的働きをともに重視することが明らかにされた。実際に、旧教育を改善して、共産主義信仰をもつ新たな人材を養成すること、すなわち人民共和国の政権を固めること、および労農大衆への平等な教育機会を図る教育の政治的働きをとくに重視した。しかし、当時、中国の米ソ二大国との対立、解放直後における80～90％ともいわれる非識字率という背景下において、こうした教育政策の育つ条件も基盤もなかったため、実施する際の困難は大きかった。小林文男の指摘する通り、「中国共産党と政府教育行政指導部が立案した教育計画とその政策遂行は、国家の生産力の現実に適合しない、それを無視した教育機会均等・拡大であった」[5]と考えられる。

　第3に、労農教育の発展の方向が明確に規定されたことである。つまり、

「技術教育を重視し、労働者の業務余暇教育および幹部の在職教育を強化し、知識青年および旧知識分子に革命的な政治教育を行って、革命活動および国家建設活動の広範な需要に応える」ことが目指された。これは初めて労農大衆への教育を国家の法律の中に位置づけて、成人に対する教育が党と国家に重視されたことを意味している。

以上の3つから、復興期の教育の任務として、一方は封建的、買弁的、ファシズム的である敵対階級の思想を一掃し、彼らから教育の主導権を回収すること、もう一方に、人材養成のための労農教育としての識字教育政策を徹底し、国家建設に資する人材を養成することが掲げられていたといえる。そこで、労農階級出身の知識人を養成し、労農階級の文化水準を高めて、労農同盟を強固にする一方、社会主義建設のため、生産力発展の核を握る基幹要員を労農階級の中から育てることが労農教育の政策課題として考えられていく。

ところで、復興期の中国における生産力は低く、1949年末の工業生産は戦前（1937年）に到達した水準の50%にすぎず（詳しくは表2-1を参照）、諸外国と比べても低いレベルにとどまっていた[6]。このような生産力の低さは国家財政の窮乏と相関関係にあり、教育経費も少なく、ある特定の分野に重点をおいた、傾斜した教育計画にならざるを得なかった。つまり農村よりも都市を、農業よりも工業を、軽工業よりも重工業を、普通教育よりも幹部養成を、一般教養よりも特殊専門技能を、といった重点配分による措置である。しかし

表2-1　1949～1952年主要工業生産高

	電力 (100万 KWH)	石炭 (100万 トン)	銑鉄 (100万 トン)	鋼材 (1,000 トン)	セメント (1,000 トン)	綿糸 (1,000 俵)	綿布 (100万 反)	紙 (1,000 トン)
戦前最高年	5,950	61.9	1,800	923	2,290	2,447		165
1949	4,310	31.0	246	158	660	1,803	36.5	108
1950	4,570	40.9	969	605	1,410	2,416	56.2	140
1951	5,780	50.8	1,415	894	2,490	2,685	71.9	241
1952	7,260	63.5	1,900	1,349	2,860	3,618	111.6	372

出所：小林文男編『中国社会主義教育の発展』アジア研究所、1975年、pp.42, 43。
初出：S.Adler, The Chinese Economy, 1956.

表 2-2　1953〜1956 年小中学校の進学率

年　度	大学レベルの教育機関進学数と高校卒業生数との比	上級学校進学数と中学卒業生数との比	高小卒業生の進学率（%）
1953	1：0.68	1：1.28	29.27
1954	1：0.73	1：1.71	37.09
1955	1：1.08	1：2.28	40.50
1956	1：0.83	1：0.97	49.84

出所：蘇人「中・小学教育発展問題的我見」『人民教育』、1957 年 5 月号。

　このような教育計画を妨げたのは、ほかならぬ小・中学校、とくに中学校の発展の遅れであった。建国初期には、全国に小学校がおよそ 30 万校、小学生数が 2,000 万人余、中等学校が 5,000 校、中学生数が 150 万人余、専科以上の学校が 200 校、学生数が 14 万人という状況であった[7]。これは中国 4 億 5,000 万人の人口数からして、非常に少なかったといえる。また、表 2-2 からは高級中学卒業生のすべてが大学に入ってもなお大学募集生数を満たすことができないにもかかわらず、高級小学を出たものの 5 〜 7 割は、中学に進学できないという矛盾した定員構成になっていることがわかる。つまり、こうした教育の現実は、幹部養成の重視と教育経費の高等教育への傾斜によって、現実を無視した全体計画なき教育政策となっており、既存の学校教育体系による人材養成の限界を示していたともいえる。しかし、国家建設に必要な人材を養成し、それまで教育に恵まれなかった労働者・農民階級の文化レベルを向上することは不可避とされ、膨大な労働者・農民を対象とする成人教育の発展によって補おうとした。それは、労農教育の発展を準備し、労農出身の新知識人階級を養成することが文教活動の主要任務とされた背景は、学校教育普及の遅れや教育経費の不足などがあったことを意味する。つまり、労農教育の展開はこのような背景での産物であったといえよう。

（2）　旧解放区の教育遺産の継承

　建国直前の 1949 年 9 月 29 日に開催された中国人民政治協商会議第 1 回全体会議で採択された暫定憲法とも言うべき『共同綱領』には、新中国の教育は「新民主主義的、すなわち、民主的、科学的、大衆的な文化教育」（第 41 条）

であると規定された。こうした新民主主義教育方針の原点は共産党指導下にあった旧解放区にさかのぼることができる[8]。前章で見てきたように、確かにソビエト政権の樹立から、中華ソビエト政府は精力的に学校を建設し、教育の普及に努めていた。しかし、旧解放区は抗戦下にあり、さらに文化的にも遅れた辺境農村地帯であったため、旧解放区では労農大衆を対象にした労農教育が重視された。そして革命戦争および階級闘争の勝利は、当時のソビエト区の存亡に関わる重大な問題であったため、まず闘争およびソビエト建設に必要な幹部の養成が目的とされ、その次は労農大衆が主要な教育対象に位置づけられた[9]。これはその後の日中戦争期および解放戦争期においても顕著であった。つまり、労農教育の展開においては、「幹部教育は大衆教育より重要である」「幹部教育の中でも既存幹部の教育は未来幹部の養成より重要である」「大衆教育に対して、成人教育は児童教育より重要である」などと指摘されていた[10]。

その教育理念については、旧解放区の労農教育は、「どのような人間を養成するかという点で、教育と生産労働の結合を主張し、これは当時の旧解放区の条件にふさわしい教育活動の展開に役立った。また、理論と実践との結合を主張したという点で、労農教育の展開のために第一歩の道を切開いたものであった」[11]といわれる。そこで注目すべきは、①進学制度がない、②学校の形態が多様である、③教育年限が短いなどの特徴をもつ教育の体制をとっていたことである。それは、一つの解放区はほかの解放区から切り離されて、交流に乏しく、政治、経済の状況もそれぞれ異なっていたためであった。また、当時対立した国民党軍の包囲下および日本の占領に直面していることもあり、教育は不均等ないし多様な発展を遂げ、絶えず変化した。統一的な教育があったわけではなく、旧解放区においては国民党政府による近代学校制度とは異なり、民衆自身の多様な要求と必要に応じた教育が個別的かつ柔軟に組織されたものであり、「大衆路線」の理念が内包されていた。こうした教育理念は整風運動後の辺区[12]の教育活動にも継承されていった。その後の新解放区においては、「一応の『正規化』はされたものの、きわめて柔軟な弾力性をもち、その地方の具体的事情に応ずることができるようなプログラムは、それ自身、大衆の能動

性への大きな信頼の上に立っている」[13]という状況であった。上記の『共同綱領』にも示されたように、新中国成立初期の労農教育は新民主主義の教育であり、こうした共産党解放区の教育遺産を基礎に展開されたものといえる。

2. 労農教育の提唱と労農教育体系の確立

（1） 第1回全国労農教育会議の開催

1949年12月、第1次全国教育工作会議が開かれ、『共同綱領』の規定に基づいて、「教育は国家建設に奉仕し、学校は労農の子弟と労農青年に対して、門戸を開かねばならない」[14]ことを確認した上で、「人民大学、労農速成中学の創立で必要な人材を養成し、労働者の補習教育を大いに展開し、1951年から全国規模の非識字者一掃の活動を展開させるようにする」[15]との計画が提出された。これは労農教育を展開する方向性を示しており、『共同綱領』の具体化でもあったと考えられる。

さらに、1950年9月には、教育部と全国総工会の共催で第1次全国労農教育会議が開催された。教育部部長である馬叙倫は、「偉大な人民革命の勝利は労働者と農民にあるべき政治的地位を取得させると同時に享有すべき各種正規教育の権利を取得させた」とし、「新中国はプロレタリア専制の国家であり、その専制政権の基礎は労働者階級と農民階級の連盟であり、労働者と農民の文化、政治レベルの向上は人民民主専制政権の発展にとって強固な必要条件であると同時に、目下の国家としての中心的な任務は経済の回復と発展であるが、その中軸を担うのは労働者と農民である。教育を通じて、労働者と農民の思想と文化技術レベルの向上をさせないと経済発展の任務の完遂を妨げ、教育活動も実践から離れてしまう」と、労農教育の社会的意義について政治的権利、経済発展の視点から述べた。さらに、馬は、この意味で、「労農教育の展開は全国民とくにわれわれ教育者としての政治任務でもある。同時に、われわれは労農教育という課題を国家教育活動の主要な議事日程にのせた。これは中国歴史上において、前例のないことである」[16]と指摘している。この会議で、文化教育（識字教育を主とする）を主要な内容とし、同時に政治教育、生産技術教育、衛生教育などを適切に展開することが規定された。

さらに、1950年11月10日、中央人民政府政務院第58次会議では『第1次全国労農教育会議に関する報告』が審議、公布された。その中において、「労農教育は人民民主専制政権の堅持、発展、強大な国防軍と経済力の達成の必要条件であり、労農文化教育の普及と向上がなければ文化建設の発展もない」[17]と強調された。この会議では、労農教育の重大な政治意義およびその位置づけが明らかにされると同時に、中央から地方までの労農教育管理体制および各種規則制度の構築にとっての基礎が築かれた。この労農教育会議では、国家行政部門の視点から労農大衆に対する教育の発展方向が、人民民主専制政権の強固と国家の生産建設の回復、発展であったことが明らかにされた。この発展方向は当時の国情に一致して、新中国成立初期の政治、経済のニーズに応えようとしたといえる。そのため、この時期の成人教育は一時的とはいえ順調に展開された。

この第1次全国労農教育会議で、旧ソ連の専門家によってソ連における労農予備校[18]の展開が紹介された。例えば、旧ソ連の専門家カルポワ（中国語名は科尔波娃）は、旧ソ連のこの類の学校は1918年に設立され[19]、ほとんど大学または学院に附属し、他に工場への附属および独立に設立されたものもあったこと、またこの類の学校は昼間学校と夜学に分かれており、昼間学校は離職した労農のためであり、夜学に通う者は在職者であったこと、学生は卒業してから、大学へ進学する者もあり、職場に戻り、さらに重要な役職に務める者もいたこと[20]、などを指摘している。また、当時の中国の教育部の顧問を担当した旧ソ連専門家アルセンチェフ（中国語名は阿尔辛傑夫）は、旧ソ連の経験に基づいて「中国の大学にはソ連にあるような予科がないため、これから考慮すべき」[21]と指摘している。これは中国における労農速成中学の創設と展開に役立つ経験であった（詳しくは後述する）といえる。

（2） 1951年における学制改革

前記の『共同綱領』および第1次全国教育工作会議での提起をさらに一歩進める形で、政務院より1951年10月1日、『学制改革に関する決定』（以下は『決定』と略称）[22]が公布された。この決定では、学制改革の目的や意義な

どについて、「わが国旧来の学制にはおおくの欠点があったが、その最大のものは、労働者、農民の幹部学校、各種補習学校および訓練班が何ら正式に学校系統の中に位置づけられていないことであり、初級4年、高級2年の2段階にわかれていた初等学校は大多数労働者の子供にとって、完全な初等教育を受けかねることであり、技術学校は制度の不備のため国家建設人材の養成の要求にこたえられないことである。これらの欠点の改正が当面の急務である。……これは大多数労働人民の文化水準の向上、労農幹部の研修および国家建設事業の促進などにとって、有意義である」[23]と述べていた。

　この『決定』に基づいて、行われた新しい学制（序章の図序-1を参照）の改革の要点は大きく次の3つに分けられる。すなわち、第1に、小学校の6年制（初級4年、高級2年の二段階に分かれていた小学校の課程）を5年一貫制に変えたこと。第2に、労働者、農民のための労農速成初等学校、労農速成中学や余暇初等学校、余暇中学を正式の教育体系の中に位置づけたこと。第3に、中等教育段階の各種中等専業学校（技術、師範、医薬およびその他）を制度化させ、各種各レベルの訓練班や補習学校、政治学校などを正規の学制の中に規定したこと、である。

　この『決定』の公布によって、労農教育はより促進されることになる。まず、『決定』では、労働者、農民のための労農速成初等学校・中学や余暇初等学校・中学が正式の教育体系の中に位置づけられた。したがってこの決定の公布によって、労農大衆を対象とした教育が整備されたといえる。このように、法令の形で労農教育を新しく学校系統に位置づけ、労農青年と労農子弟の入学を保障するために入学の年齢制限がなく、入学および奨学金の提供などにおいて優遇されるなどの就学促進を図る配慮がなされたことは特筆すべきことである。

　次に、新学制は労農大衆向けの学校を、レベルによって一般の学校系統にそれぞれ組み込み、接続させて、教育を受けられる可能性を与えた。労農速成初等学校、余暇初等学校と識字教育の開設を通じて、労農大衆に初等教育を受けさせ、労農速成中学や余暇中学の開設および中学と各種中等専門学校における「同等学歴者」への募集を通じて、中等教育を受けさせ、また、大学、専門学

院、専門学校などの中等教育卒業生と同等学歴者への募集の規定で労農大衆が高等教育を受けられるようになった。つまり、学校教育と労農教育が一つの体系の中に組み入れられることで、労農大衆に対する文化的な疎外状況を教育的に克服する道筋が示されたといえる。

3. 普及と向上の方針に見る人材観

　第1次全国教育工作会議において提起された新中国教育を発展させる方針は、普及と向上との正確な結合であった。すなわち、普及の基礎の上での向上、向上の指導の下における普及にあると指摘され、新中国の直面する教育課題が明らかにされた[24]。報告によると、ここで言う普及は、当然労働者・農民・兵士を主要対象とするが、同時に一般児童向けの教育の普遍的実施も忽せにしてはならない。このような普及の基礎の上に、教育の実施は、識字教育と基本的政治文化科学教育から、さらに高度の科学技術と政治教育にまで高められるのである。

　普及と向上の意味について、毛沢東は「連合政府論」の中では、「80％の人口の中から、非識字者を一掃することが新中国を建設する必要条件である」[25]と論じた。そして、「人民民主専制を論ず」で、「重要な問題は農民の教育である」[26]と指摘している。つまり、労働者階級が指導する労農同盟を基礎とする人民民主専制は、全国人民が文字を読み書きできることを必要とするのであり、人民の全員が文字を知り、自分自身の文化を身につけるようになってこそ、彼らが積極的に新中国の建設に参加する自覚を高めることができると考えられた。全国人民に文章を読み書きできるようにさせるには、普及の仕事、すなわち識字教育を広範に行わなければならない。普及の主要対象は、労働者と農民である。この普及の仕事を実現するためには、全国的な規模における識字運動を準備し、計画しなければならない。農村においては、冬季学校、夜学、識字班などを通じて農村の人々に文化を普及する。都市においては、業務余暇学校などを通じて労働者たちに文化学習の機会を与えなければならない。これは建国後まもなくの復興期において、「教育は国家建設のために奉仕し、労農のために門戸を開かなければならない」という目標の実現にも必要であると考

第2章　社会主義体制下の国民経済復興と労農教育体系の確立期　73

えられた。ただし、普及の仕事を行うばかりではなく、同時に、向上の仕事もまた留意しなければならない。すでに文字を知ることのできた人民大衆に対しては、直ちにその基礎の上に彼らの文化知識を高めるようにしなければならない。また、比較的文化水準の高い人々には高いレベルの教育を通じて彼らの進歩、向上を助けなければならない。こうして、新しい知識人を育てることによって、はじめて共産党と政府は、新中国を高い文化をもった国家に作り上げることができるのである。

　上述のように労農教育の展開にあたっては、80％を占めた非識字者の一掃に重点の一つがおかれ、識字教育が重視されていること、業務余暇教育を通してさらに高度の文化水準の引き上げ、政治意識の高揚、生産技術の向上などに貢献できることがともに重要視されているように見えるが、復興期の現状ではまず読み書きの能力の向上がその重点となっていることがわかる。

　1949年に成立した新中国では、二重の課題を抱えた。つまり、経済発展の遅れた社会主義国として、国を挙げて経済発展を促進することと、資本主義的なものの浸透を阻止することがともに必要であった。当時の中国では、教育政策に関しても2つの意見が対立した。一つは、教育の質的・専門的水準の向上を図るべきということであり、もう一つは、教育と政治との緊密な関係を維持し、教育と社会実践との結合を図るためにも、大衆教育を充実すべきということであった。すなわち、当時の教育政策は、経済発展に必要な専門技術者の養成と、国民全体の教育水準の向上という、2つの課題に直面していた。その解決策として、毛沢東は第1回全国教育会議が開かれた際、その総括の中で、「解放区の教育経験を基礎とすること、旧教育の中の役に立つ経験を吸収し、ソ連の経験を助けとしよう」[27]と述べた。そこで、建国初期の国民経済復興期においては、「正規化」と「大衆路線」が混在していたことがわかる。普通教育の状況から見ると、1950年小学生数約2,900万人のうち、23.5％が民営小学に学んでおり、1952年に約2倍の5,110万人に増えた小学生の29％も民営小学の学生であった[28]。つまり、初等教育の普及は、国家による「公営小学」と民衆による「民営小学」の2本立てで進んできた。ここから建国初期の国家の財政の制限で、傾斜した教育政策が実施され、正規化を提唱しつつも、大衆

路線も否定されていないことが垣間見られる。

また、1951年の学制改革に示されたように、労働者・農民に教育機会を保障するために、労農速成中学と労農業務余暇学校が学校システムの中に組み込まれ、高等教育機関への進学の道が開かれており、教育の機会均等が図られた。つまり、労農教育における識字教育は、1951年に公布された『決定』に明文化され、制度的に保障されたということである。しかし、建国初期の低次の生産力が急激に増大しない以上、また教育に対して莫大な額の国家投資がなされない[29]以上、新学制の発展を推進させる物的保証は何一つないという状況下の展開であった。こうした状況下で、最も力を入れるのは労働者教育の組織化である[30]。とは言っても、この時期の労働者教育にしても、農民の教育

表2-3 1949～1965年労農教育基本状況Ⅰ―各レベル業務余暇学校の在学生数

(単位：万人)

学校年	業務余暇大学・高専	業務余暇中専門学校	業務余暇中学	業務余暇小学
1949	0.01	0.01		
1950	0.04	0.01		
1951	0.16	0.03		
1952	0.4	0.07	24.9	137.5
1953	1.0	0.11	40.4	152.3
1954	1.3	18.6	76.0	208.8
1955	1.6	19.5	116.7	453.8
1956	6.4	56.3	223.6	519.5
1957	7.6	58.8	271.4	626.7
1958	15.0		500.0	2600.0
1959	30.0	156.0	960.2	5500.0
1960	79.3	565.9	1408.1	7616.0
1961	41.0	110.4	265.6	320.0
1962	40.4	132.3	215.7	205.2
1963	41.8	190.4	367.7	404.3
1964	44.5	278.7	569.3	790.6
1965	41.3	351.8	502.2	823.7

出所：『中国教育年鑑』編輯部編『中国教育年鑑（1949～1981）』（中国大百科全書出版社、1984年9月、p.575）および国家統計局編『偉大的十年』（人民出版社1985年、p.176）より作成。

表 2-4　1949〜1965 年労農教育基本状況Ⅱ—各レベル業務余暇学校と識字教育の卒業生数

(単位：万人)

年＼学校	業務余暇大学・高専	業務余暇中等専門学校	業務余暇中学	業務余暇小学	識字教育
1949	……	……	……	……	65.7
1950	……	……	……	……	137.2
1951	……	……	……	……	137.5
1952	……	……	0.1	3.5	65.6
1953	0.17	……	1.1	16.2	295.4
1954	0.24	……	3.4	24.6	263.7
1955	0.30	……	4.9	38.6	367.8
1956	0.13	0.19	9.1	57.5	743.4
1957	0.31	0.41	9.5	71.5	720.8
1958	0.45	……	30.0	250.0	4000.0
1959	0.4	6.6	18.5	185.0	2600.0
1960	0.8	5.5	18.3	94.9	573.3
1961	0.8	4.3	7.7	16.7	45.8
1962	3.6	9.1	4.9	7.8	16.7
1963	3.3	8.7	5.3	10.5	22.5
1964	4.3	13.4	9.7	30.4	74.7
1965	4.2	20.9	14.0	44.6	142.2

出所：『中国教育年鑑』編輯部編『中国教育年鑑（1949〜1981）』（中国大百科全書出版社、1984 年 9 月、p.575）および国家統計局編『偉大的十年』（人民出版社 1985 年、p.176）より作成。

表 2-5　1949〜1958 年文化館、公共図書館と博物館数

(単位：個)

	文化館	公共図書館	博物館
1949 年	896	55	21
1950 年	1,693	63	22
1951 年	2,226	66	31
1952 年	2,448	83	35
1953 年	2,441	93	49
1954 年	2,392	93	46
1955 年	2,413	96	50
1956 年	2,584	375	67
1957 年	2,748	400	72
1958 年	2,616	922	360

出所：国家統計局編『偉大的十年』人民出版社、1985 年、p.181。

にしても教育の普及に力が注がれたとわかった。業務余暇学校や識字班や冬学を創設すると同時に、民衆の文化学習の支援として、文化館、公共図書館と博物館などの教育施設も続々と整備されていくため、表2-3、表2-4、表2-5にも示されているように、建国の1949年より、業務余暇教育と識字教育への参加者と卒業者数は確実に増えていった。

第2節　労農速成中学の創設・展開

1. 労農速成中学の展開における諸規定

前述したように、新中国の労農教育は、共産党政権によって「新中国の教育は、新中国の政治経済を反映し、人民民主主義専制を強化・発展させるための一種の闘争の道具でなければならない。(中略)われわれの国家は、労農連盟をもって基礎とするところの人民民主専制国家である。だからまた、われわれの教育も、労農をもって主体とし、大量に労農出身の新型知識分子を養成し、われわれ国家建設の新しい堅強な主力を養成すべきである」[31]と性格付けられた。このような認識の下で、労農速成中学の創設が中央教育部の1950年上半期の教育活動計画の一つになった。

その具体的な政策的な展開について、まず第1回全国教育工作会議における提起が挙げられる。1949年12月の第1回全国教育工作会議で労農速成中学の設立に関する案が出された。その中で、「全国の解放軍、各機関、工場、学校ができる限り労農速成中学をつくることを提案する。労農幹部および労農青年を対象とし、3～4年の修業年限で中等文化レベルと基本的な科学知識を身につけさせ、さらに大学への進学の門戸を開き、新中国建設の主力を養成することを目的」[32]とされた。具体的な措置として、1950年上半期に中央と各大行政区にそれぞれ労農速成中学教員訓練コースおよび1～2校の労農速成中学を設立し（表2-6を参照）、同年下半期に1万人の学生を募集することを提案した。その後、教育部は全国にさきがけて北京実験労農速成中学を開設した。1950年上半期に、教育部、各大行政区および一部の省は12校の労農速成

中学を設立し、1,459人の学生を募集した[33]。しかし、初期の学生募集においては、労農速成中学を創設する意義を地方の機関や企業の担当者はあまり知らず、実施に関する事項の連絡も遅れたなどの理由により、個人、あるいは所属する職場の担当者も速成中学の勉強に興味がなかったという問題を生じた[34]。また学生全体の文化知識のレベルが低い状態であることも現実であった。例えば、ハルピン労農速成中学は、8月の時点で、138名の学生がいるが、その中の1/4の人がただ2～3年ぐらい学校に通ったことがあり、11名が学校に入ったことがなかった。このような学生間の文化レベルの違いは、共同授業にも困難をもたらしている[35]。また、表2-7にも示すように、西安労農速成中学学生状況一覧表からも同様の状況が見られる。こうした状況で、この時の労農速成中学の課程標準と進度などはまだ統一的な規定がなされていなかった。

そして、第1回全国労農教育会議の開催により、本格的に諸政策が展開されるようになった。1950年9月に、教育部長の馬叙倫は第1次全国労農教育会議の開会式の挨拶の中で、「労農速成中学は労農幹部および優れた労農青年

表2-6　1950年上半期全国労農速成中学統計表（1950年6月10日）

区別	校名	班数（個）	学生数（人）	開校日
中央	北京実験労農速成中学	3	116	4月3日
東北区	瀋陽市労農速成中学	3	118	4月20日
	大連労農速成中学	2	87	4月20日
	ハルビン労農速成中学	2	80	4月15日
	東北実験学校労農速成中学	-	136	5月15日
華北区	太原市労農速成中学	3	120	4月5日
	保定労農速成中学	-	160	5月末日
	平原省労農速成中学	3	120	5月13日
西北区	西安市労農速成中学	6	191	5月22日
	蘭州市労農速成中学	4	140	5月23日
華中南	河南大学付属労農速成中学	3	108	
華東区	蘇南（無錫）労農速成中学	-	83	

「-」のところに班数は不明である。
出所：教育資料叢刊社編『在成長中的工農速成中学』新華書店発行、1950年7月、pp.14, 15。

表 2-7　西安労農速成中学学生状況一覧（1950 年 7 月）
（164 人）

項目		人数（人）	比例（%）
勤務年限	2 年以上 3 年未満	14	8.5
	3 年～5 年	102	62.2
	6 年～10 年	37	22.6
	10 年以上	11	6.7
学歴	無	26	15.9
	初級小学	48	29.2
	高級小学	59	36.0
	初級中学	15	9.1
	短期訓練班	16	9.8
政治状況	共産党員	98	59.8
	青年団員	42	25.6
	その他	24	14.6
職務	幹部	60	36.6
	兵士	24	14.6
	労働者	80	43.8
年齢	17～20	60	36.6
	21～25	81	49.4
	26～30	21	12.8
	30 以上	2	1.2
性別	男	155	94.5
	女	9	5.5

出所：「西安工農速成中学」西北『教育通訊』第 4 巻第 6 号、1950 年 7 月、pp.62～66。

の養成、大学への進学、高級レベルの国家建設人材の養成を目的とする。（中略）労農速成中学の各種余暇学校および文化補習学校との違いは大学への進学にある。これは国家が必要とする労農出身の新型知識人、専門家の養成のための重要な措置である。このような学校がなければ、短期間で労農出身者を大学へ進学させることが不可能である」[36]と指摘していた。さらに、10 日間で『労農速成中学と労農幹部文化補習学校の設置についての指示』『労農速成中学に関する暫定実施規則』[37]などの 6 草案の検討が行われた。各種労農教育形式の

任務、方針、制度、カリキュラム計画などが法令で規定された。1950年12月に政務院によって『労農速成中学と労農幹部文化補習学校の設置についての指示』が通達された。『労農速成中学に関する暫定実施規則』も1951年2月10日に教育部によって公布された。

その後、1951年11月、中央教育部中学教育司は、「第一次全国労農速成中学工作会議の総括」を発表した。改めて労農速成中学の創設が重大な政治的任務として、国家の建設のために、労農速成中学は一般の幹部学校、党校および普通中学とは違い、短期間内で労農幹部を養成し、さらに大学に進学させるための大学予備校である[38]ことが強調されている。ちなみに1951年には全国の労農速成中学は43校、学生1万3,260名であった。学生は1950年に比べ、198.2%に倍増した[39]。

労農速成中学の発展に伴って、その「速成」の目的を達成するために、いくつかの関連規定も続々と公布された。まず1951年11月、教育部の『高等教育機関における労農速成中学の付設に関する決定』[40]が出された。それに従い、北京大学、清華大学などの有名大学が速成中学の創設に踏み切り、1954年に87校のうち、57校が大学の附属となった。この決定で、労農速成中学は大学の予備校としての性格が強調され、労農への大学の門戸が確実に開かれた。

さらに、教育部から1952年12月18日に、『労農速成中学の分類カリキュラム計画』[41]が公布された。これは労農速成中学のカリキュラムと大学のそれが接続するための措置であり、教育の質を保障するため、同時に国家建設に必要な人材を迅速に養成するための措置であったと思われる。

2. 学生募集に見る労農教育の理念

1949年12月に第1回全国教育工作会議で労農速成中学の実施方案の草案が作られた。これによって、全国の解放軍、各機関、工場、学校ができる限り労農速成中学をつくることが提案され、労農幹部および労農青年を対象に、3〜4年の修業年限で中学校文化レベルと基本的な科学知識を身につけさせ、さらに大学進学への門戸を開き、新中国建設の主力となる人材を養成することが目

的とされた。

この提案に続き、第1回全国労農教育会議の検討を経て、『労農速成中学に関する暫定実施規則』が政務院の批准を得た上で、1951年2月、教育部から公布された。その中の第3条では労農速成中学の学生募集について次のように規定されている。

> 年齢18歳～35歳で高等小学卒業に相当する文化水準を有し、身体健康で、次の条件の一を有する者は、男女・民族・信仰宗教を問わず、所属機関・部隊・工場・農場・労農幹部文化補習学校などから選抜され、試験に合格すると、入学ができる。その条件は、①労農家庭の出身、あるいは本人が労農階級の幹部で、革命に3年以上参加した者、②労農家庭の出身でなく、本人もまた労農階級の幹部ではないけれども、革命に5年以上参加した者、③工場・鉱山・農場などの産業部門の青年労働者で、3年以上の経歴者などである。

この募集規定からは、労農階級の幹部と労農勤務経験者を中心にしていることがわかる。1953年までに、上記の学生募集規定で入学した学生たちは当然、各条件を満たしていることが原則であったが、当時の実態からは学生の文化レベルや健康状況などは必ずしも厳密な選考を経て一定の水準を満たしていたとは言えなかった。したがって、授業および「速成」という目標の実現にもマイナスの影響を及ぼすことになった[42]。

3. カリキュラム計画に見る労農教育の理念・方法

労農速成中学の「速成」というのは、普通の初級中学と高級中学の6年間の内容を、3～4年間で教えることを意味する。この「速成」の目標の達成はカリキュラム計画と密接に関わっている。労農速成中学のカリキュラム計画は教育部によって統一的に制定され、2回にわたる大きな改訂が行われた。

（1）『労農速成中学に関する暫定実施規則』におけるカリキュラム計画

1951年2月10日に教育部が公表した『労農速成中学に関する暫定実施規則』に規定された労農速成中学のカリキュラム計画は表2-8に示されている通りである。これは基本的に3年制を基準にして策定されたものであるが、学習年

第 2 章 社会主義体制下の国民経済復興と労農教育体系の確立期 *81*

表 2-8 労農速成中学カリキュラム計画（1951.2）および普通中学カリキュラムとの比較

科目		毎週時数	第1学年 前期	第1学年 後期	第2学年 前期	第2学年 後期	第3学年 前期	第3学年 後期	速成中学3年間時数合計	普通中学6年間時数合計	差(%)
国 語			12	12	8	8	7	7	1,080	1,332	−19
数学	算数		8						160	216	−26
	代数			8	3	3			280	432	−35.4
	幾何				3	3	3	3	240	800	−33.4
	三角函数						3	3	120	108	+11
自然	植物		2	2					80	108	−26
	動物				2	2			80	108	−26
	生理					2			40	72	−44.5
	ダーウィン学説		（進化論）					2	40	240	−44.5
化 学					6	6			240	396	−40
物 理							8	8	320	432	−26
地理	中国		2	2	2				120	432	−63
	外国					2			40	160	
歴史	中国		3	3	3				180	648	−63
	世界					3			60	240	
政 治							2	2	80	72	
手 工							2	2	80	108	−26
体 育			1	1	1	1	1	1	120	432	−100
音 楽			1	1	1	1	1	1	120	144	−100
社会科学基礎知識										108	−100
共同綱領										36	−100
時事政策										216	−100
論 理										72	−100
外 国 語										756	−100
美 術										108	−100
合 計			29	29	29	29	29	29	3,480	6,768	−48.58

出所：何東昌主編『中華人民共和国重要教育文献』（海南出版社、1997年）および中国国家教育部に保存された「档案」（保存書類）に基づいて、筆者作成。

限については統一規定がなく、3年または4年制ということになっていた。

この規則において、基本的に3年で卒業でき、国家建設を担う人材を早期に養成するという目標を達成するために、科目は普通中学より減らされている。とくに、6年制普通中学における社会科学基礎知識（108時限）、共同綱領（36時限）、時事政策（216時限）、論理（72時限）、外国語（756時限）、美術（108時限）などの科目は3年制労農速成中学において完全に削除され、基本的な知識だけを学ばせるという方針を取っていたことがわかる（表2-8、表2-9、表2-10を参照）。これは建国初期の過渡期の方法として、国家建設のニーズを満たすためにはやむを得ない措置であった。

1年余りの試行を総括し、中央教育部中学教育司は「殆どの学校が困難を感

表2-9　初級中学毎週時間割

学科＼学年	第1学年	第2学年	第3学年
国語	9	8	7
算術	7		
代数		3	3
幾何		2	3
物理		2.5	2
化学			2.5
植物	2	1.5	
動物		1.5	2
衛生常識	1	1	
中国古代史	3	1.5	
世界古代史		1.5	3
自然地理	3		
世界地理		2.5	2.5
中国革命常識			2
体育	2	2	2
音楽	1	1	1
図画	1	1	1
一週間合計	29	29	31

出所：中国研究所編『中国年鑑（1955年）』石崎書店、p.398。

表2-10　高級中学毎週時間割

学科＼学年	第1学年	第2学年	第3学年
国語	6	6	5
代数	3	2	2
幾何	2	2	2
三角		2	2
物理	3	2	4
化学	2	2	4
ダーウィニズム基礎	2		
世界近代史	3	1.5	
中国近代史		1.5	3
外国経済地理	2	2	
社会科学基本知識	2	2	
憲法			2
外国語	4	4	4
体育	2	2	2
製図	1	1	1
一週間合計	32	30	31

出所：中国研究所編『中国年鑑（1955年）』石崎書店、p.398。

じ、目標の達成を確保できないのが現状である。それは客観的に言えば、実際的な教員の資質、教材、教授方法、とくに学生たちの入学前の学力の限界があるから」[43]と指摘している。加えて、短期間に一定の教育水準を達成させることには限界があった。そこでその解決に向けてとられた方策が速成中学の大学への付設および分類カリキュラムの実施である。

（2）『労農速成中学分類カリキュラム計画』について

1951年11月、教育部から『高等教育機関における労農速成中学の付設に関する決定』が出された。さらに、労農速成中学のカリキュラムと大学のそれを連動させるため、1952年12月、教育部によって、『労農速成中学の分類カリキュラム計画』が出され、労農速成中学のカリキュラムが分類され、規定され

表2-11 労農速成中学分類カリキュラム計画第1類

科目		毎週時数 第1学年 前期	後期	第2学年 前期	後期	第3学年 前期	後期	3年カリキュラム時数合計	
国　語		12	12	9	8	8	8	1,083	
数学	算数	8	2					190	793
	代数		4	4	2	2	3	323	
	平面幾何		3	3	2	2		190	
	三角函数					2	3	95	
自然	植物	2	2					76	266
	動物			2	2			76	
	生理衛生					3		57	
	ダーウィン学説	(進化論)					3	57	
化　学				2	2	3		133	
物　理			3	3	2	2		190	
地　理		4	4	4	4	3		361	
歴　史		4	4	4	4	4	6	494	
中国革命常識		3	2					95	
社会科学基本知識				2	2	2		114	
共同綱領							2	38	
体　育		1	1	1	1	1	1	114	
ロシア語				2	2	3	3	190	
週カリキュラム時数		34	34	34	34	34	34		
毎学期授業週数		19	19	19	19	19	19		
カリキュラム総時数		646	646	646	646	646	646	3,876	

出所:「関于工農速成中学分科教学計画向政務院的報告」国家教育部档案(保存書類)、1952年永久巻、第24巻。

た。第1類カリキュラムは、大学の文学、歴史、政治、法律、財政経済などの学部に入学することを目指すためのカリキュラム計画である。

　第2類カリキュラムは、大学の理学、工学の学部に入学することを目指すためのカリキュラム計画である。第3類カリキュラムは、大学の農学、医学、生物学などの学部に入学することを目指すためのカリキュラム計画である。具体的には表2-11、表2-12、表2-13に示した。分類カリキュラム計画において、

第2章　社会主義体制下の国民経済復興と労農教育体系の確立期　85

表2-12　労農速成中学分類カリキュラム計画第2類

科目	毎週時数	第1学年 前期	第1学年 後期	第2学年 前期	第2学年 後期	第3学年 前期	第3学年 後期	3年カリキュラム時数合計	
国　語		13	12	6	6	6	6	931	
数学	算数	10	2					228	
	代数		4	4	4	4	4	380	1,026
	幾何		3	4	4	3	2	304	
	三角函数					3	3	114	
物　理			3	4	4	5	6	418	
化　学				4	4	4	4	304	
地　理		3	3	3	3			228	
歴　史		3	3	3	3	2	2	304	
製　図		1	1	1	1	1	1	114	
中国革命常識		3	2					95	
社会科学基本知識		3		2	2	2		114	
共同綱領							2	38	
体　育		1	1	1	1	1	1	114	
ロシア語				2	2	3	3	190	
週カリキュラム時数		34	34	34	34	34	34		
毎学期授業週数		19	19	19	19	19	19		
カリキュラム総時数		646	646	646	646	646	646	3,876	

出所：「関于工農速成中学分科教学計画向政務院的報告」国家教育部档案（保存書類）、1952年永久巻、第24巻。

カリキュラムによって重点科目が違っていることがわかる。つまり、カリキュラム計画第1類（文科系大学向け）においては、国語、数学、歴史、地理などの科目を重点とし、カリキュラム計画第2類（理工系大学向け）においては、国語、数学、物理、化学などの科目を重点とし、カリキュラム計画第3類（農学・医学系大学向け）においては、国語、数学、生物、物理、化学などの科目を重点とする。この分類カリキュラム計画により、当時の教育部は労農速成中学の修業年限を3年に定めた。また、労農速成中学のカリキュラムが、大学のカリキュラムとの連動、および国家建設の幹部を迅速に養成し、教育の質を保障するために公布された。分類カリキュラム計画においては、各カリキュラム

表2-13　労農速成中学分類カリキュラム計画第3類

科目	毎週時数	第1学年 前期	第1学年 後期	第2学年 前期	第2学年 後期	第3学年 前期	第3学年 後期	3年カリキュラム時数合計	
国　　語		13	12	6	6	6	6	931	
数学	算数	8	2					190	874
	代数		3	4	4	4	4	361	
	平面幾何		3	4	4			209	
	平面三角					3	3	114	
生物	植物	3	2					95	342
	動物			3	2			95	
	生理学					4		76	
	ダーウィン学説						4	76	
物　　理			3	4	5	4	4	380	
化　　学				4	4	4	4	304	
地　　理		3	3	3	3			228	
歴　　史		3	3	3	3	2	2	304	
中国革命常識		3	2					95	
社会科学基本知識				2	2	2		114	
共同綱領							2	38	
体　　育		1	1	1	1	1	1	114	
ロシア語						4	4	152	
週カリキュラム時数		34	34	34	34	34	34		
毎学期授業週数		19	19	19	19	19	19		
カリキュラム総時数		646	646	646	646	646	646	3,876	

出所：「関于工農速成中学分科教学計画向政務院的報告」国家教育部档案（保存書類）、1952年永久巻、第24巻。

計画の育成目標によって異なった重点課程が制定され、カリキュラムの種類を適切に減らした。

しかし、実行にあたって、国家教育部保存資料によれば、「ある地区では、実際条件に基づかずにあらゆる労農速成中学を一律に大学に付属させたため、ある大学付属の労農速成中学の実行した分類カリキュラム計画は大学の専攻設置に相応しくない。それに1953年と1954年の労農速成中学の卒業生に大学

の統一試験に参加させ、学生を募集する方法が不適当だったため、大学付属の労農速成中学の卒業生が所属する大学にも進学することができなかった。これらの問題は大学付属の意義を減らし、大学の付属の労農速成中学に対する指導の積極性と責任感にも影響を与えた」[44]と指摘されるなど、地域、学校ごとにさまざまな課題も存在していた。

第3節　労農業務余暇教育の成立とその実践的展開

　前記のように労農速成中学の学生募集における困難は、労働者が仕事の現場から離れずに学ぶことのできる学習、つまり、労働者業務余暇教育の組織化こそが、復興期の急務であることを明らかにした。

1. 都市部における労働者業務余暇教育の施策とその実態

　この時期の中国は、対外的には朝鮮戦争に直面しつつ、国内においては経済の復興を図り、社会主義改造への基礎を固めた時期であった。とくに、1951年末から1952年夏にかけて、三反・五反運動[45]と知識人の思想改造運動が広く展開された。これらの運動を通じて新中国の連合政府内における共産党の支配権が一段と強化された。また、中国共産党の政治的強化を実現するために、人民民主専制を基本理念とし、その指導階級である労働者教育に関しては、『共同綱領』において、労働者の業務余暇教育と在職幹部の教育とを強化することが規定された。建国初期の時点で、近代的工業建設の担い手である労働者の教養と技術水準は非常に立ち遅れていた。また非識字者は労働者全体の中で60〜80％を占めるともいわれた。したがって彼らの識字率の向上は、政治的および技術的水準の向上の前提であり、生産の発展、国家建設の重要な基礎と認識された[46]。また建国初期において各地の労働者は政治的な「啓蒙教育」[47]を受け、経済建設に参加しつつ、自らの学習要求を高めていった。例えば、有名な鋼鉄の都である鞍山鋼鉄公司の労働者の1人は「今俺たちはもっと幸福になるんだ。今とは比べ物にならないまでよくなるのだ。俺たちは精一杯で働き、すばらしい未来を築き上げるんだ」[48]と話しており、そこから労働者が未来の

夢のために努力する姿が読みとれる。

（1） 関連規定に見る労働者業務余暇教育の基本方針

新中国の政府は、非識字者の一掃を重要な課題の一つとし、政務院が「労働者業務余暇教育の展開に関する指示」[49]を公布した。労働者業務余暇教育において、学習の内容と方式については、識字教育、政治教育、技術教育などを含み、識字教育を重点とし、多種多様の継続できる方式で進むように指示された。これは識字教育を通して文化レベルを向上した後に政治理論の学習、生産技術の向上が可能になるからである。つまり、当時の段階で非識字者の一掃は労働者業務余暇教育の主要な仕事であった。こうして、1950年上半期までに1949年に比べて、労働者業務余暇教育の参加者が倍に増えた。労働者の文化、技術、政治への学習の熱意も高まった[50]。それにもかかわらず、組織上、目標設定、時間問題、経費問題、教員問題などの面に問題が存在していた[51]。そして、労働者業務余暇教育への指導を強化するために、1950年12月14日に中央人民政府政務院の批准を得て教育部によって公布された『各級労働者業務余暇教育委員会組織条例』で、「教育部は、中華全国労働者総組合と共同して、労働部などの関係方面を召集し、労働者業務余暇教育委員会を組織し、地方にも労働者業務余暇教育委員会を設けて、統一的な指導を行う」ようにされた[52]。これに続く「労働者業務余暇教育臨時実施規則」(1951年3月16日)では[53]、労働者の文化、政治、技術の水準を高めることによって国防と生産の建設を強化し、さらに労働者の国家管理能力を高めることが目的として規定されている。教育の対象は、工場、鉱山、企業、機関、団体の雇用労働者とし、幹部と積極的な労働者から始めて、一般労働者に及ぼすことを求め、さらに、公営、私営企業は、労働者と労働契約を締結する際に、学習関係事項の記載を保障するよう定められた。

（2） 組織形式と内容に見る労働者業務余暇教育

業務余暇学校は、各工場、企業、機関に「業務余暇教育普通班」を設け、主に識字教育を行い、その工場、企業内において字を知っているものが教員と

表2-14　各科目年間時間割表

時数 科目	普通班 一	二	合計	高級班 一	二	合計
国語	160	160	320	80	80	160
算数	80	80	160	80	80	160
常識				80	80	160
合計	240	240	480	240	240	480

表2-15　各科目毎週時間割表

時数 科目	普通班 一	二	高級班 一	二
国語	4	4	2	2
算数	2	2	2	2
常識			2	2
合計	6	6	6	6

出所：労働出版社編『職工業余教育有関文件』労働出版社、1952年、p.37より作成。

なった。普通班において一定の教科書を終えたものには、中級班を設ける。その課程は、高等小学校程度の2年制である。中級班を卒業したものに対しては高級班を設ける。普通は5年制であるが、状況に応じて短縮または延長することができる。その課程は、中学程度である。中級班、高級班の教員は常勤の教員を招聘し、その給与は他の一般の学校の教員と等しく、カリキュラムは表2-14、15のように定められた。修業期間と授業時間は各地の状況に従って延長あるいは短縮することができるが、卒業するには、教育部の定める課程を完全に履修しなければならなかった。労働者の学習組織は、各地区、各企業の雇用労働者の実際の労働と生活状況、経費、設備、その他の具体的条件によって多種多様の形式をとらなければならない、なども規定されている[54]。

　教員には、工場、鉱山、企業、機関などに勤務する、文字を比較的多く知っている労働者、学校教員、大・中学生などを動員して充当し、学習のクラスが一定の条件を備えた場合には専任教員を招聘し、分散学習の識字のクラス、識字のグループ、その他が一定の数に達した場合も専任職員を招聘して教育の事務を処理させることを定めている。また教育経費については各工場、企業が、組合の文教費から60%を支出し、不足分は、各級政府の教育費から一定額を出して補助費とすることとされた。

　ここで、早くも1945年に共産党の統治下にあった大連地区の識字教育の概況を見ていく。地区政府と各部門を組織すると同時に、共産党政権が労働者と農民を動員し、共産党への勢力を拡大した。その一つの方法は労働者訓練班の創設であった。このような訓練班の学習内容は時事政策教育、階級教育、共産

党に関する基本知識の教育の3つであった。学習者の大部分が産業労働者であった。労働者訓練班の訓練を受けた後、大部分の学員が大連地区の各工場・企業に派遣され、共産党の基層組織の結成、労働者運動の展開に貢献した[55]。そして、識字教育においても、1949年に、識字班の学習に12万名の労働者が参加し、非識字者である労働者総数の80%を占めていた。識字班のほかに、労働者組合によって文化学校1校、業務余暇文化学校25校、業務余暇文化補修班177カ所が設立された。その結果として、1951年までに、10万人の労働者が識字者になった。これは非識字労働者総数の約70%を占めており、予定の目標に達成した[56]。

（3） 確立期における労働者業務余暇教育の展開と問題点

　新中国成立後1年余りが経った1950年12月までに労働者業務余暇教育は中央人民政府と中華全国総組合の指導の下で少しずつ発展してきた。例えば、「労働者業務余暇教育の展開に関する指示」の公布直後の1950年7月における労働者業務余暇教育の参加者数は68万1,160人であったが1950年12月までの統計によれば、100万4,547人までに増えた（詳しくは下の表2-16を参照）。

　そして、1951年10月1日に政務院は『決定』を公布し、労働者の学習意欲を啓発し、労働者業務余暇教育活動は幅広く展開されるようになった。各工場において業務余暇学校の設置・運営は、大きな比重を占める課題となった[57]。

表2-16　1950年12月各大行政区労働者業務余暇学習の参加者数

	1950年 労働者総数	1950年 学習参加者数	1950年 比率（%）	1949年 学習参加者数	1949年からの増長率
華北区	1,693,120	211,982	12.52	31,014	583.50
東北区	1,746,301	366,000	20.96	177,240	106.49
西北区	470,000	16,790	3.61		
華東区	3,958,532	226,629	5.73	68,278	232.40
中南区	3,155,984	158,146	5.10		
西南区	568,068	25,000	4.40		
合　計	11,592,005	1,004,547	8.66		

出所：李曙森「一年来的職工業余教育」『人民日報』1951年2月21日

大規模な生産・建設と管理にそなえて、大量の技術人員を養成することが重要な課題として認識されたのである。この事業は各地で計画的に進められ、1952年9月の統計によれば、全国で約302万人が業務余暇学習に参加しているが、これは1951年より130万人増え、1950年より220万人増えている[58]。こうした実践を通して、労働者の政治・文化水準は向上し、労働者の生産に参加する積極性と創造性を高めることに貢献した。例えば、撫順南機電場では、建国の時に、労働者の大部分が非識字者であり、生産技術の研究や向上ができないどころか、生産事故も頻発したという。しかし学習を通じて治安規程などをよく理解したので、事故を防止することができ、生産技術の研究と向上をもたらし、労働者の学習意欲が引き起こされた[59]。もう一方で、青・壮年層、および家事の負担が少ない労働者は積極的な参加者であったので、彼らを手始めに工場側の各種報告会、展覧会への参加を通じ、大多数の労働者は文化を掌握することが生産や生活のために役立つことを認識するようになったという[60]。他方で、この時期には全国で統一的な課程基準、教育制度、および教員の基準などは確定されなかった[61]。計画的に政策を進めるには、労働者教育の養成目標、生産需要、業務余暇学習の特徴に基づいてカリキュラムを確定し、学習制度の制定、時間の確保、教員の招聘と養成の強化、強力な指導機関の創設などが必要であることが多くの実践において示唆された[62]。

　労働者の業務余暇教育を順調に進めるためには、教員の質を高めることも重要な課題であった。業務余暇学校が失敗した原因の多くは、教員の数が不足し、質が低かったことにあることが指摘できる[63]。教員は、専任・兼任・大衆教師からなっているが、「不完全な統計によれば、1952年に全国で50万余りの業務余暇教師が短期訓練に参加し、非識字者の一掃にとって十分であるが、教員の標準を低くしたため、実際に教師の仕事に応えられない人が多かった」[64]との指摘がなされている。

　また、生産活動を優先して、業務余暇学校の授業を停止した例も多く見られた。例えば、天津電車会社では、1951年5月から生産競争で労働者に義務残業を課し、業務余暇学校を休校している[65]。こうした事例は一般的とはいえないかもしれないものの、労働者業務余暇教育の限界といえよう。この後、こ

れらの問題の解決法が各地の実践によって模索されることとなる。

2. 土地改革の実施と併行する農村部における識字教育の提唱とその実態

(1) 政策文書に見る識字教育の基本方針

　農村に農民の共産党への支持を獲得するために、中国共産党は、農村における主要な生産手段である土地に注目し、土地改革を断行した[66]。土地改革を通じて共産党は農民大衆の中に広く根強い政治的影響力を行使し、「共産党についていくのだ」という共通認識が醸成されていった。またこの時期に対外的には、朝鮮戦争へ介入し、全国的反米援朝運動が展開された。また1951年末から1952年夏にかけて三反・五反運動と知識人の思想改造運動が広く展開された。これらの運動を通じて新中国の連合政府内における共産党の支配権が一段と強化された。

　こうして、土地改革により農民が経済的、政治的に解放されたので、農民層の文化向上への要求が強まった。政府からは、1950年『農民業務余暇教育の展開に関する指示』が出され、「農民業務余暇教育は一般的には読み書きの基礎教育を中心とし、それに時事・政策教育と生産・衛生教育を結び付けなければならない」[67]ことが定められた。さらに、これまでの冬季農閑期に集中的に行われる冬学（冬季学校）が農民業務余暇教育の有効な方法であったため、継続的に発展させるように働きかけると同時に、冬学には「回生」[68]現象があるため、翌年1951年3月には『冬学の通年農民業務余暇学校（以下は民校と略称）への転換に関する指示』が教育部から出され、以後はその方針で、民校を通じて非識字者の一掃が図られた。また、全国的な土地改革と併行して読み書きの基礎教育を行うことも指摘された。つまり、土地改革を経て、農民生活がすでに改善された地域では、「まず、識字運動を推し進め、次第に非識字者を減少させ、それに時事・政策教育と生産・衛生教育を結び付けなければならない」「対象に、村の幹部と青・壮年男女から一般農民にまで次第に進めるようにする」「目標としては、3～5年内に村の幹部と青・壮年男女に1,000字以上を覚えさせ、読・書・算の能力を身につけさせる」と定められた。土地改革

がまだ完成されていない地域では、反封建の闘争がまだ展開中だとして、「当地の重点活動と大衆運動を結びつけ、政策、時事教育を中心に、農民の政治レベルを向上させる」べきであると定めている[69]。

そして、第1次5カ年計画に着手した1952年には、計画達成のため、労農階層の文化的資質を高める要求が高まり、祁建華の「速成識字法」[70]の推進で非識字者の一掃活動が大規模に展開された。1952年5月15日、教育部から「『速成識字法』の展開に関する教授実験活動の通達」[71]が出された。通達では、重慶、天津などの労働者と北京市東郊の高牌店の農民に対する「速成識字法」の教学の成果を効果ありと列挙した。そして「『速成識字法』を活用すれば非識字者一掃の大幅な時間短縮になると指摘し、全国で労農大衆に対して、幅広く、『速成識字法』の推進を普及させ、計画的に非識字者の一掃をするのは目下一刻の猶予も許されない重大な政治任務である」と述べられた。以降、モデルケースの紹介を通じて1952年8月になると、全国で「速成識字法」の推進がブームになった。1952年9月23〜27日の5日間、北京で教育部と全国総工会が全国非識字者一掃工作座談会を共催した[72]。会議では教育部副部長の銭俊瑞が非識字者一掃運動の方針について報告を行い、非識字者一掃運動が緊要かつ重大な政治的任務であり、計画を立てて今後5年ないし10年で基本的に全国の非識字者を一掃することを確認した。同時に、「速成識字法」を進めている一部の地域で識字の普及の速度ばかりが追求され、学力の定着がおろそかにされ、「回生」現象などの問題が発生しており、「速成識字法」のもつ問題点を早めに認識することができた。後に、「速成識字法」が労農者および農民の現実から離れたため、逆に識字教育の進展を妨げる結果になったことが全国で確認することができた。

また、識字教育活動の展開を促進するために、1952年11月15日、中央人民政府委員会第19次会議の決議によって、「中央人民政府非識字者一掃委員会」という専門機構が設立された。主任委員は楚図南、副主任委員は林漢達・李昌であった。中央人民政府非識字者一掃委員会」の中には、全体の業務を統括する「弁公庁」、都市の識字運動を管轄する「都市非識字者一掃工作司」、農村の識字運動を扱う「農村非識字者一掃工作司」、識字運動で用いる教材を編

表2-17　1950年代の識字教育に関する会議の一覧表

会議名称	会議期間	会議場所	主催部門	出席者	決議事項
全国識字教育活動座談会	1952.9.23～27	北京	教育部、全総労働組合	各行政区画教育、労働組合代表	状況の交流、任務の提出
全国非識字者一掃教育工作会議	1953.2.23～3.5	北京	非識字者一掃委員会	各行政区画の代表51人	識字活動の整頓
識字教育先進部門代表会	1958.2.27～3.6	北京	教育部、団中央	18省市の代表85人	経験の交流
農村識字と業余教育活動会議	1958.10.25～11.4	北京	教育部	省、市、自治区教育部門の長	反右翼、2～3年内の一掃
農村識字と業余教育電話会議	1959.12 (25.27.29)	北京	教育部	省、市、自治区教育部門の長	識字教育の強調、初級余暇教育の連携
注音識字教育推進現場会議	1959.12	山西万栄県	山西省政府	文字改革委員会など	注音識字教育経験の推進

出所：劉英杰主編『中国教育大事典(1949～1990年)』浙江教育出版社、1993年より作成

纂する「編審司」が設置された。各地で展開されていた識字運動は中央政府によって統括するようになった。しかし、識字運動の行政部門の窓口を一般教育と区別し、逆に混乱が生ずることが危ぐされた[73]。それを裏付けるように、この委員会は1954年11月に教育部と合併し、教育部に所属する非識字者一掃工作委員会という専門機構が設立された。この委員会は全国の非識字者一掃の活動を担当し、数回の識字教育活動会議を開き、識字教育活動の展開（表2-17参照）を促進した。

（2）　組織形態と内容に見る識字教育

1950年12月に公布された『農民業務余暇教育の展開に関する指示』によって、「農民業務余暇教育活動は、各級人民政府教育部門の指導と、関係各機関および人民団体の援助によって進められなくてはならない。各県人民政府は、必要な時、現地の農民協会・新民主主義青年団・民主婦女連合会などの関係団体と協議して、農民業務余暇教育委員会を組織し、その県の農民業務余暇教育活動を統一的に指導するものとする」[74]ことが明らかにされた。

建国直後の農民教育の主要形式は冬学であったが、「冬学の通年農民業務余暇学校への転換に関する指示」が1951年3月に出されてから、冬学から民校へのスローガンが、農村のすみずみに行き渡った。民校はあらゆる形式をとってよいが、初級班、高級班に大別する。初級班は非識字者を入学させ、3年以内に常用字1,000字以上を習得させ、また初歩的な読・書・算の能力をつけさせる。高級班は初級班卒業程度の学力をつけさせる。課程は、初級班は識字と算数の2科、高級班は国語、算数、常識の3科と定められており、1年間に150〜200回の授業を行う。毎回1または2時間で、農繁期には適当に休校にする。高級班を卒業した者は高級小学校卒業と等しい効力をもつ卒業証書が与えられる。教員には、通常「民衆が民衆を教える」（民教民）という方針、すなわち、読み書きのできるものが教師になるという方法が奨励された。こうした教師養成をふくめ、農村活動にあたる幹部の「文化補習学校」が、冬学、民校とならんで設けられていた。

以下では、建国初期に識字教育を経験した者への聞き取りを通じて、民衆の識字教育への認識を探りながら識字教育の実態を明らかにしていきたい[75]。

大連営城子区営城子鎮のWZT（85歳）は互助組長を担当していたが、非識字者であったため、書類を書くたびに、他人に頼まなければならなかった。彼は民校での学習を通し、書類を自分で書くことができるようになった。また王は全村の各主要の街角に黒板報を設置した。それは、非識字者の学習のためだけではなく、毎時期の中心的な生産任務や国家の重要政策をも紹介したのである。

LC（76歳）は大連市電力局据付工事部門に勤めていた。彼の話によると、建国後の状況は、居民委員会（日本の町内会に当たる）が責任をもって住民の実際文化レベルとその他の状況に基づいて、識字班や業務余暇初級小学校や業務余暇高級小学校でそれぞれ勉強させ、各部門は積極的に業務余暇学習を展開したという。LCの所属する電力局では、8時に仕事が始まるが、7時あるいは7時半までに必ず出勤しなければならないということにした。そして始業前の時間を利用し、業務余暇学習を行った。そのうち、月、水、金曜が時事政策の学習であり、火、木、土曜が基礎文化知識および業務関連知識の勉強であり、

土曜日は生活会を開いた。主に批判と自己批判を行い、総括したという。

YXL（82歳）は大連市小平島区蘭寧村の家庭主婦であった。「建国初期には、当時、生活的にとても苦しくて安定していなかった。食糧は供給制であるため、不十分で、喰いかねる。19歳で結婚し、学校に入ったことがなかった。当時人々は未来に美しい憧憬をもっていて、将来的に文化がないと、機械の操作もできないという認識があった」と振り返る。YXLは家庭婦人であるので、参加したものは町内組織の学習班で、「ある町内幹部は呼びかけにきて、皆に学んでいってほしいといった。強制ではなかったが、授業料を払わなくてもいろいろなことを学ぶことができるから勉強に参加した。当時、子どもがまだ小さいので、子どもといっしょに勉強に行く。1つのクラスは約20人で、ほとんど女性であった。学生の状況はそれぞれであったため、午前と午後の2つのクラスに分けていた。主に語文と算術を学んで、約1,000字を身につけたら修了することになる。現在、自分は82歳になったが、新聞を読むことができるのは、やはり当時の勉強のおかげであった。また子どもが入学してから、自分で子どもの勉強の指導もできた」と当時の状況を話してくれた。

B氏夫婦（女82歳、男83歳）は大連市金県上頂山公社后海大隊の農民であった。夫婦2人の話によると、勉強は主に生産隊によって組織された。農耕と農忙季節に朝早く働きに行き、夜遅く帰宅となるので、朝晩に勉強ができなかったが、主にお昼の休憩時間を利用し、勉強することにした。畑で生産グループごとに学習集団を編成する。文化レベルの高いものが先生になり、同時に、字を覚えた人が補導員になり、学習と復習を指導する。それから午前の休憩の時間を利用し、授業することもあった。また適当な宿題を課すことで各自で昼頃に独学させる工夫も行っていたという。

WTW（82歳）は大連市小平島区孫家溝村の幹部であった。彼は、「政府の呼びかけの下で、大連市小平島区孫家溝村には、文化予備校が成立され、参加者の文化程度に基づいて初級、中級、高級の3つのクラスに分けて授業をした。とくに参加したくない人々に対して、彼らの具体的状況に基づいて学習グループが組織された。村長が校長を兼任し、また教務主任とその他の各委員から構成された。定期的に会議を開き、仕事の計画を制定する。教師は主に高等

小学校卒業以上レベルの人が責任をもって担当する。婦人たちが勉強に安心して参加するために、保育園までも成立された。科目は主に語文と数学であった。高級班では常識と自然科目も勉強するようになった」と、文化予備校での実践から、村全体の状況について話してくれた。

　このように、識字教育は普通の民衆の生活の中に浸透していったことがわかる。また、各地区ごとの状況に即して多様な形態をとりながらも計画的・組織的にすべての民衆が学習活動に参加できるよう一丸となって展開していった様子が窺える。開設する科目を見ても、識字だけではなく、算数、唱歌、政治科目があるところや、識字だけに限定しているところもあり、対象、地区の実態によって識字教育の内容や方式が柔軟に計画され、実践に移されていたことがわかる。これは既述した識字教育政策の展開に見たように、識字教育が、各地方における人々の日常生活、生産活動などと緊密に結びつけられる形で政策的に進められたことがわかる。そして、識字教育のレベルはさまざまであったが、専門の学習組織と制度が構築され計画的に進められたことがわかる。また、識字教育は単に教室に限らなかった。例えば、WTWの話によると、主要な道路や街角に識字板を設け、自由に勉強することもあった。また働いた畑で休憩時間や昼休みなどを利用し、さまざまな方法が講じられてきた。しかし、地域によっては、幹部の識字教育に対する意欲や当該地区民衆の識字率の割合などの要素で、識字の効果もアンバランスであったことがわかる。

　こうした実践の着実な展開は、1952年の統計で全国で1951年に約4,218万人が冬学に参加しており、1950年から倍増した。また、1952年には約2,645万人が民校に参加しており、1950年から2,290万人増えている[76]。

（3）　確立期における農民業務余暇教育の展開と問題点

　前記のような農民業務余暇教育の展開は、労働者の政治・文化レベルの向上に大きく貢献し、労働者の生産に参加する積極性と創造性を高めることに寄与した。しかし、農繁期になると、識字学習の参加者が減り、「回生」現象が顕在化する[77]など、さまざまな阻害要因が指摘されるようになってきた。以下では、当時に行われた湖南省の2つの郷における農民業務余暇教育に関する調

査[78]、北京市郊区における農民学習条件に関する調査[79]に基づいて、この時期の農民業務余暇教育の状況を見ていく。

　湖南省では、衡山県東湖郷に位置する東湖、天柱、八闘の3つの民校、および零陵県拱橋郷の蒋家村、鄭家橋の2つの民校について調査が行われた。その基本的な状況は以下のようである。

　参加者の半数は青年であり、過半数は女性が占めていた。彼らの家庭は、多くが苦しい家計状況で、自身が家庭における貴重な労働力であり、また子どもが幼少であればなおさら、継続して民校に通うことは困難であった。また、郷の幹部たち自身の参加が少ないことも問題であった。

　農民にとっては、学習の形式は冬学にならざるを得ず、しかも農繁期においては民校に費やす時間が短縮されてもなお惜しい状況であり、結果としてとくに男性の参加者が減少していくことになった。民校の教師は5カ所で61名いたが、うち13人は高級小学校すら卒業していなかった。また兼職であるため、各自の本業との兼ね合いによって辞める者が多かった。民校の教師になる動機として、例えば、ある者は経済的な待遇を求め、またある者はその後の社会的地位を求める者もいる。つまり、それぞれの要求が満たされなければ、こうした問題が絶えず生じざるを得なかったのである。

　カリキュラムについても、国語、算数、政治常識、音楽などを課しており、農民の学習効果の向上を妨げる要因になった。中でも国語の授業時数が少なく、内容が詰め込まれたため消化されず、習得できないまま修了する者も多かった。また算数は、理解を助ける適切な教材も確保されず、授業の進行に大きな問題があった。

　北京市では、北京市近郊大黄荘、花園閘村農民の学習状況について調査が行われた。学習の参加者は女子青年および子どもがいない青年婦人が多く、家事を負わないため、仕事が終わると、民校の学習に参加できた。またほとんどの人が文化を身につけ、工場に入りたいという願望をもち、継続的な学習への動機や学習への要求も比較的高かった。このような人々が民校の参加者の約60％を占めていたともいわれる。

　子もちの青年と壮年婦人は主要労働力であると同時に、子どもの世話など

の家事があるため、学習条件が女子青年および子どもがいない青年婦人より悪く、民校の参加者の約20％にとどまっていた。そして、青年男子の学習要求も強いが、主要労働力であるため、学習に集中する時間帯をあまり取れないため、民校の参加者の約10％しか占めていなかった。壮年男子に至っては主要な労働力であると同時に、家事も負わなければならないため、民校の学習への参加が難しく、民校の参加者の3％にすぎなかった。また、幹部たちは仕事や会議のため、学習に参加できるものが少なかった。飲食業、運送業などの私営業者もほとんど学習に参加できなかった。この後、これらの問題の解決法が各地の実践によって模索されることとなる。

　ここでは、識字教育は個人に何をもたらしてきたか、個々人は何の目的で参加したか、について、2005年8～9月にいくつかの地域で筆者が行った聞き取り調査に基づき、見ていく。

　SYQ（84歳）は大連市金県常興店郷の家庭主婦であった。SYQは、「親父は漢方医の先生であったので、家庭の生活が比較的に豊かな方であった。男の子は皆高等小学校を卒業した。ただし、当時はとても遠いところへ勉強に行かなければいけない。自分は女の子であるので、わずか1年しか勉強しなかった。それでも農村の女の子の中では一定の文化基礎があるので、積極的に非識字者一掃の運動に参加した。夜学の学習は約1年続けた。学校に入ったことがあるので勉強が非常にうまくできていた。当時の先生は17、8歳の女の子で、急用でこられなくなる時に、一時代講したことがあった。それが、受講者から高く評価された。このように、同世代の婦人の中で、文化レベルが比較的に高いので、村の婦人の代表として、県大会に参加したこともあった。共産党員になるように進められ、のちに約1年間村里の婦人会の会長として活躍した。しかし、当時の夫の反対で、その仕事を辞した。その結婚は親たちによるもので、1年後に離婚した。現在、新聞なども読むことができる。最近身体はだんだん弱くなってきて、知人に勧められて気功を始めた。気功に関する厚い文献資料もあるが、自分で全部見てわかることができて、やはり当時の識字教育のおかげである」と語った。

　LZC（81歳）は大連市金州区湾里郷湾里村の農民である。彼は識字班に参

加する前は、非識字者であった。彼は、「識字班の勉強に参加してから毎日約1～2時間勉強していた。冬の農閑期に学習の時間が多かった。教員は村の元の私塾の先生で、初級班では500字のテキスト、中級班では1,000字のテキストを使った。中級班を卒業した後、工場の労働者になれる可能性があると思い一生懸命に頑張った。努力して識字班の勉強を終えた後、本当に町の工場の労働者になれた」と語ってくれた。

大連市甘井子区紅旗鎮紅旗村のYXF（女76歳）は、貧農出身で、1年間だけ学校に行ったものの、家庭環境のせいで続けられなかった。解放後に政府に組織された識字班に参加した。お昼は労働に参加し、夜の時間を利用して、1日に1～2時間識字班の勉強に参加している。教師は小学校の先生や小学校高学年生から担当してもらった。農村では女の子は良い婿の所に嫁ぐのがよいという考え方をもっている者は多くいたが、姚秀芳は、将来何かのためになるから勉強したいと思っていた。努力により、初級班から中級班、高級班まで、勉強を続け、全部合格した。初級班と中級班の試験は"読む"と"書き取り"のみである。高級班の試験は比較的難しく、総合能力を試された。卒業後、農村信用社の会計になった。

WJQ（87歳）は原大連市鉄道局招待所の職員であった。最初は、フロントの登記の手続きを担当するだけであった。簡単な仕事であるが、字を知る必要があり、彼の上司は文字を知らなければ、仕事がうまくできないので勉強させた。仕事の都合で毎日長時間勉強するのが無理なので、とりあえずしばらく職場を離れて学習する方式をとった。短時間の集中勉強なので昼の授業は全部受け、主に語文を勉強した。仕事の都合で、約3カ月あまりだったが、常用漢字を1,000字ぐらい習得した。授業する先生は中学を卒業した人だったが、かなり厳しかった。授業では教材を使い、試験もあった。当時、学生の独学の便宜を図るために、職場で証明書を発行してもらい、図書館から本を借りることができた。当時の主な読み物は毛沢東選集などであった。仕事のため、3カ月間しか勉強できなかったが、その後も、まだ独学を続け、登記の仕事だけでなく、各種書類などを書く能力もつけた。努力によって、後に共産党員になり、管理職につくことができた。

前記のSYQ、LZC、YXF、WJQに対する聞き取り調査に見たように、当時に民衆の文化レベルが低いため、小学校卒業程度になってから幹部や会計になる人が多かったことがわかる。同時に識字班や業務余暇学校での勉強を通して、農民出身者が工場の労働者になることもあった。当時、農民から工場の労働者になることが農民出身の若者たちの憧れであった。若い青年にとって識字教育に参加する目的は自分の明るい将来のためである。それは多くの聞き取りの調査からつくづく感じた。非識字者の一掃によって個人の学習意欲を満足させることができ、個人の社会地位の上昇につながりやすかったからであると考えられる。

また、聞き取り調査を通して、人々の識字教育への参加動機と当時の社会背景への認識を知ることができた。

前記の大連市金県上頂山公社后海大隊のB氏夫婦は当時の識字教育の状況を紹介してくれた。夫婦は、「自分の家庭出身が地主で、真面目に改造や勉強に参加しないと批判されるかもしれないから、ずっと積極的に参加してきた。勉強の関連事項は所属のグループの長が伝えてくれる。もし聴かなければ、主任は機嫌が悪くなることも考慮しなければならない。また、勉強に参加しないと出勤の点数が引かれる。学習内容は識字だけで、授業だけで、試験はない。何年間勉強し続け、忘れるものも多かったが、現在、まだ新聞を読める」という話もしてくれ、識字教育への参加動機を明らかにした。

インタビューを行うときに、偶然、大連交通大学で将棋試合を行った大学を退職した老幹部たちにあった。試合の合間をみて、参加者の方々と話すことができた。これらの老幹部たちは、当時、皆大学生であったので、識字教育のことを知っているが、ほとんどその実践に参加したことがない。ただし、家族や故郷の識字教育の実情がわかるので、主に当時の社会情況を紹介してくれた。彼らの話によると、国民党から共産党に代わり、時代が変化したことを実感した。建国初期に諸方面においてたくさんの困難が存在していた。都市部では、都市の建設、とくに重工業の建設を重視するようになっていた。農村部においては、土地改革を行い、農民たちは皆土地をもらい、美しい未来に憧れていた。注目すべきことは、当時政治運動が続々と行われたことである。そして

当時の幹部たちの呼びかけの力が強く、作風もとても良いので民衆の信頼を得た。例えば、劉青山や張子善といった貪官が弾圧され、1人を処刑して大衆の見せしめにした。当時の状況を一言で言えば、「道に落ちたものを拾う者がなく、夜も戸締まりをしなくてもいい」という状況であったといっても過言ではない。また、当時の人々は、なぜ皆共産党の呼びかけに従うのか、については、次の話もしてくれた。当時の人々の頭は単純で、情報はあまり発達していなかった。日常生活では、もし字を知らなければ、出・退勤と工作量の統計もわからないし、日常生活用品の使用方法やお札の額面価格などもわからない。日常生活は非常に骨が折れることになったからである。

なお、筆者の聞き取り調査の時、識字教育に参加していなかった方の話も聞くことができた。ST（79歳）は大連市馬蘭村村民であった。馬車を操る者であった。「識字教育に参加したことはないが、夜学と青年夜学のことを知っている。自分で馬車を操るので、字を使う必要がなく、学校に行かなかった。もし使わなければ必ず忘れるので、勉強しないほうが良いと思った。実際大部分の人は勉強しても忘れる場合が多い」と話してくれた。

前記で大連市小平島区蘭寧村のYXL（82歳）氏の話を紹介した。彼女は家庭主婦で、子連れでも一生懸命に識字班の勉強に参加した。彼女の旦那さんは当時、個人で靴の修理屋をやっていたので、なかなか時間が取れず識字の勉強に参加しなかった。彼女は、「その学習に参加し、できるだけ多くの字を知って自分の生活や子どもの勉強に役立てればいい。旦那はその商売に専念すればいい。正直に言えば、その時旦那は勉強する気がなかった。文化がなくても個人の靴の修理屋としてはなんとかやっていけるからね」と話してくれた。

既述したように、識字教育を中心とする業務余暇教育は、新中国の成立とともに国家の労農教育基本政策の議事日程に乗せられた。共産党政府は、非識字者一掃のための識字運動などの労働者・農民に対する文化普及とレベルの向上に積極的に努力した。一方で、一般の労働者・農民が識字教育に参加することによって、自らの文化レベルの向上、生活の改善および生産能力の向上、そして階層移動につながるという認識を獲得し、学習意欲を向上させていったという構造をこの識字教育が有していたのである。

小　結

　この時期においては、経済的復興と人民民主専制を強化することが急務であった。これは、教育に国家建設に資する人材を養成すると同時に、封建的、買弁的、ファシズム的思想を一掃することを重視することも要求されていた。とくに、1951年の学制改革に示されたように、労働者・農民に教育機会を保障するために、労農速成中学と労農業務余暇学校が学校システムの中に組み込まれ、高等教育機関への進学の道が開かれており、教育の機会均等が図られた。つまり、労農教育は、1951年に公布された『決定』に明文化され、制度的に保障されたのである。そこで、経済的復興および人民民主専制政権を強固にする人材を養成するために、その政権の基礎である労働者・農民大衆に教育機会を提供するための教育普及策である識字教育運動は都市と農村とともに第1次の高まりを見せた。これは識字教育を通して労農の文化レベルを向上してから政治理論の学習、生産技術の向上が可能になるからである。そして、その普及過程において、学校教育の普及と並行しながら労農教育の導入が行われたといえる。この段階では、非識字者の一掃は労農教育の主要な仕事であった。とくに読み書きの基礎教育が主として展開された。しかも、当時の人口の大部分は農村に居住し、非識字者であり、近代的な交通と通信設備もまったく整っていなかった。また外への関心と要求に対する伝統的な回避が農村に根強く残っていたため、この時期の識字教育運動は政府側からの政治的動員を有効な手段として採り入れて、展開された。とりわけ非識字者一掃のための労農の業務余暇教育や基幹要員の養成のための労農速成中学の創設など、労働者・農民への文化普及とレベルの向上に積極的に共産党政府が努力を払った。一方で、各地における実践と聞き取り調査から見ると、労農階層自身が自らを高めていく構造をこの労農教育は有していた一面もあったといってよい。

　また、この時期では、量的拡大を目指した教育普及が重視されたことは、この時期の労農教育展開の特質であるといえよう。そして、第1次5カ年計画期に入ってから量的拡大だけではなく、教育活動における質的向上策も重視されるようになった。

〈注〉
1) 人民民主専制とは、人民による民主主義政治を行い、階級的には「専制」を行うというものであった。人民の中には民族資本家や開明地主も含まれ、階級は極めて限られた。そして当時の現実闘争においては、前衛党である共産党の指導の下に、大衆路線と統一戦線政策が貫かれ、広範な大衆の支持を得ることに成功した。また共産党内部は、民主集中制の組織原則が遵守され、党内民主が確保されていた。
2) 竹内実監修 中国研究会訳 解題注釈『毛沢東選集』第五巻〈第Ⅰ分冊〉三一書房、1977年12月、p.32。
3) 毛沢東は「中国人民政治協商会議第1期全体会議での開会の辞」において、「全国的規模の経済建設事業はすでに我々の目の前にある（中略）経済建設の高まりの到来とともに、不可避的に文化建設の高まりが出現するであろう」、などと論じた。同上、pp.32, 33。
4) 『中国人民政治協商会議共同綱領』1949年9月。華東師範大学教育系教育学教研室編『育学参考資料（上冊）』人民教育出版社、1980年、pp.1, 2。
5) 小林文男編『中国社会主義教育の発展』アジア経済研究所、1975年、p.43。
6) 同上書、p.42。
7) 多賀秋五郎『近代中国教育史資料（人民中国編）』日本学術振興会出版、1976年、p.71。
8) 毛沢東の『新民主主義論』（1940年1月）によれば、「現段階の中国の新しい国民文化の内容は、ブルジョア的文化専制主義でもなければ、また単純なプロレタリアートの社会主義でもなく、プロレタリアートの社会主義文化思想によって指導される人民大衆の反帝・反封建の新民主主義の」内容であり、さらに新民主主義の文化は「民族的・科学的・大衆の文化」であると論じられている。『毛沢東選集』（第2巻）外文出版社、1968年5月、p.522。
9) 例えば、毛沢東はソビエト地区の文化教育について「中華ソビエト共和国中央執行委員会と人民委員会の第2回全国ソビエト代表大会に対する報告」（1934年11月）で、ソビエトの文化建設の中心任務は何かについても、「全般的な義務教育を励行し、広汎な社会教育を発展させ、非識字者一掃に努力し、闘争を指導する大量の高級幹部をつくることである」と明らかにし、この教育方針に基づいて、ソビエト区では戦争に奉仕し、生産と結びつき、大衆の要求に応じるような教育制度が立てられていったと考えられる。同時に見過ごせない点は、その中の3項が成人教育の範疇に当たることである。
10) 教育科学研究所筹备处編『老解放区教育資料選編』人民教育出版社、1959年9月、p.17。
11) 張凌光「老解放区教育経験指示出什么？」『新建設』雑誌、1958年6月号、pp.8-13。
12) 辺境地区である。日中戦争期における共産党の支配下の地域をさしている。
13) 新島淳良『中国の教育』東洋経済新報社、1956年、p.24。
14) 『中華教育歴程』編委会編『中華教育歴程』光明日報出版社、1997年9月、p.575。
15) 『中国教育年鑑』編輯部編『中国教育年鑑（1949～1981年）』中国大百科全書出版社、1984年9月、p.575。

第 2 章　社会主義体制下の国民経済復興と労農教育体系の確立期　105

16)　同上。
17)　同上。
18)　1919 年 9 月 11 日に教育人民委員部はソ連邦のすべての大学に労農予備校を付設することを決定した。「国民教育の問題に関する最初の党協議会」の決定は、労農予備校の任務について次のように述べているという。①労働者と農民を大学へ入学させることが、労農予備校の基本的任務であり、②もっとも短い期間に労働者の利益となる職業・技術的知識の基礎を与えねばならない、③労農予備校は大学プロレタリア化の道具である。(中略) ⑥労農予備校の建設は、教育人民委員部の緊急任務となった。(中略) その入学資格については創設当初の入学資格は、非常に「党派性」の厳しいものであった。16 歳以上の工場労働者か、生粋の農民であること、さらに「各級党機関、労働組合、村ソビエト、貧農委員会の推薦」を必要とした。修学年限については、はじめ 3～6 カ月であったが、1921 年 9 月から 3 カ年になり、27 年後半からは 4 年制へ移行したという。ちなみに前ソ連の労農予備校は 1941 年に消滅した (小林文男・竹田正直「過渡期における近代教育理念の超克過程」『教育学研究』第 28 巻第 3 号。カウンツ著、田浦武雄訳『ソヴェト教育の挑戦』誠信書房、1959 年、p.186)。
19)　前記のソ連労農予備校は 1919 年に創設されたことと異なっているが、カウンツ著前掲書によれば、実は前ソ連の労農予備校の前身は大学に附設された学習サークルであった。1919 年、労農予備校と呼ばれるようになった。学習サークルやクラブなどは 1918 年から組織されていたという。
20)　広東省人民政府文教庁編『工農教育参考資料』華南人民出版社、1951 年 3 月、p.58。
21)　アルセンチェフ「関於高等教育的幾個具体問題」、教育部档案 (保存資料) 1950 年長期巻第 4 巻。
22)　『中国教育年鑑』編輯部編、前掲書、p.686。
23)　同上。
24)　「銭俊瑞副部長在第一次全国教育工作会議上的総結報告要点 (1949 年 12 月 30 日)」何東昌主編『中華人民共和国重要教育文献 (1949～1975)』海南出版社、1997 年、pp.7-9。
25)　毛沢東「論連合政府」日本共産党中央委員会出版部編訳『毛沢東選集 (第 3 巻)』新日本出版社、1966 年、p.394。
26)　毛沢東「論人民民主専政」日本共産党中央委員会出版部『毛沢東選集 (第 4 巻)』新日本出版社、1965 年、p.510。
27)　銭俊瑞「在第一次全国教育工作会議上的総結報告要点 (1949 年 12 月 30 日)」何東昌主編、前掲書、pp.7-9。
28)　新島淳良「中国と『近代』」歴史学研究会編『歴史学研究』青木書店、1961 年 11 月第 259 号、p.64。
29)　国家の教育投資は、1952 年で 2.8 億円、1953 年 6.2 億円で、全国家投資額に占める比重は、それぞれ 6.4%、7.8% にすぎない。同時期の日本の教育予算の比重と比べてみると、中国は日

30) その理由として、2点挙げることができる。第1に新中国が工業建設の段階を着実に進むために、高い技術と知識水準をもった、大量の労働者を必要としている。第2に中国としては、その根拠地時代に、農民教育の面では、かなりの成績と経験を積んできているのに対し、都市経営・工場経営とともに、労働者教育に経験が浅いからである。
31) 何東昌主編、前掲書、p.6。
32) 『中国教育年鑑』編輯部編、前掲書、p.175。
33) 12校の内、中央直属1校、3クラス、学生116人、東北区4校、学生421人、華北区3校、学生400人、西北区2校、学生331人、中南区1校、学生108人、華東区1校、学生83人である。広東省人民政府文教庁編、前掲書、pp.114, 115。
34) 劉定一「平原省労農速成中学招生経験」『人民日報』1950年6月7日。
35) 劉丕琛「ハルビン労農速成中学について」『東北教育』第17号、1950年8月。
36) 何東昌主編、前掲書、p.59。
37) 「政務院関于挙辦工農速成中学和工農幹部文化補習学校的指示」「工農速成中学暫行実施辦法」、何東昌主編、前掲書 p.69、p.78。
38) 人民教育社編『人民教育』1952年2月号、新華書店、pp.11-14。
39) 43校の内に中央直属3校、669人、華北区8校、2,751人、東北区10校、3,178人、西北区5校、628人、華東区10校、1,844人、中南区5校、1,034人、西南区1校、393人、内モンゴル1校、147人である。
40) 「政務院関于工農速成中学附設于高等学校的決定」、何東昌主編、前掲書、p.127。
41) 労農速成中学のカリキュラムと大学のそれを連動させるため、労農速成中学のカリキュラムを分類し、規定した。それぞれ大学に入学することを目指すためのカリキュラム計画である。「工農速成中学分類教学計画」中国国家教育部档案（保存書類）、1952年永久巻、第24巻。
42) 1953年の夏休みまで卒業生のいる19校の労農速成中学において、1950年に3,201名の新入生を募集したが、実際に卒業したものはわずか1,680人であり、入学時人数の52.5%にとどまっている。中退、休学、留年などは1,521人であり、入学時人数の47.5%を占めていた。その主要原因としては、1950年学生募集時において学生募集の条件に達していないということである。したがって文化的なレベルの低い者、または病気にかかっている者を入学させたことになっていた。「労農速成中学教学工作総結（草稿）」中華人民共和国教育部保存資料長期巻、1955年、第25巻。
43) 中央教育部中学教育司「第1回全国労農速成中学工作会議における総結摘録」『人民教育』、1952年2月号、pp.11-14。
44) 「関於工農速成中学現存問題和今後工作任務的報告」中国国家教育部保存資料永久巻、1955年、第19巻。
45) 「三反」とは「汚職・浪費・官僚主義」に反対する運動であり、「五反」とは「贈賄・脱

税・国家資材の窃取・手抜きと材料のごまかし・国家情報の窃取」に反対する運動である。
46) 銭俊瑞「為提高工農的文化水平、満足工農幹部的文化要求而奮闘」労働出版社編輯『職工業余教育有関文件』労働出版社、1952年、pp.46, 67。
47) 例えば、①各種形式の会議を通じ、宣伝動員を行う。②新聞、ラジオ・テレビ放送などを利用し、呼びかける。③芸術団体による演出活動を利用し、宣伝する、などの活動が行われた。
48) 徐遅「生れ変る鋼鉄の都—鞍山」『人民中国』創刊号、1953年、p.36。
49) 「政務院関於開展職工業余教育的指示」(1950.6) 何東昌主編、前掲書、p.27。
50) 東北、華北、華東、中南の4つの地域の統計によれば、労働者の業務余暇学習への参加者が68万1,160人に及んでいる。1949年を100にすれば、1950年上半期にまで東北地域は158%増え、華北地域は381%増え、華東地域葉210%増えた。中華全国総工会文教部部長 劉子久「目前職工業余教育的発展概況及存在着的問題—在第一次全国工農教育会議上的報告」『労働公報』第6号、1951年1月。
51) 指導関係問題については、労働者識字教育の意義への認識が不足、そしてやる気もない。指導の責務が明確ではない。指導方法は呼びかけにとどまり、具体策が足りない。時間問題については、生産の時間が長くて会議の時間も多い状況下で、生産と学習の関係、政治学習と文化学習、技術学習の矛盾をもたらしていた。経費の問題については、中華人民共和国労働者組合法に労働者の賃金の2%は組合経費として規定されており、その中に実は労働者の賃金の1.5%は労働者の文化教育経費に当たると規定されていたが、実際にきちんと実行していないところが多い。教員問題については労働者の兼任教師はレベルが低い。一般の知識人教師は労働者の実際状況を把握していないので労働者の側から見て授業はわかりにくい。また兼職教員の負担が重い。出所は同上。
52) 中国語では、「各級労働者業余教育委員会組織条例」(1950年12月20日) 労働出版社編輯、前掲書、p.43
53) 「職工業余教育暫行実施弁法」労働出版社編輯、前掲書、pp.34-41。
54) 同上。
55) 大連市史誌弁公室編『城市的接管与社会改造（大連巻）』大連出版社、1998年7月、pp.181-187。
56) 同上書、pp.353, 354。
57) 山田清人「中国の社会教育」日本社会教育学会編『社会教育と階層 日本の社会教育2』国土社、1956年、pp.112-119。
58) 林漢達「三年来的工農業余教育」『人民教育』1953年1月号、p.16。
59) 張斐軍「1年来東北職工業余教育情況」『東北教育』1951年第3号、pp.45-47。
60) 遼寧省教育庁工農教育処編『場鉱掃盲工作経験』遼寧人民出版社、1958、pp.18-22。
61) 同前注19。
62) 顧希章「各地挙辦職工業余教育的経験」『人民教育』1955年5月号、pp.54-57。

63) 中華全国総工会文教部副部長馮宿海「関於開展職工業余教育運動中的幾個問題」『工農業余教育参考資料第一輯』川西人民出版社、1951年、p.77。
64) 林漢達、前掲論文、p.19。
65) 「関於工人業余教育中存在的問題」『天津教育』1952年5月号、p.15。
66) 1950年6月、「地主階級が封建的に搾取する土地所有制を廃止し、農民的土地所有制を実行し、それによって農村の生産力を解放し、農業生産を発展させ、新中国の工業化のために道を開く」ことを目的とする土地改革法が公布された。日本国際問題研究所・中国部会編『新中国資料集成（第三巻）』日本国際問題研究所、1969年11月、p.131。
67) 「教育部関於開展農民業余教育的指示」何東昌主編、前掲書、p.70。
68) 「回生」とは、文字の難しさも絡み、今年覚えた文字を次の年には完全に忘れ、再びふりだしに戻ってしまうという欠陥のことをさす。
69) 「教育部関於冬学転為常年農民業余学校的指示」何東昌主編、前掲書、p.82。
70) 速成識字法とは、1950年代の初め、とくに注目された識字教育を効果的に進めるための新しい方法である。これは解放軍の軍士祁建華により発明された、注音字母を発音記号として用い、150時間で1,500～2,000字を教えるという画期的方法であった。
71) 『中国教育年鑑』編輯部編、前掲書、pp.576, 577。
72) 中央教育科学研究所編『中華人民共和国教育大事記』教育科学出版社、1984年、p.65。
73) 三好章「現代中国の識字運動とその成果」早瀬康子編『中国の人口変動』、アジア経済研究所、1992年、p.209。
74) 「教育部関於開展農民業余教育的指示」何東昌主編、前掲書、p.70。
75) 2005年12月18～22日、2006年1月10～13日に大連の市内の沙河口区馬蘭村と近郊の紅旗鎮、大連市経済技術開発区の湾里郷で、識字教育の経験者に対し、インタビュー調査を行った。筆者の聞き取りの対象者は、建国初期の識字教育を受けた人々である。調査の地域は主に遼寧省大連市と北寧市の農村部であった。経験者への個別の聞き取りの形で、当時の話を聞き取ることができた。雑談から始まり、対象者の昔の思い出を引き出し、当時の自分、家族、社会などについて自由に語るということであった。
76) 林漢達前掲論文、p.16。
77) 蔵永昌編『中国職工教育史稿』遼寧人民出版社、1985年、p.255。
78) 湖南省掃除文盲工作委員会『湖南省両個郷的農民業余教育調査報告』内部刊行物『掃盲通訊』1953年第1号、pp.29-45。
79) 北京市識字運動委員会「北京市郊区農民学習条件的調査」同前注、pp.46-49。

第3章

文化教育と生産教育の結合としての労農教育体系の展開期

　本章では、第1次5カ年計画実施の1953年から社会主義的改造（農業・手工業・私営工商業の国有化）が達成された1956年までの「労農教育体系の展開期」における労農教育の政策的展開を明らかにする。その際に、まず、社会主義的改造の実施に伴う第1次5カ年計画の展開における人材観を概観する。次に、労農速成中学、労働者・農民の業務余暇教育の政策的展開や実践の分析を通じて、第1次5カ年計画期における人材観の立場から労農教育がどのようにとらえられるのか、について考察してみる。

第1節　第1次5カ年計画に見る人材観

1. 第1次5カ年計画の実施とそこに見られる人材観

（1）工業発展優先の政策実施および要員養成の必要性と方向性

　1953年からの第1次5カ年計画期には、復興期と比べて、政治的生活の穏健化と制度化が進んでおり、そして、ソ連をモデルとした経済が急速に展開されていた[1]。また、経済成長とそれに伴う物質的豊かさへ力点がおかれるに従い、復興期に見られた政治的緊張も少しずつ緩和するようになった[2]。大衆運動は、生産増大によりいっそう向けられるようになった。大規模な生産・建設と新建設後の管理のために、大量の技術人員を養成することが何より必要とされた。この仕事は復興期にも行われてきたが、第1次5カ年計画期の労農教育の展開において、経済発展の必要に応じた要員の養成がとくに求められるよう

になった。以下は第1次5カ年計画に即して要員の養成の必要性と方向性を見ていく。

1953年10月に、毛沢東の「過渡期の総路線に関する指示」が公布され、この時期の社会主義建設の基本方針が明示されていた。この「過渡期の総路線に関する指示」において、「中華人民共和国の成立から、社会主義的改造の基本的完成までが、一つの過渡期である。この過渡期における総路線と基本任務は相当の長期間に、国家の社会主義工業化を一歩一歩実現し、また、国家の農業、手工業および私営工商業の社会主義的改造を一歩一歩実現することである。この総路線は、われわれの各種の活動を照らす灯台であり、各種の活動はこれを離れれば、右翼的偏向、あるいは左翼的偏向の誤りを犯すであろう」[3]と、いわゆる過渡期の総路線の基本方針が定められた。

こうした総路線の基本方針に基づいて制定された第1次5カ年計画には、「科学・技術方面の人材の欠乏ということは、明らかに、われわれの前進途上における大きな困難の1つである。第1次5カ年計画と第2次5カ年計画の中で、われわれがどうしてもやり遂げなければならない重大な政治的任務の一つは、すなわち、祖国に忠実であり、社会主義事業に忠実であって、現代科学の知識を備えた技術者を多数養成し、熟練工および各方面の専門的人材を養成することである」[4]と、人材育成の必要性が強調された。

そして、人材養成のルートについては、「一方面では大学・専門学校と中等専門学校の再編成、拡充、新設を行い、他面では企業や機関のもっている有利な条件を生かして、各種の業務余暇学校と講習会を開く」[5]と、両方面から進められることが指摘されていた。

さらに、人材養成の方針に関してもその建設の主体をなす高級・中級技術者の育成がとくに重視されるべきことが明らかにされていた。それは「大学・専門学校と中等専門学校で建設幹部を養成するにあたって、今後は質を高めることに重点をおき、同時に数を増やすこともあわせ考慮し、質の向上と数の増加を正しく配合していかなければならない」ということであった。「もっぱら数を増やすことばかりを目当てにして質をゆるがせにするといった傾向は、国家の建設にとって明らかに不利である」[6]と、復興期における教育普及優先の方

策を質の向上と合わせて調整すべきであることが明示された。

　建設要員を養成する計画については、業務余暇教育計画をとくに重視しなければならないことが強調された。詳しく言えば、「国家は、通信教育を行う学校と夜間大学を徐々に多数設立し、現職幹部でこれまで系統的な科学・技術教育を受けたことのないものに、その文化水準、科学・技術水準を系統的に高めていけるような機会を与えなければならない。比較的規模の大きな工場や鉱山または工場・鉱山地区では、今後も正規の労働者業務余暇学校を徐々に全般的に設けていって、小学校、中学校から大学に至るまで、労働者の文化水準と科学・技術知識をたえず高めていかなければならない。これまでわれわれの教育指導機関や労働組合は、労働者の業務余暇教育について十分な注意を払わず、なりゆきに任せており、多くの業務余暇学校は指導を受けることができず、適当な教師や教材が得られないため、教育の質を高めることができなかった。今後はぜひともこうした欠点を改め、現職の労働者・職員を育てることを建設幹部養成計画の重要な一部としなければならない」[7]と、学校教育の整備拡充とともに、業務余暇教育計画の重要性が併せて指摘されている。

（2）業務余暇教育の必要性

　中国における文化教育事業は、各方面とも、1952年にはすでに解放前の最高水準を超えた[8]。第1次5カ年計画期ではこれを元にして、さらに高い目標を定められた。しかし、人民は文化的生活の面でより高い要求を出しており、一部の文化教育施設はまだ十分に人民の要求に応じることができない状態であった。例えば、小学校は学齢児童の入学希望をすべて満足させることはできず、中学校も小学校卒業生の進学希望をすべて満足させることはできないといった状態であった[9]。人々の日増しに増える文化教育事業に対する要求に応えるために、第1次5カ年計画では、「われわれは、より多くの方法を講じて、この問題を適宜に処理すべきである」[10]と提起されている。それは、この問題の対策として、「国家は引き続き計画的に文化教育事業を発展させるほか、人民自らある種の文化事業、例えば小学校、農民業務余暇学校、アマチュア劇団などといったものを経営する」[11]と呼びかけるのである。そして、こうした文

化教育事業に対しては、国家は「その業務について指導を与えるとともに、条件が許す限り人的、財的、物的面で援助を与えることにしている。それと同時に各地方、各機関、各企業はいずれも極力各種の補習学校、夜学、通信教育を行う学校などを設けて、進学できない青年に、働く中でその文化水準を引き続き高めさせるようにしなければならない」[12]と人民の物質生活と文化的生活の水準を向上するための業務余暇教育の必要性が明示された。

（3） 農村部における合作社の進展と人々の教育への要求

　中国における工業化計画の展開には、進んだ工業国を建設しようという理想と、遅れた農業国であるという現実の間の深刻な矛盾を抱えるものであった。こうした矛盾の突破口として、建国の時点からも農業の集団化は目指されていた。つまり、工業化の課題を達成するために、農業の集団化が必要である[13]ことが執政者に認識されていた。実際においても広範な農民を教育し、彼らに一歩一歩、労働互助生産合作が孤立した個人経済に比べて極めて大きな優越性をもっていることを理解させ、彼に個人経済から集団経済への道に一歩一歩歩んでいく[14]と農業互助合作運動を発展させる方針が定められた。

　1955年7月31日に、省市党委員会、区党委員会書記会議において、毛沢東による『農業合作化問題について』という報告がなされた[15]。それ以来、農業協同化運動が全国で急速に展開していった。1955年末まで全国ですでに190万以上の農業協同組合があり、全国農家戸数の60%以上、つまり7,000万戸以上は、すでに協同組合に加入していた（表3-1を参照）。毛沢東は早くから「経済建設の高まりの到来とともに、不可避的に文化建設の高まりが出現するであろう」[16]と論じたように、現実の生活はまさにそのように発展してきた。この運動は、教育事業がもっとたくさんの小学校・中学校の卒業生を、技術員・会計員・保健員などとして、農村に提供することを要求する。また、農民全体の文化を高めるために、全国人民を文化の遅れた状況を改善し、彼らを社会主義の思想をもち、文化的教養ある人間にさせることを要求していた。簡単に言えば、農業生産の集団化に伴って、少なくとも出勤者の労働日の記帳ができる書記や会計は必要である。さらに、生産物の購入、分配や報告書の作成

第 3 章　文化教育と生産教育の結合としての労農教育体系の展開期　113

表 3-1　農業の協同化に加入した農家の絶対数とその比率

(単位：万戸)

	互助協同組織に加入		農業生産協同組合に加入		農業生産互助組織に加入	
	農家数	比率(%)	農家数	比率(%)	農家数	比率(%)
1950 年	1,131.3	10.7	219 戸		1,131.3	10.7
1951 年	2,100.2	19.2	1,618 戸		2,100.0	19.2
1952 年	4,542.3	40.0	5.9	0.1	4,536.4	39.3
1953 年	4,591.2	39.5	27.5	0.2	4,563.7	39.8
1954 年	7,077.5	60.8	229.7	2.0	6,847.8	59.8
1955 年	7,731.0	64.9	1,692.1	14.2	6,038.9	50.7
1956 年	11,782.9	96.8	11,782.9	96.8		

出所：国家統計局編『偉大的十年－中華人民共和国経済和文化建設成就的統計』人民出版社、1959 年、pp.29, 30 より作成。

などにおいて読み書きができなければ組織がうまくいかない。例えば、1956年の非識字者率は全国的に 78％であった。新島は次のようなエピソードを紹介している。この年に鎮・郷の財政が県財政から独立したが、遼寧省で年度末に各郷の決算報告を提出させたところ、全省の約半数の郷が、定められた表に明細を記入して報告することができなかった。その主要な原因が非識字者・計算能力の欠如にあったという[17]。つまり、集団的所有制への変化は一定の技術をもった人間を要求するようになると同時に、教育のレベルを高めるよう、要請するのである。

　一方で、1951 年の学制改革については、教育部は、都市・農村を問わず、全国の小学校では「5 年一貫制」を採り入れた。都市と農村の発展のアンバランスという現実や低い生産力の下で限られた物的支援などの制限のため、5 年一貫制小学校の全国一律設置のプランは、至る所で困難に直面した。そこで、教育部は、1953 年 11 月に、「5 年一貫制」実施の停止の指示が出された。小学校は、初級 4 年・高級 2 年の旧制に復帰した。そして、行政の指導は小学校の設置基準が厳しくなる方向に向けて、初級段階にも「質の向上」を貫く政策であった。この背景下には、1950～1952 年にかけて、各地で民営学校の建設・経営が進んでいった。1953 年の指示の前後から、積立金の規定をはじ

め、学校の施設・設備、教員の資格など、あらゆる面で政府の統制・干渉が厳しくなった[18]。それゆえ、民営学校が「整頓」され、農民の要望にもかかわらず、各地で新規開設が見送られるというのが事実であった（詳しくは表3-2を参照）。つまり、教育の正規化の方策が強調されたと考えられる。そこで、第1次5カ年計画を実施するために、傾斜した教育施策、つまり、普通教育は経済建設の進度に合わせて、農村よりも都市を、軽工業よりも重工業を、小中学校教育よりも大学高専を優先する教育計画をとり、基幹要員の養成に力を注いだ。こうして普通教育の普及について、とくに農村部での展開は政府が積極的に推進せず、農村部における進学と就業の矛盾、小・中学生の大量の中途退学・休学などの現象[19]をもたらした。そして、農民自身はその矛盾克服の方策を模索してきた。具体的には、ヤミ学校、ヤミ中学の建設によるものであった。「このような学校はその地域ですぐに役立つ会計員・書記・記工員など協同組合に不可欠の人材を提供できることになった。成人非識字者の教育にも一役をかうことになったから生産性が非常に伸びた」[20]とその必要性があったと考えられる。すなわち、このような学校は国家経費を大幅に節約できる現実的利益があると同時に、農業協同化の要求に応じた機能をもっている一面も見過ごせない。

表3-2　小学校増加と民営学校の占める比率

年度	在籍者数（人）	1949年を100とした比（%）	民営小学生の全小学生数中に占める比率（%）
1949	24,391,033	100	
1950	28,923,988	119	23.5
1951	43,154,440	177	34.1
1952	51,100,000	205	29.03
1953	51,644,000	211	3.8
1954	51,218,000	209	5.0
1955	53,126,000	218	6.7
1956	63,464,000	260	

出所：『人民教育』1957年11月号

2.「速成識字法」実施の偏向に対する修正と労農教育展開の方向

　1953年春の「過渡期の総路線」が、中国共産党中央委員会から労農大衆に広く呼びかけられると、労農業務余暇教育にも新たな局面が現れてくる。普通教育と同様に、労農教育の展開においては、正規化の傾向や質への追求の傾向が見られるようになった。それは1952年に大規模に展開された「速成識字法」[21]に対する認識の転換に見られる。

　1953年1月に政務院文教委員会は北京で大行政区文教委員会主任会議[22]を開催した。この会議は、教育問題の全般を討議するものであった。さらに、建国後3年間の教育活動について総括を行うことを目的とした。識字教育運動に現れている無計画性、数量志向で質への配慮が見られず、教育行政において具体的な指導がない、といった問題点が指摘されている。識字運動に関しては、1952年秋以降、一部に「盲進」が見られた。その原因は非識字者一掃の任務を過小に判断するからだとしている。そして、非識字者一掃の任務は長期かつ複雑なものであり、3〜5年どころか十数年あるいはそれ以上の時間をかけて完成するもの、という常識的な認識を示した。さらに、「盲進」を矯正しつつ「積極的に準備し、重点的に遂行する」（積極準備、重点推行）との方針の貫徹が要求された。これは、「速成識字法」の実施に当たる偏向を是正するべく識字運動が調整期に入ったといえよう。

　そして、指導者たちは、しだいに「非識字者一掃の活動の実施はたしかに効果が現れたが、指導上において、『速成識字法』の役割を誇張した。そのために、計画も大きすぎ、盲目的な偏向も見過ごすことができない」と、指導者たちは認識した。それゆえ、「軍隊の経験を盲目的に学ばないで、『速成識字法』は各地の実情によって実施すれば、よい効果を得られる」[23]と北京で開催された全国非識字者一掃工作会議で指摘がなされた。それ以降、1953年4月3日に中央非識字者一掃工作委員会は「非識字者一掃工作の情況と問題について」[24]と題する報告を政務院文教委員会に提出した。「速成識字法」の実施による識字運動の中に是正すべき「盲進」「冒進」が認められた。これを受けて、4月9日に「非識字者一掃の活動は整頓しなければならない」と題する『人民日報』

の社説には、識字運動での「冒進」を戒めるべきだ[25]と掲げられた。そして、1953年に「速成識字法」の実施に対する整理、整頓を通して、非識字者一掃活動の盲目的な推進が見直された[26]。

こうした結果、林楓の報告（1955年11月）によれば、非識字者一掃の速度は極めて緩慢になった。1955年の統計によると、全国農村の15～45歳までの青壮年約2億2,600万人中、非識字者は80％、すなわち1億8,100万人に達した。第1次5カ年計画中の非識字者一掃の計画は1,900万人で毎年平均380万人という低い数字となった[27]。

このように1955年から急速に展開された社会主義建設に伴い、1956年3月15日に、全国非識字者一掃協会が成立された。同年3月29日に国務院の『非識字者一掃に関する決定』[28]の公布によって、2回目の全国規模の非識字者一掃活動が展開された。この決定によって、「1956年から国家の社会主義工業化と農業合作社の進展と密接に結びつけ、各地の実情に従って、5年または7年のうちに非識字者の一掃を基本的に実現させる」という目標が定められた。さらに、非識字者一掃の基準、方式なども規定された。また、非識字者一掃の活動を順調に実施し、非識字者一掃活動に出ている無計画性、数量志向で質への配慮が見られず、教育行政において具体的な指導がない、といった問題点を克服するために、1956年6月8日付『光明日報』に「当面の非識字者一掃における二つの偏向の是正について」という社説、および1956年10月12日付『人民日報』に「非識字者を積極的に、着実に一掃する」という社説がそれぞれ掲載されて、問題の是正が図られた。

前記のように、第1次5カ年計画期は社会主義改造による中国共産党政権の基盤が一定の確立を見せた。同時に、当時は政治的運動から経済的成長による生産力の向上へと政策的重点が移り変わる時期であった。とくに、この時期はソ連の教育制度が全面的に採り入れられたため、第1次5カ年計画がソ連の経験を直輸入した重工業優先の計画経済であったことと歩調を合せたものであった。そして、労農業務余暇教育の展開が教育の質の重視と正規化の方向を示した。次節では、こうした特徴を、労農速成中学の調整と労働者・農民の業務余暇教育政策の展開を通して分析する。

第 2 節　労農速成中学の調整

1. 労農速成中学の調整における政府関連規定

　1949～1952年の復興期においては、教育部の『高等教育機関における労農速成中学の付設に関する決定』、および1952年の『労農速成中学の分類カリキュラム計画』の制定によって、労農速成中学の教育の質を保障するための措置がとられた。第1次5カ年計画期に入ってから、1953年11月に、高等教育部と教育部の『労農速成中学の指導関係についての規定』[29]が公布された。これは高等教育部を新設し、その管理指導について規定したものである。その大筋としては、高等教育部—大区[30]高等教育局—省市人民政府—大学—付設労農速成中学という管理指導系統と、教育部—大区教育局—省市人民政府—高等師範学校—労農速成中学という管理指導系統があった。これによって、労農速成中学と大学との連携がより密接なものになったといえる。1954年5月に、高等教育部と教育部より、『労農速成中学の学生募集活動についての指示』[31]が出されて、3万人の募集を計画し、とくに産業労働者と労働模範者の労農速成中学への入学を積極的に促進することを示した。しかし1955年7月12日に、『労農速成中学の学生募集停止についての通知』[32]が、教育部・高等教育部より出された。この通知には、まず労農速成中学の収めた成果を認めた上で、「労農幹部の文化・科学知識の学習に対して、順を追って一歩一歩進める方法をとらず、短期・速成の方法を用いて、大学へ進学させようとしたことは、よくよく考えてみると所期の目的を達し得ることにならなかった。また、多くの優秀な労働者の主力と幹部を、長期に生産から離して学習させようとすることは、現状においてできることではないことが証明された」と、労農速成中学廃止の理由が述べられている。そして労農速成中学は1955年秋より学生募集を中止することになった。労農速成中学廃止の理由としては当時の中国の大学および中等教育の発展とも関わっており、社会主義改造の任務の完成に伴い、在職労働者・農民に教育機会を優先的に保障するという任務を成し終えた[33]ことにもある。または、社会主義建設期に入ってから就職と進学の矛盾

を解決するために、政府は教育と生産労働を結びつける方策が取り入れられ、言わば半労半学制度[34]の採用と実施が具体的に展開されたことにもあると考えられる。

それにもかかわらず、顧みると、1950～1954年に至って、各大行政区と各省市教育行政部門は政務院の労農速成中学の創設に関する指示を受けて、労農速成中学の創設と発展のために、全力を尽くしてきた。5年の間で、約3,700名の教師と幹部を養成し、387カ所の労農速成中学の校舎を建て、大量の教学用の器械、図書、体育設備など[35]を購入し、教育活動の需要を満たした。表3-3に示したように5年の間で、労農速成中学の学生募集人数は増え、大きな発展を遂げたといえよう。

表3-3　労農速成中学基本状況

(単位：人)

	学校数 所	班数 個	新入生数	卒業者数	在学者数	教員数	職員数
1950年	24	123	4,447		4,447	334	528
1951年	41	343	7,107		13,260	842	1,007
1952年	51	481	11,663	116	18,806	1,386	1,583
1953年	58	691	12,284	2,232	28,078	2,024	2,519
1954年	87	1,168	29,245	4,187	51,079	3,660	3,855
1955年	65	853		7,062	36,485	2,752	3,412
1956年	56	750		396	31,722	2,074	2,684
1957年	53	528		7,300	22,220	1,468	2,393

出典：『中国教育年鑑』編集部編『中国教育年鑑（1949～1981）』中国大百科全書出版社、1984年、p.1020。

2. 学生募集要項の調整に見る労農教育の理念

1951年2月、教育部から公布された『労農速成中学に関する暫定実施規則』における学生募集規定を見ると、労農階級の幹部と労農勤務経験者を中心としていることがわかる。1953年までに、上記の学生募集規定によって入学した学生たちは、当然、各条件を満たしていることが原則であった。しかし、当時の実態からは学生の文化レベルや健康状況などは必ずしも厳密な選考を経て一

定の水準を満たしていたとは言えなかった。したがって、授業および「速成」という目標の実現にも影響を及ぼすことになった[36]。そのため、数量と質を保障するために、そして労農速成中学の労農階級出身の専門家養成が目的であることを明確にさせるため、前記の規定に続いて、1953年7月に、教育部および高等教育部によって「1953年の労農速成中学の新入生募集に関する指示」[37]が公布された。労農速成中学の募集対象に対する厳しい規則は以下のとおりである。

　①高等小学校に相当する教育水準を有し、18歳〜30歳までの者で、思想が進歩的で、仕事に積極性があり、健康で、国営および公私共営の企業、会社、国営農場で3年以上を働いた労働者、②高等小学校卒業に相当する教育水準を有し、18歳〜30歳までの思想が進歩的で、仕事に積極性があり、健康で、政府機関、軍隊および各民主党派、人民団体で3年以上の勤務経験がある労働者および農民出身の24級以上（軍の場合、小隊長以上）の幹部（非労働者および農民の場合、5年以上の勤務経験あり）、③高級小学校卒業に相当する教育水準を有し、18歳〜30歳の思想が進歩的で、健康であり、区以上の人民政府により選出され、県以上の人民政府により推薦された農業労働模範、④高級小学校卒業に相当する教育水準を有し、18歳〜30歳の思想が進歩的で、仕事に積極性があり、健康で、県以上の人民政府により推薦され、3年以上の勤務経験がある労働者および農民家庭出身の優秀な小学校教員、などである。

このように、学生募集の条件の強化と産業労働者の入学資格が明記された。関連部門の協力を得て産業労働者の入学に対して優遇を与えることになった。したがって1953年から新入生の構成に変化が見られるようになる。1953年入学の1万2,000人余りの学生の中に、産業労働者は33%を占めていたが、1952年の比率は14%であった。新入生の文化レベルから見ても、高等小学校卒業のレベルにほぼ達していた。中国人民大学の附属労農速成中学の例を挙げると、1950年の新入生は高等小学校卒業レベルに達する人はわずか20%であったが、1951年は50%、1952年は80%で、1953年は90%以上に増えてきた[38]。

また、1954年5月に、高等教育部と教育部より、『労農速成中学の学生募集活動についての指示』[39]が出された。この指示では、1953年の学生募集の実績を評価し、1954年は引き続き前年の指示に基づくべきことを示し、1954年に3万人の募集計画を立て、以下のような意見を示した。①学生募集活動の

指導を効率的に実施するために、その指導権限を各大行政区に譲り、共産党および人民政府の指導の下で行うことにする。同時に募集活動における宣伝、入試、検査などにも注意する。②産業労働者、労働模範の労農速成中学への入学を大いに取り入れる、ことを強調した。さらに各大行政区の産業労働者募集の比率までもおおむね規定した。

実際、1950～1957年に労農速成中学に在籍した学生の職業構成は、表3-4に示す通りである。学生の90％以上は、労働者、軍人、幹部であったことがわかる。そのうち1950～1953年は、学生の半分以上が幹部であり、1954年から労働者の学生が増えた。これは1953年までは「政治性」がとくに強調されたが、それ以後は「専門技術をもった要員」の養成が主要な任務になったことを意味している。これは国内の政治、経済の発展によるものであるといえよう。つまり、1953年以後はプロレタリアートの独裁を維持するために、共産党政権が本格的な社会主義建設に着手しようとした。そして1953年10月には、毛沢東の「過渡期の総路線に関する指示」が公表され、社会主義的工業を十分に発展させ、中国を工業が未発達な立ち遅れた農業国から工業が発達した先進的な工業国に変えることを中心目標にさせた[40]。また学生のうち農民の割合が非常に低かったのは労働者・農民速成中学の募集対象が「農業労働模範」に限られたからである。1950年の時点での学生4,014人のうち、労

表3-4 労農速成中学の学生の職業別構成比

	労働者	農民	軍人	幹部	その他	合計
1950年	28.7		8.1	56.2	7	100
1951年	23.8		5.9	61.2	9.2	100
1952年	23.2		6.5	61.7	9.7	100
1953年	25.5	0.4	8.8	56.5	8.9	100
1954年	33.7	0.7	11.6	44.7	9.2	100
1955年	38	0.4	12.5	39.9	9.1	100
1956年	42.2	0.5	10.9	36.5	9.7	100
1957年	45.2	0.4	11.4	33.6	9.5	100

出所：『中国教育年鑑』編集部編『中国教育年鑑（1949～1981）』
中国大百科全書出版社出版、1984年、p.1020。

働者が28.7%、行政幹部が56.2%を占めていたのに対して、農民出身者は1人もいなかった。この状況はその後も続き、ようやく1953年になって農民出身の学生が出現したが、その数はわずか107人、割合にして0.38%でしかなかった。翌1954年には、その割合はピークに達し、0.7%になったが、その後は1957年まで0.4%の水準で推移した。他方、都市労働者出身の学生の割合は増え続け、1957年には45.2%を占めるようになった。それに対応して行政幹部出身の学生は一貫して減少し、最も高まった1952年の61.7%から、1957年には33.5%にまで低下した。こうした労農速成中学の学生の職業別構成比を見ると、国家財政が制限されていたため、農村よりも都市を、農業よりも工業を、という重点的配分による傾斜した教育計画を実行したからだといえよう。そして、こうした教育傾斜政策がとられていたことからも、実際には労農層にとって教育機会は必ずしも平等なものとはならなかった。

3. カリキュラム計画改訂草案に見る労農教育の理念

　労農速成中学の「速成」というのは、普通の初級中学と高級中学の6年間の内容を、3〜4年間で教えることを意味する。この「速成」の目標の達成はカリキュラム計画と密接に関わっている。労農速成中学のカリキュラム計画は教育部によって統一的に制定され、2回にわたる大きな改訂が行われた。
　分類カリキュラム計画において、カリキュラムによって重点科目が違っていることがわかる。つまり、カリキュラム計画第一類（文科系大学向け）においては、国語、数学、歴史、地理などの科目を重点とする。カリキュラム計画第二類（理工系大学向け）においては、国語、数学、物理、化学などの科目を重点とする。カリキュラム計画第三類（農学・医学系大学向け）においては、国語、数学、生物、物理、化学などの科目を重点とする。この分類カリキュラム計画は、当時の教育部によって、労農速成中学の修業年限を3年に定められていた。同時に、労農速成中学のカリキュラムは、大学のカリキュラムと連動し、また国家建設に必要な幹部を迅速に養成し、教育の質を保障するために、公布されたものである。分類カリキュラム計画においては、各カリキュラム計画の育成目標によって異なった重点課程が制定され、カリキュラムの種類を適

切に減らした。

しかし、実行にあたっては、「ある地区では、実際条件に基づかずにあらゆる労農速成中学を一律に大学に付属させたため、ある大学付属の労農速成中学の実行した分類カリキュラム計画は大学の専攻設置と相応しくない。それに1953年と1954年の労農速成中学の卒業生に大学の統一試験に参加させ、学生を募集する方法が不適当だったため、大学付属の労農速成中学の卒業生が所属する大学にも進学することができなかった。これらの問題は大学付属の意義を減らし、大学の付属の労農速成中学に対する指導の積極性と責任感にも影響を与えた」[41]と指摘されるなど、各地域、学校ごとにさまざまな課題も存在していた。

1953年秋に上述の状況を改善するために、さらに、学生の健康を顧慮し、学生の課業負担の軽減および教授の質の向上のため、前述の分類カリキュラム計画を修訂した。1953年9月、教育部と高等教育部が公表した『労農速成中学の三種類カリキュラム計画に関する修訂草案』[42]によれば、カリキュラムによって重点科目も違っている。第1類カリキュラムは、大学の文学、歴史、政治、法律、財政経済関係の学部に入学することを目指すために、国文、歴史、地理などの科目を中心とする。第2類カリキュラムは大学の理学、工学の学部に入学することを目指すために、国文、数学、物理、化学などの科目を中心とする。第3類カリキュラムは、大学の農学、医学、生物学などの学部に入学することを目指すために、国文、数学、物理、化学、生物などの科目を中心とする。これらは前記のカリキュラム計画の中にも見られるが、1953年のカリキュラム計画で言明された。

また、修訂によって、科目を適切に減らすと同時に、毎週の授業時間と自習時間を具体的に規定した。例えば、授業時間からロシア語、製図の時間の削除によって重点科目の時間を増やすことができるが、毎週の授業時間は32時間内に限定している。自習時間に関しては、科目によって違う。国語、物理、科学、歴史、地理、政治などでは授業時間と自習時間の比が1：0.5であり、算数、代数、三角は1：0.5または1：0.6であり、第1類、第3類のカリキュラム計画における平面幾何が1：0.8であり、第2類カリキュラム計画には、1：

1である。これにより、「労農速成中学のカリキュラムは大学のそれと密接に連動することができ、学生たちの基本的な知識としての主要科目の掌握に役立ち、さらに『速成』という学習任務の達成にも役立つ措置である」[43]と認識されている。

4. 東北農学院付設労農速成中学の概況と学員回想録に見る労農速成中学の実態

労農速成中学は1954年の最高潮時に全国で87校あった。学生募集の範囲は所在する地区・省に限らなかった。そして、大学への進学、または大学を卒業した後、当時、中国では大学生の仕事を国家によって配分しており、その卒業生はほぼ全国各地に配分されることになっていったため、特定のある労農速成中学の経験者への調査などが難しいと思われる。それに加え、半世紀を経た現在、労農速成中学の経験者たちは高齢者になり、経験者へのインタビュー調査などの実施はかなり難しく、実現する可能性が少ないと思われる。本節で扱った『難忘的歳月』[44]という著書が全国で出版された唯一の当時の労農速成中学の経験者の回想録である。それは編集者が1992～1996年の5年間にわたって校友から寄せられた個々人の回想録によって構成されたものである。その中で、回想録は69編、散文と詩と手紙は15編である。半世紀を過ぎて遠い昔の学校生活を振り返るということは、本人にとって有意義であると同時に、人々の中国建国初期の労農教育の実態を知る上でもかけがえのない貴重な資料であると考えられる。本節ではこの東北労農速成中学を卒業した方々の回想録をもとに、当時の労農教育の一端を見ることにしたい。

(1) 東北農学院付設労農速成中学の概況

東北農学院付設労農速成中学の前身はチチハル市にある黒竜江省労農速成中学であった。1950～1951年初めは労農速成中学創設の準備期間であり、学校の教師は、全省の各中学校から選ばれた優秀な教師が担当すると同時に、教師志願者の新卒大学生からも選抜された。初任の校長は黒竜江省文化教育庁副庁長が兼任した。当初の教育施設は省文化教育庁に属した省小学校教師研修学

校の教室や事務室を借りて使用した。そして、1951年4月7日に黒竜江省労農速成中学は省小学校教師研修学校の講堂で開校式を行った。学校には3クラス、140名の学生が入学した。さらに国家財政の厳しい状況の下で、黒竜江省政府の指導者たちは省財政から学校建設の専門資金を調達し、1952年夏に2階建ての校舎1棟が建設された。学校の経営状況が改善されるにつれて、1951年7月には、6クラス、240名余りの学生を募集できた。1952年に労農速成中学を大学に付属させるという教育部の要求に従って、1953年2月に、学校はチチハル市からハルビン市に引越し、東北農林学院附設労農速成中学に名称を変更し、東北農林学院の予備校になった。そして、1956年に東北農林学院から農学院と林学院が分立したことによって、労農速成中学は東北農学院に所属することになった。東北農学院附設労農速成中学は創設から1955年の学生募集の停止までのべ22クラスの学生を募集し、約1,000名の人材を養成した。統計によると、東北農学院労農速成中学卒業生のうち、60%以上が大学に進学した。これらの学生は就職後にも大部分が生産部門の中堅や専門家、学者、幹部になっている。1958年10月25日に、東北農学院附設労農速成中学は最後の卒業生を送り出してから、東北農学院の所属から黒竜江省教育庁の所属に移管され、斉斉哈尔師範学院の重要な一部分になった。

（2） 学員回想録に見る労農速成中学の実態
① 入学の動機について

李松山は1954年に労農速成中学に入学した。1950年に所在区の生協で営業員と記帳員を勤め、2年後に木蘭県所属の生協に転勤し、幹部科で人事の仕事を担当した。小学5年生の文化レベルであった李は営業員の時には仕事に支障がなかったが、転職してから仕事の計画や総括を書く時にかなり困難を感じたので、勉強する意欲が生じた。当時、県の幹部の中でも大多数の人は小学校卒業で、中卒業者は非常に少なかった。そのために、労農速成中学に行くことは個人的な事柄というだけではなく、その所属する機関や所在地域の名誉であると認識された[45]。

1954年に入学した史永田は国営農場のトラクター運転手であった。職場で、

第3章　文化教育と生産教育の結合としての労農教育体系の展開期　125

業務研修を受ける時に授業内容もわからないし、技術書籍も読めないのが、仕事に不便と痛感し、学習できるチャンスを楽しみにしていた。彼は、すでに結婚していて、子どもも生まれた。それにもかかわらず、労農速成中学に入学すると決心した[46]。

梁希賢は解放前の戦乱の環境の下で断続的に5年の小学校の教育を受けたが、初級小学校のレベルにも達していなかった。1947年15歳の時に彼は革命に参加し、主に通信員や警備員の仕事をした。当時の上司は新中国成立後、われわれの直面する課題は大規模な経済の建設である。この仕事に貢献するために高い文化と技術のレベルが必要である。その時、もしチャンスがあれば、必ず文化補習学校で君に勉強させてあげると何度も言われた。彼も上司の期待を裏切らないためにしっかり勉強をし、自分をレベルアップしようと考えた。そして試験を受けて、彼は1953年に労農速成中学に入学したのである[47]。

宋鎮修は元松江省第二工程公司第一工程大隊の学徒であった。1953年（18歳）5月に、所属する工程大隊の幹部は宋に建築工地の材料保管員の仕事を担当させた。文化と業務知識の欠乏で、1年間の施工用の赤レンガ、セメントなどの原材料の計画書をすべて廃棄し、会計はコスト計算の根拠がなくなったので、仕事の進展を妨げた。この出来事がきっかけで、1954年8月に彼は労農速成中学に入学した[48]。

1954年に入学した韓景林は14歳の時に革命に参加し、所在県民政部の通信員であった。学校に入ったことがないため、文化速成クラスの勉強に参加し、文化レベルが高等小学校レベルに達した。それにもかかわらず、いくつかの出来事で比較的に優遇された仕事を捨て、労農速成中学に入学した。それは自分が分担する仕事に関する調査報告が何回もきちんとできなかったため、つらい思いをしたにもかかわらず、韓のそれ以外の能力が上司に認められていた。主管する上司は「韓さん、君には能力があるから将来の大きな仕事を負わせるために党組織の推薦で労農速成中学へ勉強してほしい。党組織の期待を裏切らないように頑張ってくださいね」と声をかけていたという[49]。

徐文徳は労働者家庭の出身で、解放前、小学校に約5年間通ったが、経済的な理由で中途退学せざるを得なかった。解放後機関車工場の学徒になった。

その後、工場の業務余暇学校に一生懸命に参加した。夜仕事が終わった後、約2時間半の夜間学校の勉強を1日も休まず続けた。彼の話によるともっと高いレベルの勉強がしたいが、そのチャンスになかなか恵まれなかった。1952年5月のある日、工場の共産党書記は労農速成中学の学生募集のことと工場側が推薦しようとする意思を徐さんに話した。上級学校への進学は徐さんの達成せずにいられない理想であったため、快く党組織の決定を受け入れた[50]。

　上記でいくつかの例を挙げながら、各人の労農速成中学に進学する動機を明らかにした。上記の例だけではなく、回想録を書いた学員の状況をまとめてみると、建国初期に与えられた仕事を完遂するために、人々の文化レベルの向上が必要であった。同時に個人の発展のためにも人々の勉強の意欲がかなり高まっていた。そしてその勉強意欲の向上は個人の努力と組織の推薦によって実現できたということがわかった。つまり、入学する前に、文化レベルが低いものの、学習の情熱が高いということがこれらの学員の特徴であったといえよう。

②　学習状況について

　李松山の話では、4年間で6年の中等教育レベルの文化を身につけるために、在学期間は充実しながらも緊張した毎日であったという。毎学期に6～8科目の授業があった。毎学期は22週、授業時間19週で、合計114日間であった。そして、週に授業時間は32時間、自習時間は20時間、日平均の勉強時間は8時間半であった。当日の宿題を完成するために休憩の時間が少なくなることがあった。勉強への圧力は他の学校とは比べものにはならない。また学生が勉強に励むために、期末試験と中間試験のほかに、普段でも多様なテストを行った。普段の成績は中間テストの成績評価の一部になり、さらに中間テストの成績が期末試験の成績評定の一部になる。

　また、李の話によると、労農速成中学は文化知識の勉強を重視すると同時に、学生の思想教育と体育鍛錬も重視した。思想教育は政治報告、政治学習、党と青年団の組織生活、個別談話などによって行われた。また、健康問題から労農速成中学の勉強を続けられなかった者がいたことから、学校は体育鍛錬を学習任務の完成の重要な条件の一つとしていた。例えば、夕食後と夜の自習までの時間を利用し、約30分の社交ダンスなどが行われ、みんなが楽しめた。

朝起きた後は競走や体操などをして、昼にも多種多様な体育活動が展開された。労農速成中学の勉強を通して、文化、体質、仕事、思想などの面で学生は成長してきた[51]という。

　1953年に労農速成中学に入学した梁希賢は、卒業後、東北農学院の土地企画学部に進学した。大学で皆にとって難しい科目である高等数学と普通物理でも、梁は良い成績をとった。それは労農速成中学での学習の質が高く、良い基礎を築いてくれたからだと梁は語った。そして、労農速成中学の学生はほぼ適齢を超えていたし、文化基礎は低いにもかかわらず、労農速成中学での勉強を通して皆良い成績を収めた。彼はその原因として以下の4点を述べた。第1は学員自身の努力であった。労農速成中学で勉強ができることは人生のよいチャンスであるため、学生たちは学業の基礎が低くて、いろいろな困難があったが、みんな向上心をもって頑張ってきたのであった。第2は集団の力量であった。クラスメートは皆同じ目標を目指して、お互いに助け合ったり、励まし合ったりして努力したのであった。第3は学校の指導者の重視である。学校の指導者たちは学生の学業だけでなく、生活と健康の面にも気を細かく配った。第4は教員が主導的な役割を果たしたことである。労農速成中学の学生の文化レベルが異なるために、教員が授業を行うことは容易なことではなかった。教員の努力とそれに重なる工夫にこそ学員の成長があった[52]。

　王玉林は1954年に労農速成中学に入学した。入学する前は軍隊の看護師であった。文化レベルは小学校4年のレベルであった。1954年、所在部隊の党組織が彼女を養成の対象として文化レベルを向上するために、労農速成中学へ推薦した。試験前の個別補習を経て入学できたものの、元の文化レベルが低かったため、労農速成中学の勉強はかなり骨折ったことであった。彼女の話によれば、勉強に遅れないように、ずっと朝4時に起きて勉強していたという。また学校の先生や同窓たちにも大いに助けられて4年間の速成中学での勉強を順調に進んできた[53]。確かに回想録を見ると、休日と祝日と関係なく、昼と夜と関係なく、皆低い学力レベルを高めるために頑張ってきたようである。回想録を通読すると、このようなことは学員の皆の共通現象であったといっても過言ではない。

③　労農速成中学卒業後の進路などについて

　李松山は労農速成中学を卒業した後、東北農学院水利学部に進学し、1963年7月に卒業して、黒竜江省水利観測設計院に就職した。文化大革命期間は農村に下放されたが、1972年に省委組織部や人事局での仕事を経て、1985年9月に省宣伝教育幹部学院（現行政学院）に勤めた。李は自分の経歴は曲折があったものの、労農速成中学の4年間は人生の良い経験であったと語っていた[54]。

　1954年に入学した史永田は、4年間の労農速成中学の生活を一生忘れられない理由について、以下の3点を述べた。第1は、労農速成中学で学んだ基礎知識により高等教育を受けることができた。第2は、それからの進路とその後の個人の事業展開に役立った。第3は、教員と学生の間の人間関係が純粋なので良い思い出になった。ちなみに、史は労農速成中学を卒業してから、東北農学院に進学した。そして、大学卒業後、元の農場に戻り、ずっと農業機械化の仕事に携わっており、高級エンジニアになった[55]。

　1954年に労農速成中学に入学した宋鎮修の場合は、入学1年後の1955年に教育部の学制改革によって、労農速成中学の学習年限は3年から4年に変更し、大学は4年から5年に変更した。そこで元の職場の人事科の幹部と同僚たちに帰ってほしいと言われた。そこで、宋は学校に退学届けを出した。しかし、当時東北農林学院の分立にあたり、人手が足りないため、農学院で仕事をしてほしいという申し出があった。しかも、学校側が同意しなければ退学もできないと言われた。こうした状況下で彼は労農速成中学での2年の学習を経て大学への進学を辞めたものの、農学院で就職した。1980年代になってから彼は哈尔濱船舶工程学院に派遣されて、高等教育管理課程を研修した。宋の話によると、高等教育を受けられたのは労農速成中学の2年間の勉強のおかげであった。後に宋は個人の努力で農村社会学に関する本を何冊か出し、農村社会学の専門家になった[56]。

　この回想録の主編である董玉良は1954年の秋に労農速成中学に入学したものであった。入学1年後に肺結核にかかったので入院した。1956年6月に退院した後、授業に間に合わないので、退学するしかなかった。ちょうど東北

農林学院の分立によって人手が足りないので先生の推薦の下で農学院に就職した。董の話によると、労農速成中学での勉強は短い時間であったものの、文化科学知識だけではなく、実際の生活の中からも良い勉強になり、その後の成長の基礎を築いてくれたと語った[57]。

この回想録は、東北農学院労農速成中学で勉強した経験のみが書かれているために、当時の労農速成中学の縮図が窺える。皆の回想録を見ると、労農速成中学での勉強が順調に進み、大学に進学できた者も、健康やその他の原因でその学業を途中で辞めせざるを得なかった者も労農速成中学での歳月は良い思い出になり、彼らの人生に大きな影響を与えたという共通認識が確かめられた。つまり、労農速成中学は国家建設における基幹要員養成の手段の一つであった。他方では、労農速成中学は建国後の一部分の労農出身者の文化レベルの向上の要求を満足させる有効なルートでもあったといえよう。

5. 労農速成中学の特質について

中国建国初期、つまり政治的には新民主主義から社会主義へ移行するという過渡期において、労農速成中学は国家建設の基幹要員養成という重要政策の一つとして政府によって展開されてきた。ここで、中国建国初期の労農速成中学での人材育成に関する政策的展開のプロセスおよび学生募集、カリキュラムの制定などを考察し、明らかになったのは以下の点である。

① 労農速成中学の生成、展開、消滅の全過程を見ると、中国の労農教育はその誕生の時から人民民主専制制度を強固にすることと、経済発展と文化建設の二大任務を遂げることを目的とするものであった。そのために必要な基幹要員の養成策として労農速成中学が展開されてきた。つまり、共産党統治下の解放区の経験を生かしながらも、教育の重点をまず幹部、それから一般大衆という順序で行われていた。そのための教育機関の区分が明らかにされたように、結果として、事実上労農教育の展開における国家統治的性格が強く、労農教育政策の展開は国家の政治、経済のはざまにおかれていたため、正規化志向による計画の実施を急ぎすぎることになった。また、旧ソ連専門家の話に照らして、中国労農速成中学との関わりについて言えば、1952年からの大学附設は

確かに旧ソ連のそれを模倣したといえるが、中国の労農速成中学においては、職場を離れ、全日制という形式をとり、旧ソ連の昼間学校と夜学の2種類に分けられていた点とは異なることがわかる。

② ①で労農教育への国家統治の性格が強い点を指摘したように、労農速成中学は中国建国初期の過渡期に設立された特殊な学校である。また、普通学校教育との関連において、学校教育を補完する性格が強かった。その特殊性は次の3点に表れている。1つには基幹要員を速成するために就学期間が短縮されていること、2つにはカリキュラムが精選され、専門領域に特化した特別な構成になっていること、3つには速成中学として正規の学校に代わる一時的な措置であったこと、があげられる。そのため当時の国家目的を直接に反映しており、その組織や体系、カリキュラムはその時々の状況に合わせ、適切な体制がとられていた。その国家目的とは教育水準が低く、これまで冷遇されてきた労農プロレタリアートを社会主義国家建設の重要な基幹要員として早急に育成することが要求されたのであり、国力伸張を図るための多面的能力の養成が必要であったといえる。つまり、中国の国家建設の方針が旧ソ連の影響を受け、重工業重視であり、そのための人材の速成が中心的課題となっていたことである。本書で検討した労農速成中学はその目的のために設置された。

③ 労農速成中学の創設と展開の過程ではさまざまな要因の影響で試行錯誤が繰り返されたが、労農速成中学が正規の学校体系の中に位置づけられた。これは中国において学校教育と成人教育とが補い合いつつ、並行して進められた特色を示す試みであったといえよう。その結果としては、労農教育の正規化は国家建設における基幹要員の養成の需要に応えただけではなく、一部の労農大衆の文化向上の要求も満足させることとなった。しかし全体的に労農教育への行政指導には客観性が弱く、主観主義的色彩が強いという限界があり、労農速成中学の展開にも同様の限界が見られた。そのため、建国初期の労農教育は生産力の現実を無視した展開となってしまったといえよう。

第3節　労農業務余暇教育の調整・展開

1. 工業建設の重視に伴う労働者業務余暇教育の展開

（1）関連規定に見る労働者業務余暇教育の基本方針

　1952年に第1次5カ年計画の策定が着手される一方で、「速成識字法」が推進され、非識字者一掃の活動が大規模に展開されるようになった。1953年以後の指導者たちの認識は、「指導上において、その役割を誇張し、計画も大きすぎ、盲目的な偏向も見過ごせない」[58]、というものであり、労働者の業務余暇教育をいかにバランス良く発展させるかが重要な課題となったのである。しかし、指導面における認識は不十分であった。ある地方では調整は単なる学生、教員、学習時間の削減であると誤認された。また、ある地方では指導を怠り、工場内の優秀な教員を専門学校、または普通学校に転任させた。さらに、ある地方では、工場内での専門教師を調整せず、複雑で混乱した教員状況は改善されなかった。このような状況に対して、1953年の非識字者一掃委員会と全国労働者総組合の共同による労働者業務余暇文化教育工作予備会議では、政府行政部門が責任をもって各級労働組合に依拠しながら指導するという原則を引き続き強調した上で、①お互いの責務を明らかにし、協力し合って労働者業務余暇教育を発展させる、②専門教員の配置について、定員、一定の資質をもつようにする、③教授方針は、速成で実際と結びつくようにする[59]、などの内容を決定し、問題の是正を図ることとした。

　国家の社会主義的工業化の初歩的な基礎をうちたてることは、第1次5カ年計画の基本任務の一つであった。これによってより多くの技術人員を供給しなければならなかった。第1次5カ年計画には、「科学・技術方面の人材の欠乏は、明らかに国家の前途における大きな課題の一つと考えられていた。それ故建設幹部を養成する仕事は両方面から進められているのである。他方、大学・専門学校と中等専修学校の再編成、拡充、新設を行い、他面では企業や機関のもっている有利な条件を生かして、各種の業務余暇学校と講習会を開かなければならない」と明記された[60]。つまり、学校教育の整備拡充とともに、

業務余暇教育計画の重要性が併せて指摘されている。現職の労働者・職員を育て上げることが、建設幹部養成計画の重要な一部と認識されていたのである。

そして、1955年には、第1次5カ年計画の進展に伴い、とくに建設人材の養成上で質の向上が強く求められた。また、労農出身の新しい知識人の養成がますます要求され、業務余暇教育の正規化の方針が強められた点に新しい特徴が見られる。

1955年5〜6月に、国務院は北京で全国文化教育工作会議を開き、「積極的に、広範に、業務余暇の文化教育活動を展開する。政府機関と企業の中に、大量に正規の業務余暇中学と業務余暇小学を設け、生産から離脱できない生産基幹要員と労働者を吸収し入学させる」ことを強調した。この方針を貫徹するために、1955年12月に全国労働者業務余暇教育活動会議を開き、労働者業務余暇教育の全面計画と指導の強化の問題を討議した。その方針、任務を明確にし、小学から大学までの各レベルの業務余暇教育における各種問題を検討した。とくに、労働者業務余暇学校の教育目標は同レベルの普通学校と基本的に同様であるべきことが指摘された。このことから業務余暇教育の質が重視されたといえよう。また指導に関しては、政府教育部門による統一的指導の下で、実際には、企業行政部門が責任をもって担当し、労働者組合はそれに協力するという原則が再確認された。

（2）組織形式と内容に見る労働者業務余暇教育

前述の1955年12月の全国労働者業務余暇教育工作会議では、これまでの問題を見直し、労働者業務余暇教育の新しい発展を目指している。その結果、業務余暇学校のカリキュラムの詳細が決められた。労働者業務余暇小学校の修業年限は3年で、科目は漢語、算数、歴史、地理、自然からなる。業務余暇初級中学の修業年限は4年で、科目は漢語、代数、幾何、物理、化学、歴史、地理、政治常識などである。業務余暇高級中学の修業年限は4年で、科目は漢語、代数、幾何、三角、物理、化学、憲法、製図などである。業務余暇専門学校の修業年限は4〜5年であり、業務余暇大学の修業年限は5〜6年である。同時に教員の配置と経費についても検討が行われた。このようなカリキュラム

に関する規定から教育の質の重視と正規化の方向が指示されていることがわかる。

また、この時期には従業員のための正規の業務余暇学校による建設人材の養成はますます重要になってきていた。これには小学校から大学までの各級の学校が全部含まれており、大学に付属した通信教育部や夜間大学や実業学校に付属した夜間実業学校もあれば、大きな工場、企業に経営した業務余暇大学、専門学校もある。従業員の正規の業務余暇教育を通じて、建設人材を養成するというこの方法は、優秀な従業員を多数収容できるばかりでなく、大学、実業学校の教師や工場、鉱山の技師に教師の仕事を兼任させることができ、また、校舎や設備もそのまま使用できるので、著しく人的、物的、財的な節約になる。それと同時に、学生も職場を離れず、生産に従事しながら勉強できるので、多数の従業員が高等教育を受ける上に大変好都合であった[61]。

（3）展開期における労働者業務余暇教育の状況と問題点

第1次5カ年計画を通じて、各工場、企業、機関で労働者の技術教育を重視するようになった。とくに、1955年12月全国労働者業務余暇教育工作会議後に、各省、市党委員会と教育部門の指導を強化するほか、各企業において専門管理機構の設立、または専門管理者の指定を行い、労働者業務余暇教育の展開が促進された。また、識字教育を超えて労働者により高度な技術学習を求めるようになっていく。とくに技術の革新者として成績を上げると、奨励品や賞品さらには、名誉を与え、人々から尊敬されるようにした。国家的課題遂行の必要と、労働者の技術教育に対する要求の高まりの中で、1955～1956年にかけて労働者業務余暇教育は活発な動きを見せ、各地区において一定の成果をあげた。例えば、1955年には、労働者業務余暇学校を卒業した労働者から行政機関、人民団体の幹部に抜擢されたものは8,900人以上であり、工場長ないし企業長になったものは1,100人以上であり、業務部門の責任者になったものは4,300人以上であり、エンジニアになったものは250人以上であり、技術員になったものは2,400人以上であった[62]。表3-5からは1956年の労働者の業務余暇文化学校の卒業者数と職業技術学習の参加者数が1953年の約3倍に達し、

表 3-6 からは 1956 年の労働者の年平均賃金は 1952 年より 1/3 余り増えたことがわかる。そして、一般の労働者は中等専門学校または大学へと進学するという新たな機会も得ることができた。例えば、1954 年に鞍山鉄鋼公司の業務余暇学校を修了した者のうち、50 人は試験を受けて東北工学院に進学した。1957 年の新学期に北京の清華大学・鉄鋼学院などの 6 校に新入学した生徒のうち 120 名は業務余暇学校で学んだ労働者であった[63]。さらに、幹部と技術者に昇進することも可能であった。撫順鉱務局の例を挙げると、科級レベル以上の幹部の中で一般の労働者の出身は 61% を占めており、技術系幹部の中にも一般労働者の出身者が増えた[64]。こうして、労働者の文化水準の向上が、労働者の技術学習への参加や生産レベルの向上をもたらした。さらに、労働者の技術を高め、同時に計画を目標以上にやり遂げ、結果として平均賃金以上の収入を得るようになった。そして、労働者の生活水準の向上に伴い、文化学習に対する意欲もますます高まってきた。つまり、労働者業務余暇教育の展開においては、労働者個人の利益と人材養成としての政策的利害とを一致させ、労

表 3-5　1953～1956 年業務余暇文化学校と職業技術学習の参加者数
(万人)

	1953	1954	1955	1956	1953 年からの増長率
文化学校	304.8	369.3	418.7	502.3	164.8
卒業者数	15.3	18.6	22.1	45.0	294.1
職業技術	32.1	48.5	73.1	88.9	276.9

出所：「統計工作」資料室「関於職工生活改善情況的統計資料」『統計工作』1957 年、第 14 号、p.8。

表 3-6　労働者年間賃金総額と年平均賃金状況

	1952	1955	1956	1955 年から 56 年の増長率	1952 年から 56 年の増長率
賃金総額（億元）	65	100	136	136.0	202.2
平均人数（万人）	1,511	1,873	2,231	119.1	147.7
年平均賃金（元）	446	534	610	114.3	136.9

出所：「統計工作」資料室「関於職工生活改善情況的統計資料」『統計工作』1957 年、第 14 号、p.8。

働者階級の熱意と創造性を発揮させようとしたのである。

これまで労働者業務余暇教育をうまく進められなかった工場、地区においても労働者業務余暇教育を重視するようになった。青島市窪石（煉瓦と石材業）総場労働者業務余暇学校の例を挙げると、「以民教民」の方針でボランティア教師を大量に招聘し、教員の不足の問題を解決した。その方法としては、窪石業における生産分散の特徴に応じて生産組織ごとにボランティアの教師の招聘を実施した。それは幹部を主とするが、労働組合、共産主義青年団などの協力を得て、専任教師の生産現場での調査の下で、合格者を選定する。そして、選定したボランティアの教師に対し、個別の談話などを通し、教育に対する熱意を引き出す。教育の質を高めるため、ボランティア教師への業務訓練にも力を注いだ[65]。こうして教員問題の解決によって業務余暇教育の質を向上させることとなったのである。

また、山東省公私合併振業マッチ工場の労働組合では、①行政部門に協力し、調査を行い、非識字者の一掃の計画を立てる、②労働者の業務余暇学校への入学困難の解決を手伝う、③会議の削減に協力し、労働者の学習時間を保障する、④教師および労働者への思想動員を行う[66]、などを通じて、企業や行政部門に協力し、労働者業務余暇教育の発展を促し、管理責任を明確にした。こうして労働者業務余暇教育活動は、企業や行政部門の責任の下に指導することとされ、労働組合の役割は行政部門に協力するものと位置づけられた。

しかし、今までの業務余暇教育は質より量を重視してきた。そして、各レベルの業務余暇学校の中堅指導者、教員の欠乏は依然として課題であった。この意味で、全体から見ると、労働者の学習意欲を十分に満たすことができないという問題も存在していた。したがって労働者業務余暇教育活動は十分ではなく、諸課題を克服するためには、大きな困難を伴っていた[67]。

2. 合作社運動の推進に伴う農村部の識字教育施策の調整・展開

1953年農民の間における非識字者一掃運動に大きな弊害が顕在化してきた。それは折から始まった第1次5カ年計画に呼応して突撃的に非識字者一掃を行うという計画であった。それは1952年から全国的に普及されていた「速成識

字法」の力を借りて、生産から引き離しても文字を教えるという教育を強行しようとするものであった。

（1） 政策文書に見る識字教育の基本方針

1953年になると、第1次5カ年計画の策定が着手されると、一方で「速成識字法」が推進され、非識字者一掃の活動が大規模に展開されるようになった。その後に指導者たちは、「指導上において、その役割を誇張し、計画も大きすぎ、盲目的な偏向も見過ごせない」[68]、という認識を示しており、「速成識字法」の実施に当たる偏向を是正するべく識字運動は調整期に入ったといえよう。

1953年10月に公表された毛沢東の「過渡期の総路線に関する指示」によれば、政府の農村での活動目標は、農業の社会主義的集団化を実現することであった。中国の具体的条件から見ると、この目標を達成するために、大々的に発展してきた互助組を基礎として、部分的な集団所有制の協同組合を経て、集団的所有制の高度な協同組合へと展開していく[69]ことになった。この運動の中で、農民全体の文化を高め、彼らに社会主義の思想を啓蒙し、文化的教養のある人間にさせることが要求された。つまり、個別経営の時期と異なり、協同組合を効果的に経営するためには、どうしても読・書・算の知識が必要になる。1956年に全国的な農業集団化が完成し、農民の識字化要求の高まりを迎えた。とくに周恩来首相の「科学文化の現代化にむけて進軍しよう」[70]という呼びかけに応えて、再び大規模な識字運動が展開された。同年2月、全国非識字者一掃協会の成立と3月29日の国務院の『非識字者一掃に関する決定』[71]の公布によって、全国規模の非識字者の一掃活動が再び展開されるようになった。

1955年6月2日に国務院によって公布された「農民業務余暇文化教育に関する指示」[72]において、教師不足、盲目盲進の欠陥を克服し、非識字者一掃の大衆コースをとり、社会主義建設に奉仕しようとすることが提起された。1956年2月、教育部は全国各地の教育行政部門に各レベルの非識字者一掃協会を設立することを呼びかけた。協会は半官半民の組織で、従来からある各団体、例

えば青年団や婦人会などがそれぞれ独自に立てていた非識字者一掃の計画を統合し、各団体からの代表が共同で運営する組織であった。協会の任務は、知識人、識字者に呼びかけ、非識字者の一掃に参加してもらうこと、非識字者に呼びかけ、非識字者一掃の学習に参加させること、工鉱業企業・農業・手工業生産協同組合その他を援助して学習を組織させること、各級人民政府を援助して、非識字者一掃のための教師を養成させること[73]、などである。協会の末端組織は郷（村）、街道非識字者一掃協会で、その上級組織が市轄区・直轄市・自治区・省非識字者一掃協会であった。

そして、『非識字者の一掃に関する決定』では、「非識字者を一掃することは、社会主義建設にとってきわめて重大な政治的任務の一つである」ことが強調された。さらに、この決定により、「1956年から国家の社会主義工業化と農業合作社の進展を密接に結びつけ、各地の実情に従って、5年または7年のうちに非識字者の一掃を基本的に実現させる」という目標が定められた。また、「実際と結びついた、役に立つものを教える」という原則で農民は1,500字、労働者は2,000字を習得すること、教師はあらゆる国民各層から求め、大衆の中から自発的に参加してもらうこと、計画性をもたせ、強制割り当てを避けること、最低年学習時間240時間を学生の一人ひとりに保証すること、多様な組織形態の提唱などの非識字者一掃の基準、方式の規定からすれば、非識字者一掃の大衆コース化を促し、ひいては社会主義建設への奉仕をより確かなものにすること、などが取り組まれた。

さらに、『決定』では識字運動対象者の年齢を14〜50歳とし、50歳以上のものでも意欲のあるものは歓迎するとしていた。参加者にも優先順位がつけられ、共産党員、共産主義青年団員、幹部、青年および各建設の前線の積極分子が、「自覚的積極的に学習に参加しなければならない」とされていた。そして工場・鉱山・企業の職員労働者は95％ほど、農民は70％以上が識字者となれば「基本的」に目標は達成されたものとしていた。つまり、都市と農村の社会的文化的格差の存在、言い換えれば識字運動開始の出発点におけるハンディの大きさの違いをはっきりと認めていたのである[74]。

実践的な見地から、上述のような大衆の学習意欲の高揚と各レベル幹部によ

る識字教育の重視は、識字教育運動を順調に展開させる原動力となった。ただし、識字教育には、それぞれの地域の現実性に基づいて計画を立てることが必要であり、識字教育の目標設定が高すぎたり、急ぎすぎたりするなど[75]、農民の抱える社会現実に対する認識の甘さから識字教育実践へ適切な指導がなされなかったという限界も孕んでいた。

また、非識字者一掃の活動を順調に実施し、非識字者一掃活動に内包された消極的、盲目的現象を克服するために、1956年6月8日付『光明日報』に「当面の非識字者一掃における二つの偏向是正について」の社説、および1956年10月12日付『人民日報』に「非識字者を積極的、着実に一掃する」の社説がそれぞれ掲載されて、問題の是正が図られた。1953年のような失敗を繰り返さないように努力している。

（2）　組織形態と内容に見る識字教育

第1次5カ年計画が始まると、民校（通年農民業務余暇学校の略称）は新たな任務に直面した。それは農民に単に文字を教えるだけではなく、農業の集団化について教育し、過渡期の全般的方針についても教育するという任務であった。1955年6月2日、国務院は「農民業務余暇教育の強化に関する指示」[76]を公布し、「事実は、よき農業生産合作社が不断に農業生産を高めようとする際に農民の文化水準が低いということは少なからざる困難を伴っていることを証明している。社会主義は大量の非識字者の基礎の上にはできないことを知らなければならない」と指摘した。そして、その組織と内容に関して、次の要点を指示した。①学習の組織は生産の組織と結びつかなくてはならない（例えば互助組ごと、組合ごとにサークルや学校をつくる）。②文化教育は農事の季節を十分に考慮しなくてはならない。③当面の農民の文化教育は識字教育を主にするが、高級班では常識課（政治常識と生産常識）を設ける。④文化教育を行うときには、必ず同時に政治教育を行わなくてはならない。⑤教育に当たっては「民衆が民衆を教える」（［以民教民］）という原則を貫くようにする。⑥経費は少数の専従員の支出、業務余暇教師の研究費、主要幹部の離職学習のための諸経費ならびに一定の奨励費を除いて、主として大衆自身の自発的意思によって

まかなうようにする。

　また、非識字者一掃には適切で実行に移し得る具体案をもたなければならなかった。識字教育展開の実際状況に即して、その組織形態においては、前記の民校のほかに、「書記員学習班」、識字グループ、個別指導などの形式もあった。「書記員学習班」は合作社の発展に従い、とくに会計や書記員の文化レベルの低い合作社においては、合作社の会計や書記員を対象とし、速成の方法を採用し、会計の業務、および書記に必要な文字や算術などを身につけさせるものであった[77]。識字グループは農民業務余暇文化学校の補佐形式の一つであった。この識字グループは生産分散の状況に応じるものであり、農村にとくに適した方法であって、小中学校の卒業生を教師や組長にし、責任をもって指導に当たらせた。例えば、遼寧省瀋陽市郊外のある村では、その高等小学校の卒業生が自分の部屋を教室にして隣近所の人々に字を教え、冬と夏の期間だけで5人の非識字者をなくした[78]という。個別教学は識字者を動員して、一対一、または一対多数という形で、非識字者の勉強を世話するということであった。ある統計によれば、集団教育と分散教育の状況は表3-7に示したとおりである。

表3-7　農民業務余暇教育の教育組織形態（1955～1956年秋の統計）

地　区 （県、郷、社）	集団教授の 全体の中での比率	分散教授の全体の中での比率		
		グループ	個別教授	合　計
陝西耀県	46.9	12	41	53
河北遵化県	54.4	32.1	13.5	45.6
山西新絳県	55.5	26.9	17.5	44.4
合　計	53.2	27	19.6	46.6
遵化西舗郷	33.2	51.8	14.9	66.7
遵化小厂郷	50.5	44.1	5.2	49.3
高平米山茂乐社	52.8	11.1	36	47.1
昌図小山郷	57.6	37	5.3	42.3
昔阳思乐郷	60	18.9	21.9	40.8
昌図泊林向阳社	65	18.8	16.2	35
合　計	54	32.4	13.2	45.6

出所：農村掃盲工作座談会「総合材料」『掃盲通訊』（農民版）1957年4月号（p.58）より、
　　　筆者作成

3. 識字教育実践における問題とその解決策への探求

　前記で見たように識字教育は提起されてから各地で計画的に進められ、労働者の政治・文化レベルは向上され、労働者の生産に参加する積極性と創造性を高めることに貢献した。しかし、農耕時期になると識字学習の参加者が減少、「回生」現象が顕在化する[79]など、さまざまな阻害要因が指摘されるようになってきた。また、生活実態に即した農村における識字教育の主な参加者は青年であった。それは、青年男女が壮年男女と比べて主要な労働力ではなく、家事の分担も少なく、しかも新しいものを受け入れる適応力も優れているからだと考えられる[80]。他方では、教師の不足、または農民自身の認識と幹部の認識の不足でうまく展開されていない地域も存在していた[81]。これらの問題の解決法が各地の実践によって模索されることとなる。

（1）山東省莒南県高家柳溝村の識字教育実践とその影響

　識字教育には人々にとって理解し、習得しやすい方法と内容が必要である。ここでは、識字教育の実践例として、莒南県高家柳溝村における青年団支部によって行われていた書記員学習班を取り上げ検討する。この実践は大々的に宣伝され全国で注目された。その方法を簡単に言えば、識字の三歩教材を編集し、3段階に分けることによって、当面のさしせまった生産協同組合建設に必要な字から教え、地方ごとに独自の計画を立てるというものであった。第1段階は、その村、郷の人名、地名、合作社名、道具名、農業に関するものの名称、数詞、量詞などの必要な語彙を学習、約2,300字である。このような教材は合作社の幹部が当地の知識人と協力し、所属合作社の必要に応じて編集する。教育行政部門の審査を必要とせず、合作社ごとに1冊ずつ編集した。第2段階は、教育内容を所在県における常用語を中心に、適宜に全省ないし全国の常用語などを取り入れ、数百字の教材を編集する。このような教材は県が当地の知識人を組織し、編集する。これは、省級教育機関の審査が必要であった。第3段階は、所在省におけるよくある物事と通用語を中心に、全国的によくある事物と日常用語を適当に取り入れ、省級レベルの教育機関によって、編集さ

れた[82]。つまり、すべての教材が、各地方、人々の日常生活、生産活動などと緊密に結びつけられる形式で編集された。

このような実践が報道されると、これを見た毛沢東は、この経験は大変良いものであるので、全国的に推進せよ[83]と、指示を出した。その後、1956年に公布された『非識字者一掃に関する決定』の中で明らかにされ、全国的に推進されるようになった。つまり、学習に参加した非識字者たちが各条件に応じた教科書を持てるように、各県人民委員会の教育部門や青年団、その他関係部門が各県の『模範教科書』を編纂したのである。こうして農民の学習熱を冷ますことなく、比較的短時間に学習の成果を上げることが可能となった。その他、県の関係部門はまた読み書きのできる人々を動員し、村や協同組合へ深く入り込ませ、教科書編纂の援助と指導に当たらせた。例えば、山西省洪趙県では3つの中学校の1,800余名の学生を動員して95の組に分け、95の村へ送って、1、2日のうちに476冊の『労働日記入用識字教科書』をつくった[84]。こうして農民の必要としている教科書は適宜提供できるばかりか、教科書の形式や教科書の用語も生活に密着したものにされた。教科書の内容も一歩一歩高められていった。

（2） 遼寧省沙坨村の識字教育実践

沙坨村は遼寧省復県に位置する小さな村である。建国当初にこの村では記帳ができる人は1人もいなかったが、1955年8月までに、村の幹部と青・壮年は皆識字者になった。沙坨村の識字教育はおおよそ下記のような3つの段階に区分することができる。第1段階には冬学は主に政治学習であり、文化学習はあまり重視されておらず、識字教育の効果も現れていなかった。第2段階には速成識字法の展開によって文化学習のブームが引き起こされた。とくに農業生産合作社が創立された第3段階には、沙坨村の識字教育活動はある経験を積むことができた。ここでの経験というのは、以下のとおりである。

第1に、人々の生産活動や生活実態によって多種類・多段階の識字教材を提供し、役に立つ学習形式を採用することである。普通の人々はほぼ業務余暇文化学校を通じて勉強する。業務余暇文化学校の勉強に通うことができな

ても、いくつかの識字クラスに分けて勉強することができる。仕事で多忙な村の幹部は、一時的に生産からはなれて県によって行われた「幹部脱産識字教育班」で集中的な学習方式をとる。集中学習にも参加できない幹部に対しては、個人教授の方法が行われた。また、村の共産主義青年団によって図書室が設立され、書籍や新聞の閲覧を通して、民衆の文化レベルと政治レベルの向上を図る。

　第2に、学習、生産、会議の間の時間の矛盾が適切に解決された。農村部において、学習時間、生産時間および会議時間をうまく把握できないことがしばしばおこる。沙坨村でもこのような問題に悩んでいた。後に、村の党支部と農業生産合作社の協力で、会議と学習の時間を統一的に手配することができた。つまり、会議は夜学を妨げないこと、生産会議は昼間の休憩時間を利用し、回数は少なく短い形で開くこと、党と青年団の会議は、土曜日夜の政治学習後の時間を利用し開くこと、社員大会や支部大会は日曜日の夜に開くこと、などである。こうして月～金曜日までの夜の学習時間を保証することができた。

　第3に、教育の質を高めるためには優秀な識字教員を確保しなければならないことである。

　第4に、幹部の重視とともに、実際行動などの適切な指導が確立されることである[85]。こうした農民の実際状況を踏まえ、沙坨村では、識字教育活動が順調に展開された。

（3）　山西省平順県試験農業生産協同組合民校の実況分析[86]

　山西省平順県試験農業生産協同組合は1951年に結成され、とくに1953年以降は国家の過渡期における総路線と総任務の宣伝教育に当たっていたのであるが、これらの学習活動を行っていく中に、だんだんより専門的な学習活動を行う必要が生じ、ついに1954年、民校の開校を見た。

　① 問題点

　開校後、いろいろな問題も現れてきた。主要な問題点が以下のようである。

　まず、農業生産協同組合成立の後、村の主要な幹部や積極的な人々は皆これに入ったのではあるが、組合内における思想動員や組織活動が忙しく、民校は

あたかも指導者がまったくないような状態であった。

次に、民校の学習時間と組合内の生産活動や会議の時間とがかち合って蛇蜂取らずになり、西溝村の1953年12月の統計によれば30人の受講生中14人、しかも幹部や労働小組長などが1カ月内に3回も欠席し、そのうち3人は13回も休んでいた。

さらに、民校の教育内容は組合が必要とするものと必ずしも一致しなかった。例えば民校があまりにも文化教育を強調し、政治教育を軽視していたため、組合の支持を受けることができず、だんだん弱体化してしまった。

また、民校に常に存在している問題として、教師の待遇と民校経費などの問題が解決されずにいた。

② 対策とその結果

ここでは、県下西講村農林牧畜生産協同組合の状況について見ていく。

第1に、民校を協同組合が指導することによって、組合の事業の一部として扱うようにしたことである。すべての主要幹部が皆生産と学習を管理することを規定した。文教科は毎月1回会議を開き、民校の活動の執行状況を検査し、会員小組（班）は毎月の生産活動検査会議の席上、学習状況も検査することになった。

第2に、民校の教授時間も協同組合の全体計画の中に取り入れられ、季節に応じて統一的に組まれるようになった。例えば1954年旧暦4月の時間割は10の日には会務委員会、5の日には組合員代表会あるいは農業技術研究会、2の日、8の日は組合内の政治教育とし、その他に4回の臨時会議を予定している。会が開かれない日には組合員を組織的にラジオを聴取するようにし、その他の時間を文化学習時間としている。かくて総計毎月20回、毎回の学習は1時間半とし、会議のため参加できないものには補講を行うなど、生産と学習を結びつけている。

第3に、学習内容を生産と結びつけて活動を行うようにし、教育の中に組合員意識を連携させたことである。例えば、政治課程において、1954年には建設公債の購入、食糧の予約購入、養豚などの奨励を採り入れ、民衆を教育し、その政治意識を高める。過去において民校の政治課程には専任の責任者がな

かったのであるが、現在は組合の幹部が授業のたびにその講義内容を検討し、専門家を招いて講義をする。文化課程では、受講者の要求と生産活動上の必要から、算術・技術・簿記の科目を加えるなどを行ったのである。

　第4に、組合において業務余暇教師の代替労働ならびに民校の経費問題を解決した。業務余暇教師の代替労働の問題も、組合が民校を管理するようになって、業務余暇教師の1年間の教授による農業労働の停滞分として40労働日の収入に相当する約300斤の米を組合内の公益金から支出し、民校経費も組合内の公益金によって統一的に解決を図るに至ったのである。

（4）識字教育活動に対する影響要因の分析

　前記のような当時の実践記録は、全国に宣伝・啓蒙するために誇張したり美化している側面もあると考えられる。識字教育活動の展開の状況とその効果が、多くの要因に左右されていることは言うまでもない。前述の内容を踏まえ、既述した筆者のインタビュー調査の結果を加えることによって、当時の識字教育活動に対する影響要因は、以下のようにまとめられる。

　まず、識字教育活動の展開は農業生産合作社の組織管理、経済状況などに関わっていると考えられる。例えば、山東省莒南県高家柳溝村や遼寧省沙坨村の識字教育実践などから見ると、農業生産合作社の経営管理が順調に行われ、農民の生産と生活が比較的安定するようになり、識字教育活動も展開することができた。

　次に、幹部の識字教育の重視、民衆学校教育の基礎の状況、優秀な識字教員の確保なども、識字教育に深い影響を与えたと考えられる。

　さらに、農業生産の展開に伴う農耕活動の進展も識字教育活動に直接関わっていると考えられる。つまり、農耕時期によって、学習組織の展開、学習人数の多少が異なっていた。

　また、民衆の識字教育への志向性、学習要求と学習に参加する条件によって、識字教育の展開状況に影響を及ぼすと考えられる。詳細は次のとおりである。（表3-8参照）第1類型では、大部分の青年男女、部分の壮年男子や少数の壮年婦人、および比較的仕事に余裕がある幹部たちは、学習要求が強く、家

表3-8 識字教育における各種類型の人々の全体の中での比例
(%)

地区（県）	第1類型の比例	第2類型の比例	第3類型の比例
河南密県	40.9	35.6	23.3
遼寧昌図	42.5	32.6	24.8
陝西耀県	46.9	12	41
山西新絳	50.8	24.7	24.5
河南長葛	51	32.1	16.8
河北遵化	54.4	32.1	13.4
平均	47.26	31.2	21.2

出所：農村掃盲工作座談会「総合材料」『掃盲通訊』（農民版）1957年4月号（p.57）より、筆者作成

事などの負担も軽く、学習に専念する時間も比較的多い。統計によると、これらの人々は非識字者総数の約50％を占めている。第2類型では主要な労働力である壮年男子、仕事の負担が重い幹部、子どもの数があまり多くない婦人などは、家事も仕事も忙しく、学習に参加する際の困難が多い。これらの人々は非識字者総数の約25～30％を占めている。第3類型では、子どもの多い家庭婦人、主要幹部、流動性のある生産人員などで、仕事や生産や家庭の負担が多く、時間が取れないために、学習に参加する条件が最も悪い。これらの人々は非識字者総数の約20％を占めている。第2類と第3類の人々は第1類の人々と比べて学習に参加する条件が悪いにもかかわらず、農民の実際状況を踏まえ、役に立つ学習形式の採用、国民の生産活動や生活実態に基づく多種類・多段階の識字教材の提供、各自の要求と利益に基づく識字学習の展開などを確立することによって、識字教育活動は一定の成果を上げられた。

小　結

　1953年からの第1次5カ年計画期において、教育は、ソ連の経験を直輸入した重工業優先の計画経済と歩調を合せたものであった。とくに、その建設の主体をなす高級・中級技術者の育成が重視され、教育の広範な普及よりもその要員確保のための公立学校を中心とした質の充実・向上が図られていった。そ

して、本章で見てきたように、第1次5カ年計画の実施に伴い、学校教育の整備拡充とともに、労農業務余暇教育計画の重要性も併せて指摘された。そして、労農教育の展開が教育の質の重視と正規化の方向を示した。

まず、産業労働者と労働模範の労農速成中学への入学を積極的に促進することがその現れであった。そして、基幹要員を速成するために就学期間が短縮されたこと、および組織や体系、カリキュラムはその時々の状況に合わせ、適切な体制がとられた。これらの措置はこれまで冷遇されてきた労農プロレタリアートを社会主義国家建設の重要な基幹要員として早急に育成するためであった。同時に国力伸張を図るための多面的能力の養成が必要であったといえる。つまり、中国の国家建設の方針が旧ソ連の影響を受け、重工業重視であり、そのための人材の速成が中心的課題となった。

次に、その質の向上の方策の展開は、この時期における労働者業務余暇教育の全面計画の制定と指導の強化からも見られる。とくに、労働者業務余暇学校の教育目標は、同レベルの普通学校と基本的に同様であるべきことが指摘されていた。

また、この時期の教育全体で見過ごせないことは、高度の計画性と、その計画を突き破る大衆のエネルギーとの劇的な葛藤である。この時期には普通教育、労農教育の面では、大衆自身のもつエネルギーの十分な利用を図らなかったという、政策の誤りから、非識字者一掃、児童就学率、民営小学校、農村文化施設が伸び悩む状況が現れた。こうした現象の底にあったのは、誤った質的向上を目指す「正規化」の思想であったといえよう。すなわち、あらゆる文化・教育施設は、国家によって国家の経費で行われなくてはならないという考え方であった。そして、こうした問題の解決法が次の大躍進期に模索されるようになった。

第3章　文化教育と生産教育の結合としての労農教育体系の展開期　*147*

〈注〉
1) 第1次5カ年計画の1年目にあたる1953年度の国家予算によれば、経済・文化建設費は支出総額の60%以上を占め、そのうちの44.34%が国民経済建設費に当てられている。1954年度の国民経済建設はさらに重工業を第1位においており、その建設目標の中には、21カ所の鉄鋼および有色金属工場ならびに化学工場と、24カ所の大型機械工場、24カ所の火力発電所および水力発電所の新設または改築、それに新線11本の建設によって鉄道600余キロを開通することなどが含まれていた。劉寧一『中国の労働者階級は第1次5カ年計画実現のために奮闘している』『人民中国』1953年創刊号、p.6。
2) 1949～1952年の経済復興期においては、共産党指導者たちは、政治的動員と予備的な社会改革を支えるための全面的な動員が新しい体制の制度化に先立って行わねばならない、と決定したのである。この課題への基本的な手段は一連の大衆運動であり、それぞれが特定の政治的もしくは社会的な争点の攻撃と中国共産党指導下の民衆的な資源の動員という2つの目標を同時に目指すものであった。建国まもない中国は翌1950年6月、朝鮮戦争の勃発に直面し、中国も再び臨戦体制を余儀なくされ、全国的な抗米援朝運動が展開された。こうして朝鮮戦争により、米中対決というアジアの冷戦の基本構造が作られた。そして1951年初頭から開始された三反・五反運動、旧社会の遺物を一掃するための広範な思想改造運動、人間改造運動が次々に展開された。こうして経済復興期では、これらの運動は間断なく続き、ほとんどすべての市民を何らかの形で巻き込んでいった。
3) 「中華全国総工会関於学習、宣伝与貫徹過渡時期的総路線的指示」『新華月報』1953年第12号、pp.78, 79。
4) 「建設幹部の養成についての問題」日本国際問題研究所・中国部会編『新中国資料集成（第4巻）』日本国際問題研究所、1970年、pp.458-460。
5) 同上。
6) 同上。
7) 同上。
8) 解放後における各級学校の普及については、次頁の表3-9に示したとおりである。
9) 第2章の表2-2を参照。
10) 「人民の物質的生活と文化的生活の水準を引きあげることについての問題」日本国際問題研究所・中国部会編、前掲書、pp.462, 463。
11) 同上。
12) 同上。
13) 実は、政治協商会議で公布された『共同綱領』には「すでに土地改革が徹底的に実現された地区においては、人民政府は農民および農業に従事しうる労働力を組織して、農業生産とその副業を発展させることを中心任務とすべきであり、また農民を導いて、一歩一歩、自発的意志と互いに利するという原則に基づいて、各種の形態の労働互助および生産合作を組織

表3-9 解放後・各級学校の発展

(単位:万人)

	大学・高専	中等専門学校	中学・高校	小学校
解放前最高年	15.5	38.3	149.6	2,368.3
1949	11.7	22.9	103.9	2,439.1
1950	13.7	25.7	130.5	2,892.4
1951	15.3	38.3	156.8	4,315.4
1952	19.1	63.6	249.0	5,110.0
1953	21.2	66.8	293.3	5,166.4
1954	25.3	60.8	358.7	5,211.8
1955	28.8	53.7	390.0	5,312.6
1956	40.3	81.2	516.5	6,346.4
1957	44.1	77.8	628.1	6,427.9
1958	66.0	147.0	852.0	8,640.0

注:1958年各地に大量の農業中学とその他職業学校を設立、在校学生数は200万人に達した。大学高専の数字には大学院数は含まない。

出所:中国国家統計局『偉大的十年』人民出版社、1959年、p.170。

すべきである」と認識された。

14)「中国共産党中央委員会関於農業生産互助合作的決議(1953年2月15日)」史敬棠その他編『中国農業合作化運動史料(下冊)』生活・読書・新知三聯書店、1959年、pp.3-12。

15) 毛沢東は、今日、広範な農民が、党の指導の下に、しだいに社会主義への道を進んでいきたいと望んでいること、党は農民を指導して、社会主義への道を進ませることを確信しなければならないこと、この2つの点が当面の状況の本質であり、主流であるといい、この確信に立った指導の強化こそが、3つの5カ年計画の間に社会主義を打ち立てる事業の基礎である、と強調している。周知のように、われわれにはすでに労農同盟が存在しているのであって、これは、帝国主義と封建主義に反対し、地主の手から土地を取り上げて、これを農民に分け与え、農民を封建的所有制から解放したブルジョア民主主義革命の土台の上に打ち立てられたものである。しかし、この革命はすでにおわり、封建的所有制はすでに一掃されてしまっている。今農村に残っているのは、富農による資本主義的所有制と、大海原のような単独経営の農民による私有制である。(したがって、新しい革命は)社会主義的工業化を一歩一歩実現し、手工業にたいし、資本主義的商工業に対して社会主義的改造を一歩一歩実現していくと同時に、農業全体に対する社会主義的改造を一歩一歩実現していくこと、すなわち、協同化を実行し、農村における富農経済の制度と、単独経営経済の制度を一掃して、すべての農村の人民をともに豊かにすることである。……今から見通しておかなければならないのは、まもなく農村には、社会主義的改造を目指す全国的な高まりが現れようとしており、これは避けられないということである。「関於農業合作化問題」史敬棠その他編、前掲書、

第 3 章　文化教育と生産教育の結合としての労農教育体系の展開期　*149*

　　pp.28-46。
16)　竹内実監修　中国研究会訳　解題注釈『毛沢東選集』第五巻〈第Ⅰ分冊〉三一書房、1977年 12 月、pp.32, 33。
17)　海後勝雄編著『社会主義教育の思想と現実』お茶の水書房刊、1959 年、p.176。
18)　『政務院関於整頓和改進小学教育的指示』(1953 年 11 月 26 日政務院第 195 次政務会議通過) 何東昌主編、前掲書、pp.263, 264。
19)　「1953 年以来、中・小学校の卒業生で進学不能の人数がしだいに増加した。この進学不能の学生の進学と学習意欲は極めて強烈であり、すでに農村に帰り、農業生産に参加している卒業生がひきつづき教養を高めたいという切迫した要求もあった」という。『大量発展農業中学』『人民日報』1958 年 4 月 21 日。
20)　小林文男編『中国社会主義教育の発展』アジア経済研究所、1975 年 2 月、pp.55, 56。
21)　速成識字法とは、解放軍の軍士祁建華により発明された、注音字母を発音記号として用い、150 時間に 1,500 〜 2,000 字を教えるという画期的方法であった。
22)　「大区文教委員会主任会議」(1953 年 1 月 13 日〜 24 日)『中国教育年鑑』編輯部編『中国教育年鑑 (1949 〜 1981)』中国大百科全書出版社、1984 年 9 月、p.577。
23)　『中国教育年鑑』編輯部編、前掲書、p.577。
24)　「掃盲工作的情況和問題」『中国教育年鑑』編輯部編、前掲書、p.577。
25)　「掃除文盲工作必須整頓」『人民日報』1953 年 4 月 9 日。
26)　その原因としては、解放軍生活の中で育った速成識字法を、全国的な非識字者一掃運動に機械的に適用し、学習者を一時的には生産現場から引き離してでも非識字者一掃活動を強行する、という乱暴な方法がとられたため、識字運動と大衆の生活状況・生産活動との矛盾が鋭くあらわれ、結果的には、かえって非識字者運動の勢いをそぐことになった。高い政治的自覚に支えられた高度の集中性と規律性を本領とする解放軍内での突撃的識字運動を、まだ個別経営の習慣にとどまり、分散性を根強くもっていた農民の間に無理にもち込んだことであった。
27)　中国研究所編『中国年鑑 (1956 年)』石崎書店、1957 年、pp.464, 465。
28)　『中国教育年鑑』編輯部編、前掲書、p.577。
29)　中国国家教育部档案 (保存書類)、1953 年永久巻、第 27 巻。
30)　大行政区制度は中華人民共和国成立当初に採用された制度である。華北区、東北区、西北区、華東区、中南区、西南区、内モンゴルなどからなっているが、1954 年 6 月の政府委員会で解消することを決定され、着々と実行に移された。
31)　「高等教育部、教育部関于 1954 年工農速成中学招生工作的指示」何東昌主編、前掲書、p.319。
32)　「教育部、高等教育部関于工農速成中学停止招生的通知」何東昌主編、前掲書、p.480。
33)　例えば、当時の国家建設に最も必要な理工系の人材養成状況から言えば、1956 年の大卒

者は2万2,047人であり、1949年の6倍になった。中等専門技術学校卒は4万4,983人であり、1949年の8倍になった。『中国教育年鑑』編集部編、前掲書、1984年、p.971、p.984。

34) 半労半学とは、生産労働と教育を結びつけ、頭脳労働と肉体労働の両方に対応できる新しい人材養成のあり方を意味しており、基本的には都市部における工場や職場で働きながら学ぶ場合を指して使われている。

35) 『中国教育年鑑』編集部編、前掲書、p.686。

36) 1953年の夏休みまで、卒業生のいる19校の労農速成中学において、1950年に3,201名の新入生を募集したが、実際に卒業したものはわずか1,680人であり、入学者数の52.5％にとどまっている。中退、休学、留年などは1,521人であり、入学時人数の47.5％を占めていた。その主要原因としては、1950年の学生募集時において募集条件に達していなかったということである。したがって文化的なレベルの低い者、または病気にかかっている者を入学させていた。「労農速成中学教学工作総結（草稿）」中国国家教育部档案（保存書類）、1955年長期巻、第25巻。

37) 何東昌主編、前掲書、p.224。

38) 中央教育部工農速成中学教育処「五年来的工農速成中学」人民教育社編『人民教育』雑誌、新華書店発行、1954年11月号、p.35。

39) 「高等教育部、教育部関於1954年工農速成中学招生工作的指示」何東昌主編、前掲書、pp.319, 320。

40) 中国は1953年から本格的な社会主義建設に着手した。そして1953年10月の毛沢東の「過渡期の総路線に関する指示」の公表は、この時期の社会主義建設の基本方針となったものであり、そこで毛沢東は次のように述べている。「中華人民共和国の成立から社会主義的改造の基本的達成までが、ひとつの過渡期である。この過渡期における総路線と基本任務は、かなりの時間をかけて、国の社会主義工業化を順次に実現するとともに、農業・手工業・私営工商業にたいする国家の社会主義的改造を、次第に実現することでなければならない」。

41) 「関於工農速成中学現存問題和今後工作任務的報告」中国国家教育部档案（保存書類）、1955年永久巻、第19巻。

42) 「高等教育部、教育部頒発工農速成中学第一、二、三類教学計画修訂草案」何東昌主編、前掲書、pp.235, 236。

43) 「工農速成中学教学工作総結（草稿）」中国国家教育部档案（保存書類）、1955年永久巻、第19巻。

44) この節の内容は、論文執筆者の『難忘的歳月』を整理したものである。董玉良　宋鎮修郭燕主編『難忘的歳月』黒竜江人民出版社、1996年12月。

45) 同上書、pp.28, 29。

46) 同上書、pp.52, 53。

47) 同上書、p.59。

第3章　文化教育と生産教育の結合としての労農教育体系の展開期　*151*

48)　同上書、p.149。
49)　同上書、pp.93, 94。
50)　同上書、pp.115-118。
51)　同上書、pp.27-33。
52)　同上書、pp.60-64。
53)　同上書、pp.143-145。
54)　同上書、p.43。
55)　同上書、pp.56, 57。
56)　同上書、pp.152-154。
57)　同上書、pp.160-163。
58)　蔵永昌編、前掲書、p.255。
59)　「教育部、掃除文盲工作委員会、全国総工会函発職工業余文化教育工作予備会議所討論的幾個問題的報告」何東昌主編、前掲書、pp.314, 315。
60)　日本国際問題研究所・中国部会編『新中国資料集成第4巻』日本国際問題研究所、1970年、pp.458-460、p.463。
61)　「ここ数年来、業務余暇の大学と実業学校教育は、一部の地方ではある程度発展をとげており、各種の大学に附属した夜学と工場・鉱山企業が独自に経営している夜間大学は合計42校、大学に附属した通信教育部が7つ、中等程度の夜間工業学校は30校にのぼっている。このほかに、各工場・鉱山企業で経営している従業員の業務余暇中学と小学校は1万以上ある。1954年の統計によれば、業務時間外の学習に参加している従業員の数は、全国で290万人あまりに達し、1949年の全国解放当時に比べ、11倍あまりとなっている。鞍山鋼鉄公司などのような大きな工場、鉱山では、小学校から大学までの業務余暇学校が全部揃っており、数万にのぼる従業員がここで勉強している」という。「百万の建設人材を―第1次5カ年計画と働き手の養成―」『人民中国』1956年第3号。pp.14-16。
62)　「1955年中国工人運動的発展状況」新華半月刊社編刊『新華半月刊』第84号、1956年5月。
63)　中国研究所編『中国年鑑』石崎書店、1957年、p.384。
64)　撫順鉱務局教育科「撫順鉱務局職工業余学校経験介紹」『人民教育』1955年5月号、p.49。
65)　山東省教育庁編『職工業余教育資料』山東人民出版社、1956年、pp.3-5。
66)　山東省教育庁編、前掲書、pp.6-9。
67)　例えば、当時の瀋陽市では、351カ所の業務余暇学校のうち、15人の専任校長、77人の教学主管しかおらず、専任教員も641名の不足という状況であった。教育部工農教育視察組「東北三省工農業余教育工作的視察報告」内部刊行物『掃盲通訊』第8号、1956年、p.8。
68)　蔵永昌編『中国職工教育史稿』遼寧人民出版社、1985年、p.255。
69)　日本国際問題研究所・中国部会編、前掲書、p.131。

70)「政治報告－全国正協二届二次会議上的報告」『人民日報』1956年1月31日。
71)『中国教育年鑑』編輯部編、前掲書、p.577。
72)「国務院関於加強農民業余文化教育的指示」何東昌主編、前掲書、pp.467, 468。
73)「中華人民共和国全国掃除文盲協会章程」何東昌主編、前掲書、pp.585, 586。
74) 三好章「現代中国の識字運動とその成果」早瀬康子編『中国の人口変動』アジア経済出版会、1992年2月、p.213。
75)「中華人民共和国全国掃除文盲協会章程」何東昌主編、前掲書、pp.585, 586。
76)「中華人民共和国国務院関於加強農民業余文化教育的指示」国家教育委員会成人教育司編『掃除文盲文献滙編』西南師範大学出版社、1997年、pp.305-309。
77) 胡耀邦「関於農村掃除文盲工作」『為社会主義建設開展掃盲工作』中国青年出版社、1956年、p.15。
78) 青年団遼寧省委宣伝部編『掃盲戦線上的能手楊素栄』遼寧人民出版社、1956年、p.28。
79) 中国文字の難しさもあって、今年覚えた文字を次の年には完全に忘れ、再びふりだしに戻ってしまうという現象である。
80) 河北省掃除文盲工作委員会「農村中要求学習的有哪些人」内部刊行物『掃盲通訊』第1号、1953年、pp.50-53。
81) 教育部工農教育視察組、前掲報告（pp.3-11）にも見られる。
82) 胡耀邦、前掲論文、pp.16, 17。
83) 毛沢東著『毛沢東著作選読』北京人民出版社、1966年、p.158。
84) 林漢達著『掃盲教学講話』通俗読物出版社、1957年、p.37。
85) 南峯編『沙坨村的掃盲工作』通俗読物出版社出版、1956年6月、pp.5-14。「一個村的掃除文盲工作調査」『為社会主義建設開展掃盲工作』中国青年出版社、1956年、pp.54-59。
86)「山西平順県試行農業生産合作社弁民校的経験」『人民教育』1955年8月号、pp.28-30。

第 4 章

大衆路線方針の提出と労農教育体系の「大躍進」期

　本章では、1957～1960年までの「労農教育体系の『大躍進』期」における労農教育の政策的展開と実践の特質を明らかにする。とくに「大躍進」政策の実施に伴う中国独自の教育制度が構築されるにあたって、そこに見られる人材観の変化および当時に推進されていた半労半学制度に着目し、その内実（方針・対象・内容・方法）について検討し、その特質を明らかにする。

第1節　「教育と生産労働を結びつける」理念の登場と人材観の変化

1. 建国初期における教育展開の問題点と教育改革の要請

（1）　教育現実に見る普通学校教育発展のアンバランスと民営学校の再興起
　前章で見てきたように、第1次5カ年計画を遂行するために、中国政府は傾斜した教育施策を講じてきた。つまり、経済建設の進度に合わせて、農村よりも都市を、軽工業よりも重工業を、そして小中学校教育よりも大学高専を優先する教育計画をとり、基幹要員の養成に力を注いだ。そのため、初・中等教育とくに中等教育の発展の遅れが要員養成計画を妨げた[1]。それは普通教育が経済の進展に見合って普及するものと考えられていたからである。こうして普通教育の普及、とくに農村部での展開は、政府が積極的に推進しなかったため、農村部における進学と就業の矛盾の現象[2]をもたらしており、農民たちは自助努力による矛盾克服の方策を探ってきた。農村地区の小学校の新設は1955年以来、民営による自主運営に委ねられていた。第3章の表3-2に示し

ているように、1950～1952年にかけて、当時の経済の目覚しい復興に裏づけられ、公立学校方式、民営学校方式の両者によって発展していった。しかし、1953年になると、民営学校の生徒数は明らかに減っていく。1953年11月、教育部によって公布された「小学教育の整備と改善に関する指示」は教育の質的向上と量的発展の問題を論じ、小学校5年一貫制は早くも挫折し、もとの4・2の小学教育に後退させざるを得なくなった。それは、教育行政の中に現れた「正規化」思想のためであった。このいわゆる「正規化」とは公立学校方式による教育建設のことである。また、小・中学生の進学の問題も存在している。とくに、全国各地の農村では進学の問題をめぐって親や青少年たちの不満が爆発した。こうした中で農業共同化運動の高揚に伴い、1955年下半期からヤミ学校といわれる学校の建設が農村部の民衆の手によって自主的に行われた[3]。「このような学校は、その地域ですぐに役立つ会計員・書記・記工員などの協同組合に不可欠の人材をまかなえることになり、成人非識字者の教育にも一役買えることになったために生産性が非常に伸びた」[4]とヤミ学校発展の必然性があったと考えられる。つまり、このような学校は国家経費を大幅節約できる現実的利益があると同時に、農業協同化の要求にも応じうる機能をもっていることでもあった。

ところが、民衆の教育に対する関心が高まり、民営小学校が発展してくると、中等学校の不足が問題となった。また中学校は大学への進学のためであるという考えが進学願望の強い生徒や父兄の念頭にあり、進学できなかった卒業生を不安にさせた。表4-1は建国の1949～1965年の各レベルの学校の進学率である。示したように、1957年までの小学校卒業生の進学率は高いとはいえない。大量の適齢の青少年は入学や進学ができない状態であり[5]、社会暴動を起こすという騒ぎも起こった[6]。つまり、建国初期に実施された中央集権的な教育行政計画の不備、および計画の実施を急ぐあまり、前述のような矛盾が生じてきて、計画的な養成は必ずしも円滑に行われなかったといえよう。

このように、建国初期における初等・中等教育の急激な量的拡大と父兄の進学教育重視は、学校卒業後の進路に関して重大な矛盾を生み出すことになった。こうした状況の中で、今までのソ連をモデルとした「質の向上」政策の実

第4章　大衆路線方針の提出と労農教育体系の「大躍進」期　155

表4-1　1949～1963年小学校卒業生、中学校学生募集数、進学率

(単位：万人、％)

年	小学校卒業生	中学校募集数	農業中学募集数	進学率 農業中学を含む	進学率 農業中学を含まない
1949	64.6	34.1			52.79
1950	78.3	50.1			63.98
1951	116.6	80.6			69.13
1952	149.0	124.2			83.36
1953	293.5	81.8			27.87
1954	332.5	123.6			37.17
1955	322.9	128.2			39.70
1956	405.1	196.9			48.61
1957	498.0	217.0			43.57
1958	606.3	378.3	200.00	95.38	62.39
1959	547.3	318.3	105.22	77.38	58.16
1960	734.0	364.8	95.30	62.68	49.70
1961	580.8	221.8	29.72	43.30	38.19
1962	559.0	238.3	14.97	45.31	42.63
1963	476.8	263.5	16.73	58.77	55.26
1964	567.4	286.6	88.56	66.12	50.51
1965	667.6	299.8	306.47	90.81	44.91

出所：『中国教育年鑑』編輯部編『中国教育年鑑（1949～1981）』中国大百科全書出版社、1984年、p.1001、p.1021、p.1017。

施におけるカリキュラムが批判されるようになり、労農教育、職業技術教育の重視が主張されるようになった。

　他方、これまで教育に恵まれなかった労働者・農民階級も政治的主導権の獲得により、自らの生活の向上のために文化レベルを向上させたいという要求もますます強くなってきた。しかし、当時の中国では、国家が全日制教育をすべての児童に保障するだけの財政的余裕はなく、また労働人民、とくに労働者、中下層農民の家庭もその負担に耐えられなかった。こうして社会の要求した各種各レベルの人材と合致した労働者は、単なる全日制の普通教育だけでは十分に養成することができなかった。さらに、矛盾の解決策としての教育の統一管理による画一性の打破の要求も取り上げられた。そこで、民衆の積極性、いわ

ゆる「大衆路線」を生かすような方策がとられるようになった。したがって、もともと基礎文化知識の向上は普通教育で果たすべき役割であるが、成人教育にもその補足的役割が求められた。このように、1956年社会主義改造の達成および社会主義建設の開始に伴い、1956年9月の中国共産党の第8次大会で、「全国民の主要任務は力を集中し、社会主義生産力を発展し、国家の工業化を実現して、国民の増大する物質と文化に対する需要を徐々に満足すること」[7]が国家の発展の目標になり、教育の普及・向上、つまり、労働人民を知識化することが要求された。また、その大会では、林楓が「わが国の建設人材の養成に関する問題」について書面報告を行った。報告の中で、林は「正規の大学と中等専門学校は建設人材養成の重要な場所であるが、各工場、鉱山、機関も建設人材養成の重要場所であり、こうした現場で行った業務余暇教育は内容が実際と結びつき、一種有効な学習の方式である」[8]とした。それによって労働人民知識化における業務余暇教育の必要性が強調された。

（2） 1957年前後中央指導者の言動に見る人材観の変化

社会主義改造（農業・手工業・私営工商業の国有化）の順調な展開に伴い、まもなく社会主義国家になる直前の国内の発展状況に合わせて、1956年1月には、周恩来が知識人の問題についての報告を行った。これは科学技術の非常な進歩の時代に知識人の役割が大いに協調されたものである[9]。さらに、毛沢東は「百花斉放・百家争鳴」を提唱した[10]。そして、1956年5月26日に、中国共産党中央宣伝部が開催した報告会で、党中央宣伝部長である陸定一は、「百花斉放・百家争鳴」に対する解釈の講演を行った。それは、人民の政権が強固となるに従って、人民内部の自由を拡大するためであると解釈した[11]。こうして各人に自由に意見を発表させる運動が推し進められるようになった。

しかし、国際的には1956年初めのフルシチョフによるスターリン非難[12]とその年の10月にハンガリー事件が起こった[13]。中国政府は、1957年2月27日に毛沢東の「人民内部の矛盾を正しく処理する問題について」を出して党の政策に対する反対意見に備えていたが、上記の事件を機会にブルジョア階級や保守的な知識人などの右派に対して積極的に反攻に出ることとした[14]。約

2週間後の「中国共産党の全国宣伝工作会議における講話」では、知識人問題と整風問題が主題にすえられたのである[15]。この2つの毛沢東の講話が、整風運動、反右派闘争の端をなし、1957年4月27日には中共中央委員会によって『整風運動に関する指示』が出された。この整風運動は党内における官僚主義・セクト主義・主観主義を一掃し、党員の大衆からの遊離を防ごうとしたものである。このため、整風運動を通じて民主党派や知識分子から党に対する積極的批判を求め、整風の推進を図った。しかし、整風運動は共産党の思惑を超えて拡大し、党の指導性そのものに対する攻撃にまで及んだため[16]、後に6月26日から7月15日まで開催された全国人民代表大会第4回会議は右派に対する批判の場ともなった。これ以後、反右派闘争はまた整風運動の深化へと発展し、この反右派闘争を通じて、毛沢東は社会主義社会における階級闘争の存在をいよいよ確信するようになった。これ以後の路線闘争を通じて彼の社会主義社会論が構築され、イデオロギー戦線においては「社会主義への道」が強く打ち立てられた。

そして、この反右派闘争と整風運動によって1958年に始まる総路線、大躍進、人民公社の自力更生型社会主義建設路線のための思想的な準備がととのった。右派といわれる人々は、教育行政や教育実施の面で活躍していた人が多く、この反右派闘争は教育政策の面でも大きな変化をもたらした。そのため、それを念頭におきながら今次の教育改革を見る必要があると考えられる。

前記の毛沢東の「人民内部の矛盾を正しく処理する問題について」では、社会主義中国の教育方針が提起された。それは「われわれの教育方針は、教育を受けるものを、徳育・知育・体育のいずれの面でも成長させて、社会主義的自覚をもつ、教養を備えた労働者に育成することである」とされている。そして、そこでは教育の中でも徳育、徳育の中でも政治教育を中心とすることが強調された。「正しい政治的観点がなければ、魂がないのと同じである。（中略）学校の校長・教師はなおさらこれ（思想・政治工作）に取り組まなければならない」ということである[17]。これは第1次5カ年計画期における知識重視の教育に対する反省の中から引き起こされたものであると考えられる。第1次5カ年計画期における教育の展開がソ連をモデルとした展開であったため、そ

れは同時に当時中国に対して影響の強かったソビエト教育学に対する批判でもあった。ソ連の知識・技術重視の観点から中国の思想重視の観点に切り替えられ、教育は思想改造を任務とすべきことが強調されるようになった。こうして社会主義建設期における教育の理念は、整風と思想改造の解放区の観点に立ち返っていったのである。

このように、1950年代後半には知識人が共産党を批判することが目立つようになったため、毛沢東は、知識人を労農大衆に改造するという共産党の教育目標が達成されていないことに危機感を抱いた。そこで、1957年から「反右派運動」により知識人の弾圧と思想改造を行う一方で、学校教育に労働教育を導入し、思想教育と政治運動への参加を促進する政策を推し進めた。加えて、1957年末から中・ソの友好関係に亀裂が生じた。それを契機に、教育制度・政策は、ソ連型の質的向上を重視する「専門知識志向」教育から政治思想教育や労働教育の強化を主張する「政治意識志向」教育へと転換していくことになった。

2.「大躍進」政策と「人民公社」の成立に見る人材観の変容

1956年末、社会主義的改造は基本的に達成され、社会主義建設期に入った。また、この時期の国内・国際環境の変化、とくに中ソ関係の変化によって、ソ連をモデルとした社会主義建設が批判されるようになった。そこで、中国は独自の社会主義建設への道を模索し始めた。1958年5月に中国共産党第8期全国代表大会第2回会議が開催された。この会議では、「大いに意気込み、つねに高い目標を目指し、多く、早く、立派に、無駄なく社会主義を建設しよう」[18]というスローガンの社会主義の総路線が採択された。この会議以後、「反右派闘争」および中ソの亀裂の深化と相互に影響しあい、「大躍進」が推進された。その後に「大躍進」の名の下に土法による鉄鋼生産と農村の人民公社運動が展開された。「大躍進」とは、簡単に言えば、毛沢東主導の下に、1958～1960年にかけて、ソ連をモデルとした第1次5カ年計画から離れて、人民公社の設立や大衆動員によって、鉄鋼・穀物生産などを極めて短期間に急激に増産しようとし、急進的な理想社会の実現を目指した運動である[19]。

このように社会主義建設の総路線を中心にして、それによって呼び起こされた経済建設の「大躍進」と農村の人民公社[20]の３つを結びつけて「３つの紅旗」（「総路線」「大躍進」「人民公社」という３面紅旗）といい、この時期の社会主義建設の基本方針とされている。

このように、1958年からの大躍進運動は、大規模な政治思想運動を通じて、民衆のエネルギーを動員し、それによって経済発展の促進を図ろうとした。とくに、政治思想教育が重視されるようになり、総路線の規定に基づいた「より多く、より速く、より立派に、より無駄なく」（多、快、好、省）という人材を養成するために、大衆路線に基づく中国独自の教育制度づくりが模索・推進されることになった。工農業生産の大発展に伴い、教育事業も大きく発展し、政府は、非識字者一掃と業務余暇学習の展開をすると同時に、自らに相応しい社会主義教育のあり方を模索し始めた。1958年には、「文化革命と技術革命」の呼びかけに応え、非識字者一掃運動も空前の高まりを見せた[21]。1958年からの生産「大躍進」運動をきっかけに教育事業の急速な発展による「教育革命」がもたらされた。このいわゆる「教育革命」を特色づけるのは①教育と生産労働を結合させることによって「社会主義的自覚をもち、知識を備えた労働者」を養成し、教育をプロレタリアートの政治に奉仕させること、②多様な教育経営方式を採用すること、とくに半労（農）半学学校を媒介として中等教育の普及を図ること、などであった。

3.「教育は生産労働と結合しなければならない」理念の提出

1958年は教育の大規模かつ大胆な実験と改革の年であった。3月24日～4月8日にかけて教育部で開催された第４次全国教育行政会議には、「保守思想に反対しこれを除き去り、教育事業の大躍進を促進する」というスローガンが提唱された。さらに、教育事業の大躍進を促進するにあたり早急に解決しなければならない重大問題が５つ挙げられた。加えて、社会主義の学校における３つの結合の原則も提出された。その中で、文化革命促進のための５大任務の第１点として「青・壮年の非識字者一掃、労働者・農民の業務余暇教育を一層強化して労農大衆からの知識人・専門家の育成につとめる。これは教育建設に階

級路線を貫くための重要な政策である」ことが掲げられた。第5点目には「毛沢東の提起した教育方針に基づいて教育制度、教育内容と教育方法を改革する」ことが掲げられた[22]。教育行政会議では、これらに加え、「教育事業大躍進のためには、教育活動における共産党の指導性の強化、大衆路線を徹底させなければならない」[23]ことが強調された。これらの内容は、労農教育が階級概念であることを明示していると同時に、毛沢東の指導性強化とそれに基づく政治思想教育というイデオロギー性を明確にしているといえよう。

　こうした背景の下で、1958年8月に中国共産党中央宣伝部長・陸定一の「教育と生産労働を結びつけなければならない」[24]という論文が共産党の機関誌である『紅旗』に発表された。この論文では、社会主義の教育が博識だけの人間を養成するのではなく、生産労働と結びついた全人的発達の教育が目標とされた。さらに、その運営の方針は人民大衆を参加させる大衆コースでなければならないとされている。この陸論文をさらに具体化したものとして、1958年9月19日に中共中央・国務院の共同によって『教育活動に関する指示』（以下は略称『指示』）[25]が公布された。この『指示』によって業務余暇学校と半労半学学校が制度として位置づけられた。

　『指示』では、「非識字者を一掃し、教育を普及させ、『紅』しかも『専』[26]の労働者階級知識分子の養成に努めなければならない」という目標を達成するために、「学校の形態は多様であるのが望ましい。すなわち、国立の学校と工場鉱山立・企業立・組合立の学校、普通教育と職業技術教育、成人教育と児童教育、全日制学校と半労半学学校と業務余暇学校、…いいかえれば、全国に三つの類型の主要な学校があることになる。第一が全日制学校であり、第二が半労半学学校であり、第三が各種の業務余暇学校である。…教育のすみやかな普及のためには、業務余暇の文化技術学校と半労半学学校とを大量に発展させなくてはならない。この型の学校はしだいに課程、設備、教員などの面で、日増しに完備する学校になるであろう。われわれの原則は、普及の基礎のうえに向上をはかり、向上の指導のもとに普及するということである。『二本足で歩く』ことでなければならない」と述べた。さらに「二本足で歩く」という試みを達成するために現行の学制を積極的に正しく改革する必要があるということも指

摘された。

　また、社会主義建設期における教育問題の行政措置として、『指示』の内容は多方面にわたるが、要約すれば次の３点である。第１に、肉体労働と精神労働の結合を徹底する。各級学校すべてに正規課程として「生産労働」を組み入れる。学校を社会的総生産の有機的一環に編成すると同時に、生産単位経営の学校を学校体系に正規に位置づける。第２に、教育行政機関・各級学校すべてに共産党の指導を強化する。学校は政治面において地区党委員会の指導を受ける。党と青年団の組織を、教師・生徒の中に発展させる。学校党委は、学年・学級の業務を指導するとともに、教師の恒常的な思想改造を援助する。また政治課の教授と研究活動につとめる。第３に、全人民による学校経営と、教育の普及・向上を図る。中央の指導と地方の自主性・積極性、全面的な企画と地方分権を結びつけ、統一性と多様性、普及と向上を結びつける。つまり、「２本足で歩く」方針の指導の下で大衆路線の展開である。こうして、『指示』によって、従来の「正規化」についての認識を大きく変更させることになった。つまり、「正規」の学校とは、「共産主義的な自覚をもち、高い教養をもった、全面的に発達した労働者」を作り出す、すべての教育施設を指すという考え方が一般的なものとなった。

　ここで重要な点は、「非識字者を一掃し、教育を普及させ、『紅』しかも『専』の労働者階級知識分子の養成に努めなければならない」という目標の設定である。「紅」とは、社会主義的自覚の高いこと、すなわち思想性と党派性のことを指している。「専」とは、専門的知識に習熟していること、すなわち高度の専門的知識や技術の水準のことを意味している。これは、第１次５カ年計画期においては、劉少奇派が教育界で完全に主導権を握り、ブルジョア知識人の学校支配、知育第一主義を推し進め、政治教育の時間を大幅に減らしたことに対する批判であった[27]。その背景としては、前記で見てきたように、毛沢東が社会主義社会における階級闘争の存在をいよいよ確信するようになったということであった。そこで人民民主専制の基礎である労働者と農民階層の政治教育が改めて重視され、それに反対する階層が批判され、抑圧された。このように共産党政権の下での社会・政治運動としての教育の一面を象徴したのが

『指示』であったといえよう。

　このように、『指示』は教育過程における生産労働離れ・実践離れおよび政治軽視や共産党指導体制の軽視といった傾向を批判した。プロレタリア政治への奉仕、教育と実践との結合を強化するという教育方針が打ち出された。この上で労農大衆の教育機会を拡大すると同時に、肉体労働に従事することのできる知識人の育成という、新たな人間形成目標が掲げられ、「半労半学」の教育制度が実施されるようになった。もう一方で、民営学校の設置が認められ促進されたことにより、学校数が急増した。こうした教育の量的規模は急拡大したが、「大躍進」運動も相俟って、教育の質的充実が軽視されることとなった。この点については第2節と第3節で詳しく分析していく。

第2節　半労半学制度の提唱・試行とその実践的展開

1. 劉少奇による「2種類の教育制度と2種類の労働制度」の提起

　前節で記述したように、中国建国初期の教育活動は成果を収めたが、教育の発展におけるアンバランス、および進学と就業の矛盾などの問題ももたらされた。こうした現実に直面し、劉少奇は、自らの視察を通し、各レベルの教育部門と学校の「労働教育への重視の不足、小・中学校卒業生の工農業生産に参加すべきである教育への重視の不足」などの問題点を指摘した。その後「『勤工倹学』の提唱、課業外における労働の展開」[28] が提出され、1957年11月には初めて半労半学学校創設を試行する主張が提出された[29]。

　さらに、1958年5月、中共中央政治局拡大会議において、劉少奇は「わが国には2種類の主要な学校教育制度と工場農村の労働制度がなければならない。1つは、主として正規型の全日制教育制度と終了後の八時間の労働制度である。もう1つは、この制度と併行する制度を実施していいのではないだろうか。つまり、半労半学の学校制度と半労半学の労働制度である」[30] という構想を正式に示した。要するに、劉少奇は、全日制学校を幹部要員養成、半労半学学校を中級・下級の技術者養成とする2本立てという学校体系を提唱した。

その中で1958年9月に公布された『指示』では、中国の学制を「全日制学校」「半労半学学校」「業務余暇学校」の3つの系統に分けられた。それらはいずれも正規の学校として認められている。この『指示』に従って、「半労（農）半学」の農業中学・職業中学の設立が進んできたのである。

半労半学制度が、1957年段階で試行され、1958年段階で正式提出され、その後実践されたことによって、半労半学学校は一時的に多く創設されてきた。これは一方で教育行政の地方移管、つまり学校の管理関係について中央から地方へ大幅にその権利が移されたからである。とくに、「中央集権と地方分権との結合原則に基づき、中央がすべてを計画し、実施させるのではなく、地方の創意を生かす方法がとられる」こととし、「小学校、普通中学、職業中学、中等専門学校および各種の業務余暇学校の設置と展開が公営にしても民営にしても地方に任せる」と規定された[31]。これはその後に公布された『指示』にも認められた[32]。もう一方で、農村における農業中学の拡大について、人民公社の創立は農業中学の「大躍進」を大いに推し進めたと考える。それは人民公社の負うべき教育責任が「小学校、中学と成人教育の経営を負わなければならない。全国の農村では、小学校を普及し、全日制の中学と半日制の農業中学およびその他の中等職業学校を大いに発展させる。その上でしだいに中学教育の普及を実現する」[33]と規定されたからである。

また、半労半学制度の政策的な展開過程からその理念は以下のように見て取ることができる。①半労半学制度は労働制度でもあり、教育制度でもあり、学校制度でもある。この見解から見れば、中国の国民教育には全日制、業務余暇教育、半労半学の3つの形式がある。②半労半学学校の目標としては、社会主義的自覚をもち、文化科学知識も技術も実際操作能力も身につける新型労働者の養成にあったということである。③半労半学制度は都市部において、主に工場で行われた成人に対する職業教育として行われた。半労半学教育には、工場と学校が一体となったもの、工場や企業が学校を経営しているもの、いくつかの工場が共同で学校を経営しているものなど、さまざまな形態の学校があった[34]。農村部においては、農業中学で半農半学が実践された。

2. 農村部における農業中学の創設とその実践的展開

農業中学は人民公社に設けられた半労半学の学校である。主に高級小学校卒業の年少労働者に対して半日あるいは隔日授業による初級中学程度の一般教養と初級技術を教える3年制の学校である。農業中学の特色は、全日制でもなく業務余暇制でもなく、半労半学をとり、教師と生徒の生産労働参加を正規の教育課程に組み込むことにある。このように子どもを社会的労働から解放せず、むしろその有機的組成部分としたことである。これは「肉体労働と頭脳労働の対立をなくし、身体と頭脳の統一的発展を実現しようとするなら、必ず労働と教育とを結びつけ、労働を人々の生活に必須なものにし、教育を普遍的な義務にしなければならない」[35]という主張と一致する認識も見られた。

（1） 農業中学に関する政策的展開

人民公社化の進展に伴い、中級技術・文化をもった人材は農業生産の需要に応じるだけではなく、青少年の進学と就業の問題を解決するためにも必要であった。そこで、1958年3月10日に江蘇省海安県双楼郷で全国で初めての新しいタイプの中等学校である農業中学がつくられた[36]。その後の3月15日に刊江県施橋郷で2校の農業中学がつくられた。

そして、1958年3月17日、江蘇省共産党委員会によって『民営農業中学座談会』が開催された。その会議で中共中央宣伝部長である陸定一が中共中央の代表として講演した。陸は「農民大衆の創意と積極性を生かし、各種の職業中学、とくに農業中学を設けることは、よい方法である。それは進学できない子どもを進学させたためである。これはまた『多く、早く、立派に、無駄なく』教育事業を発展させる目的ともぴったりし、さらに当面の農業生産に伴う技術革命の高まりに適応する目的から言っても重要な措置である」[37]と論じた。この講演は、教育における大衆路線を積極的に支持していることを示しており、農業中学の発展・促進を保障する役割をもったものであった。その後、農業中学は全国範囲で迅速に展開されてきた。1958年4月に江蘇、浙江、福建、河南、遼寧の5省の統計によると、8,000カ所余りの農業中学が開かれていた。

江蘇省だけで、5,600カ所余りの農業中学が開設されており、21万名の高級小学校卒業生と農業合作社の社員が入学した[38]。それは農業中学という教育形式が農民と農村の高級小学校卒業生に受け入れられたからだと思われる。『人民日報』の社説では、農業中学が生産の現場を離れておらず、家庭の負担にもなっておらず、しかも教育と生産労働との結合を促進できるとして宣伝された[39]。

続いて、1958年8月16日、中国共産党中央委員会によって召集された教育会議の結論をもとにして、陸定一は『紅旗』で発表された「教育は生産労働とむすびつけなくてはならない」という論文の中で、さらに農業中学の役割を論じた。まず、「農業中学という働きながら学ぶ制度によって、普通教育が生産労働と結びつけられ、普通教育機関では長期にわたる肉体労働軽視の古い伝統が打ち破られた。それは学校の雰囲気が改善されるのみならず、社会の気風にも好ましい影響を与えた」とその社会的意義を高く評価している。次に、陸は農業中学が「生徒の進学要求を満足させるだけでなく、農業生産のための技術人材を養成した。農業中学の設置は簡単であるが、もっとも実用的であり、国費を使わない上に生徒父兄の経済的な負担を減らした」と、人々に受け入れられる原因を分析している。さらに、「高級小学校卒業生が進学のチャンスがないことをくよくよすることもなくなったので、民営小学も大きく発展し始め、多くの省・市・自治区で、小学教育が急速に普及していった。生産発展の必要に応じて、成人教育が進展し、非識字者一掃運動の高揚があらわれた。さまざまな業務余暇文化学校や業務余暇技術学校が相次いで作り出された。この文化革命の高揚は、さらに農村から都市へと広がっていく。学校が工場を経営し、工場が学校を経営する動きが起こってきた」[40]と教育全体に与える影響も大きいと論じている。こうした農業中学は高く評価される中で、1958年末には江蘇省だけ6,000校、全国で11万校も建設されるという異例のスピードであった[41]。そして1958年9月に中共中央・国務院の共同によって『教育活動に関する指示』が公布され、農業中学は正規の学制の一つとして公認された。

このように、1959年3月、農業中学創設1周年にあたり、陸は江蘇省党委宣伝部、『新華日報』の要請に応じ、農業中学の経営には次の4つの原則を守るべきことを指示した。①教養課程は、政治・国語・数学・物理化学を含む中

学校（［初中］）の最も基本的課程にすべきである。②技術課程は、初級の農業技術人材の養成を目標にすべきこと。経済の発展に伴ってしだいに農業機械化と電化の課程および農村工業の課程を増やすべきである。農業中学の技術課程を規定するにあたっては、画一的でなくてその土地、その時期に適するようにすべきである。③半日制を堅持すること。農業中学は全日制の学校でもなければ、業務余暇学校でもない。④原則的には13～16歳までの高級小学校卒業生[42]を吸収し、これを超えた年齢の生徒を多く吸収しないようにすること。これは、農業労働力を取り過ぎないようにするためである[43]。この4つの原則から見てかなり長い期間にわたって農業中学の存在を必要とすることがわかる。

（2）農業中学の教育機能と特色

　ここで農業中学を最初に実践した江蘇省海安県双楼郷農業中学の事例を分析してみよう[44]。

　1）クラス編成と教師
　　① 1クラス編成は50人で3クラス（生徒の通学区域は1.7km以内）
　　② 教師は1クラスに専任1人（高級中学卒業生）
　　③ 半労半学の採用（午前学習、午後労働）
　　④ 1クラスは10～15人のグループにわける（その場合、各所属生産隊別を原則とする。これは連絡強化、相互互助を強化するに役立つ）
　　⑤ 就学該当年齢は13～16歳の男女高級小学校卒業生
　2）教育課程（授業計画）
　　① 学科は国語、数学、政治、農業、衛生常識の5科目とし、学習時間は週18時間（1時限は50分）
　　② 開校1週間の時間割表（表4-2を参照）
　3）労働参加の形態
　　① 生産隊内生産労働　生産隊内の労働計画によって配置される
　　② 校内労働参加
　　　（イ）学校に実験田を管理させ、そこでの生産を請け負わせると

ともに、農業技術の研究・実習の場とする。
(ロ) 副業生産　養畜、機械技術を習得し、とくに養畜による収入で学校経費の捻出を目指す。
(ハ) 公共福祉労働　郷内の道路整備・清掃、校舎建築・整備の手伝いなど。

表 4-2　開校一週目の時間割表

科　目	内　　容	時　数
国　　語	現代文学作品、時事評論（『人民日報』社説など）	6
数　　学	一般の初級中学の数学教科書を使用するほか、珠算、簿記	5
政　　治	共産党の政策、当面の思想闘争	3
農業知識	当地の具体的生産発展状況に応じた技術知識	4
衛生常識	病気予防法、4害（蚊、蝿、鼠、雀）と愛国衛生運動の関連	1

政治科の内容は具体的には次のようなものであった。
第1時間目　農業中学創設の目的と意義
第2時間目　「農業発展要綱」のくりあげ実現のために（政治科の教師は、地区の共産党幹部が担当）

出所：小林文男『中国社会主義教育の発展』アジア経済研究所、1975年、pp.66, 67。
初出：「双楼郷農業中学については」『教師報』1958年4月4日および『江蘇省農業中学校史選集』江蘇人民出版社、1960年。

以上の紹介から見ると、双楼郷農業中学は以下のように展開されている。第1に、半日学習・半日労働を採用していること、第2に教育課程が理論と実践を結びつける内容を主軸にしていること、とくに「政治」「農業知識」「衛生常識」の各科は、当面の農業生産・技術改造と結合し、「学んだことを実践に移す」ことを目的に組まれていること、第3に労働参加の形態が2つに分かれ、①の生産隊内労働は、生産隊内の労働計画に組み込まれて、そこでの労働報酬は生徒の家庭所得として記載されること、このことは、人民公社設立以前の民営学校の労働参加の形態と異なる点であり、人民公社化以前の民営学校の労働参加が生産面では、消極的な援助しかできなかったのに比べ、農業中学の労働参加は、生徒を労働者予備軍として認識していることである。②の校内労働

は、学校経費の自給を目指すばかりでなく、公共労働によって社会福祉的役割をもっていることが理解できる。第4に政治科の教師が党員であり、校長が原則として、村の共産党委員会書記が兼任することから生徒に対する政治思想教育が強化される。

江蘇省全省の農業中学は、教育内容面では双楼郷農業中学をモデルとして、次のような形式にしだいに統一されていった（表4-3を参照）。それは1週間の学習時間は20時間前後で、あとは労働時間である。これを年間にすると、6カ月学習、5カ月労働、1カ月休暇となる。

表4-3 江蘇省農業中学週間授業計画

(単位：時間)

科　目	1学年	2学年	3学年	3年間総時間
国語	7	6	6	748
数学	7	6	5	710
農業	5	5	5	590
政治	1	1	1	118
衛生常識		2		80
理科常識			2	76
合　計	20	20	19	2,322

出所：小林文男『中国社会主義教育の発展』アジア経済研究所、1975年、p.68。
初出：『教師報』1958年3月25日および4月25日。

(3) 農業中学の実践に見る問題点

前記のような農業中学は、確かに新しいタイプの学校である。その創設と展開の意義は以下の5点にまとめることができる。①今までの農村部にあった高級小学校卒業後の未進学生徒の問題を解決した。②農業従事者の文化・技術レベルの向上をもたらし、人民公社および各村の管理、生産を促進した。③教育についての政府依存心理を打ち破り、教育を民衆自身の事業として考える気風が生まれた。④政府の財政支出を大幅に減らし、その分を他の建設にふりむけることが可能になった。⑤新しいコミュニケーションの場をつくった。農業中学生は「小宣伝員」と呼ばれた。政府の政策、中共の政策が学生から父兄へと

広がる、ひろい通路を開拓した[45]。

それにかかわらず、自然災害の影響などで、農業中学の展開においても経費の問題、農業生産の労働力不足の問題が現れており、一時的に挫折を受けた。このことについては、「中共江蘇省委によって転発された教育庁党組織と共産主義青年団江蘇省委の贛楡県茨山農業中学に関する調査報告」の内容を見ていく[46]。

贛楡県茨山農業中学の経営は1959年上半期になると、以下のような問題が現れてきた。例えば、校舎の不備、土地と働く場所がなく、教員の農業中学への認識の不足のため、学校の教育は順調に行われていなかった。国語と算数の授業を設けたが、学期末になると、国語の授業は半分しか行ってなく、参加する学生もだんだん減っていき、最初の80人から20人余りになった。このような問題の生じた原因は、人民公社の指導者たちが生産や水利工事に集中し、農業中学への関心が薄かったためであった。後に公社党委は農業中学の指導を強化する措置をとり、校舎の問題、土地の問題などの問題の解決にも努めた。後に中共中央により転発された「中共江蘇省委により転発した教育庁党組織と共産主義青年団江蘇省委の贛楡県茨山農業中学に関する調査報告」にも「1959年の上半期に労働力の不足のため、農業中学の入学年齢を適当に下げ、労働者不足の問題を少しでも緩めた。ところが、右翼日和見主義者は労働力不足を口実にして農業中学を解散させよと大いに宣伝した。これは大間違いである。（中略）われわれはこうした右傾の間違いを批判するとともに、農業中学を引き続き発展し、立派なものになるよう努力しなければならない」[47]と呼びかけた。こうした農業中学を発展する精神に基づいて1959年に江蘇省をはじめ、全国の農業中学の学生数は大いに増えた。1960年になると、全国で農業中学は3万校、学生数は296万人に及んだ[48]。江蘇省だけの例を挙げると、1959年に江蘇省の農業中学の学校数は1958年と同じであるが、在校生の数が約8万人増えた（表4-4を参照）。

表4-4 1958～1965年江蘇省農業中学概況表

(単位：万人)

年　度	学校数	在校生数	学生募集数	卒業生数	専任教員数
1958	2,174	16.90	14.14	−	0.71
1959	2,174	24.39	10.64	0.06	0.71
1960	1,873	25.39	11.91	1.26	1.02
1961	1,569	15.12	6.54	5.08	0.65
1962	279	2.50	1.13	1.08	0.12
1963	296	2.11	1.11	0.53	0.13
1964	650	5.38	4.12	0.36	0.25
1965	4,503	26.46	20.73	0.48	1.19

出所：『中国教育年鑑（1949～1984年）』湖南教育出版社1986年、p.486。

3. 都市部における半労半学教育の実践的展開

ここで、最初の工場における半労半学実践である天津国営第1棉紡織工場、最初の大学における半労半学実践である江西共産主義労働大学を例に取り上げ、その実践を見ていく。

（1） 工場における半労半学の実践

1958年5月27日、天津市の最初の工場によって経営された天津国営第1棉紡織工場半労半学学校の始業式が行われた。51名の5年以上勤務経験がある労働者に対して、8時間の労働時間のうち、毎日6時間を生産にあて、2時間で学習することになった。つまり、工場における半労半学の形式は業務余暇を利用するものではなく、業務時間を割いて教育を行う方法である。目標としては、3年半で初級中学と高級中学の国語、物理、化学、数学の科目に加え、その他電工原理、製図、機械原理などの基礎技術科目も勉強するということである[49]。

こうした工場附設の半労半学の学校では、生産にも労働者としての生活にも影響のないようにする。労働者は生産実践で生産技術を知り、学校で文化・科学の知識を学ぶ。この形式では国家が費用を支出することは少なくてすみ、各企業の積極性が発揮できた。「もし条件をそろえている全国の工場企業がこう

した制度を導入すれば、理論と実践を結びついた大量の技術幹部を養成することができる」[50]と展望されていた。またその意義としては、半労半学の実施は、目下の労働者の文化技術知識問題を解決することができるばかりでなく、小・中学卒業生の進学と就職問題の解決および将来労働者たちの全面的発達の実現にも役立つ[51]と認識されている。

（2） 江西共産主義労働大学における半労半学の実践

　中国共産党江西省委員会指導により、1958年8月1日、江西共産主義労働大学が創設された。南昌郊外に本校、分校は創設当初30校あった。本校は高級中学卒業程度の学生を入学させ、大学本科卒業程度の学生を養成するのに対し、分校は初級中学あるいは小学校卒業程度の学生を入学させ、中等専門技術学校・初級技術学校の性格の学校である。学生は地元江西省出身の労農子弟を主体とし、生産部門幹部の推薦を重視し、学力の劣っている者のために予科クラスで特別指導の方法をとった。こうして、半労半学学校では、教育対象を単なる適齢者から生産労働者まで拡大した。

　農業・農業機械・林業・牧畜獣医など、地域の生産経済建設の要求と結合させながら、肉体労働にも頭脳労働にもすぐれた人材を養成するのがこの大学の目標である。カリキュラムでは、専門科目のほか、本校の各学部には、政治、高等数学、無機化学、有機化学、分析化学などの基礎理論科目があり、各分校では、中等専門技術学校には国語、政治、物理、化学、初級技術学校には国語、政治、数学がある。

　共産主義労働大学には、次のような特質が見られる。①学校は実践経験のある労働者・農民から入学させ、卒業後は社・隊に復帰して理論と実践の結びつける人間になる。②自らの労働で校舎・設備など、必要なものを作り出す。③「半労半学」「勤工倹学」を実行し、「教学・生産・科学研究」3結合の新体制を打ち立てる。教学方法では、教室教学と現場教学・専門教学と専門生産・教学と科学実験・校内教学と校外大衆の経験、などの4結合を実行した。④学校に対する党の指導を強化し、大衆に依拠し、経営する[52]。

　しかし、3年災害の影響で1958年から創設されてきた半労半学学校はほと

んどその経営を続けられなかった。その発展を支持するために、1961年7月30日、大学の成立3周年に際して、毛沢東は自ら書簡で「半労半学・勤工倹学、国家からは一銭も受け取らない…このような学校は確かにすばらしい」[53]と指摘し、このようなタイプの半労半学教育の提唱を示した。

1965年に至って、江西共産主義労働大学は、本校が1校、分校が112校、学生は約3万1,100人で、述べ約1万3,000人の卒業生を養成した。

既述したような都市部における半労半学教育の実践的展開から見ると、建国初期に行われてきた「正規化」の方策に代わって、社会主義建設期においては、国家財政の余裕がない下で、「大衆路線」によって主に工場における在職訓練としての位置づけがなされた成人職業教育が展開された。そして、就学適齢者だけを対象とすることではなく、中等教育卒業後就労する者に対して普通中学以外に職業中学にあたる半労半学学校を設けることは、学校教育を補完する性格を有していたといえる。さらに、それは、教育普及・向上の目標の実現にも役立ったといえよう。

第3節 「大躍進」運動と労農業務余暇教育の「大躍進」

前記のように、1958年の中国共産党第8回大会第2回会議以後、「反右派闘争」および中ソ間の亀裂は深まり、ソ連をモデルとした社会主義建設が批判されるようになって、中国は独自の社会主義建設への道を模索し始め、「大躍進」の推進へと進む。教育においても独自の社会主義教育の模索に応えようとし、非識字者一掃運動も空前の高まりを見せた。つまり、生産の「大躍進」に伴って、教育の「大躍進」が現れたのである。

1. 非識字者一掃標準の再確認

1957年3月8日、教育部は「非識字者一掃に関する決定」公布後1年の成果をしめくくって、そこで決定された目標がそのまま実現される見通しが確実になったことを述べ、『非識字者一掃活動に関する通知』(以下は『通知』と略

称）を公布した。『通知』の中で1957年度の方針として、まず労働者の非識字者の約85％、農民・市民・手工業者の組合員の非識字者の約80％をなくすことが目標にされた。とくにその対象は40歳以下の成年に重点をおくことになったと強調した。また、幹部の中の非識字者は「少数の特殊な情況にある者以外、皆一掃すべきである」[54]としていた。1958年1月14日に教育部によって公布された『非識字一掃任務の基本完成、および年齢計算年限の両問題に関する解釈』では、識字運動対象者の年齢に14歳の下限が設定された[55]。これは学齢児童生徒の教育が識字教育ではなく学校教育が責任を負うべきであるとの、言わば常識的な対象設定である[56]。識字運動の目標値は労働者85％、農民80％であった。ここでも幹部、党員は識字教育の重点対象とされ、40歳以上は一般の民衆なら免除となるところ、幹部、党員なら例外なしに40歳以上でも運動の主要な対象にされていた[57]。

2. 労働者業務余暇教育の体系化と「大躍進」

（1）労働者業務余暇教育の体系化と「大躍進」

　前記の『指示』で、社会主義の教育が「博識だけの人間を養成するのではなく、生産労働と結びついた全人的発達の教育を目標とし、運営の方針は人民大衆を参加させる大衆コースでなければならな」く、「非識字者を一掃し、教育を普及させ、『紅』しかも『専』の労働者階級知識分子の養成に努めなければならない」という目標を掲げ、各種の業務余暇学校が現行の教育制度の一つとして明らかに指摘された。その後中央文教小組の指示によって、林楓が工・鉱業の労働者教育の展開状況を調査した上で、1959年3月3～12日に、全国工・鉱業労働者教育工作会議を開いた。会議における林楓の報告で労働者業務余暇教育の任務、方針および形式について明らかにされた。第1に、建国後約10年間の努力を重ね、解放前と比べて労働者の文化レベルの向上をさせた、と労働者業務余暇教育の効果を述べた。しかし、大多数の労働者の文化レベルはまた小学校レベルにとどまっていることに対して、労働者の文化レベルの向上（中等教育と大学のレベル）の実現はまだ遠いことが指摘された。第2に、労働者業務余暇教育の展開において、「教育はプロレタリア階級の政治に奉仕

し、教育は生産労働と結び付けなければならない」という教育方針に基づいて、「生産と結びつける、統一的な計画を立てる、対象に応じて異なった方法で教育を施す、融通を利かせて運用する」（[結合生産、統一安排、因材施教、灵活多様]）といった原則が強調された。第3に、今後においては労働者教育の展開は業務余暇教育を主要形式とすることが指摘された[58]。そこでとくに、労働者業務余暇教育の展開は政治・生産のために奉仕すべきものと明示されたと同時に、「大躍進」の下で盲目的に量の拡大が目指されることになった。

続いて、1960年1月13日、全国労働者業務余暇教育黒竜江現場会議において林楓は今後の労働者業務余暇教育の任務を以下のような6点で示した。①現在の青・壮年労働者の中の非識字者を1～2年内に一掃する。②業務余暇初等学校を大いに展開し、現在の青・壮年労働者に対して業務余暇初等教育の普及を実現させる。③今後の目標として第3次5カ年計画期間内に、現在の青・壮年労働者に対し、業務余暇中学レベルの教育を普及させる。④業務余暇中等専門学校（高校レベル）と業務余暇大学を大いに行う。⑤初等教育から高等教育までの業務余暇教育体系を構築する。⑥各級管理者および先進生産者の学習を重視すべきである[59]、といったことであった。

さらに、上述の任務の完成を目指し、業務余暇教育の展開を順調に進めるために、1960年1月16日、中共中央と国務院によって全国業務余暇教育の指導機関として業務余暇教育委員会が成立された[60]。

このように、労働者業務余暇教育は生産発展と歩調を合わせて、各地の政府が工場立学校の経営を奨励したので、全国の工場・鉱山・企業に業務余暇教育体系が次々と整備されていく。一部の大工場では、すでに業務余暇大学を設立し、小学から大学までの業務余暇教育体系を確立していた。そして業務余暇教育がこの時期に大きな成果を上げることになった。北京市第1機床場の状況からその一端が窺える。建国の時点で非識字者72％、高等小学校卒業者18％、初級中学以上の者10％であった。それが業務余暇教育の進行により、労働者の学歴のレベル構成は初等小学校3％、高等小学校23.4％、初級中学50.6％、高級中学と中等専門学校17％、大学6％となった[61]。そして、各地でも労働者業務余暇教育に対し、さらに大胆な改革が行われた。

表4-5に示す通りに、上海国営工具工場は学習年限を4年から3年に改め、文化課程を基本とした上で基礎技術課程を増設し、文化と技術課程の学習を結びつけるようになった。こうして、知識面では中学卒業のレベルに達することができ、生産技術面では基本的な技術理論と機械常識とを身につけることができるようにした。開設科目の順序は、順を追って一歩一歩進めるという原則を貫徹するだけではなく、生産の要求にもよく応えるように配列されている。

上海市第35職工業余中学では、授業時間とクラスの構成を調整した。ある職種の労働者は比較的早めに退勤するよう配慮して、27クラスの中に10個の先攻クラス（［早班］）を開いた。こうして早めに退勤する労働者は早めに先攻クラスの授業を受けることができ、会議などのため早班の学習に間に合わない時には、後攻クラス（［晩班］）の授業を受けることも可能とした。なお夜勤の際には早班の授業を受けてから出勤することを可能にした[62]。

しかし「大躍進」の下では、実状と異なる誇大な表現も広く存在した。「工業大躍進！農業大躍進！識字教育も大躍進しなければならない！」などのスローガンも随所に貼られた。各種の業務余暇教育機関に学んだ者の数は1億人

表4-5　上海国営工具工場のカリキュラム計画

科目＼時数＼学年	総時数 20週	1年 上半期	1年 下半期	2年 上半期	2年 下半期	3年 上半期	3年 下半期
漢　　語	320	4	3	3	3	3	
算　　数	60	3					
代　　数	140		3	4			
幾　　何	140				4	3	
三　　角	60						3
物　　理	160				2	3	3
科　　学	60		2	1			
製　　図	30	1/2					
公差と配合	20	1/2	1/2				
金属材料	30		1/2	1			
機械部品	60						3
毎週総時数	1,080	9	9	9	9	9	9

出所：上海市教育局工農教育処編『上海職工業余教育在躍進中』上海教育出版者出版、1958年、pp.11, 12。

を超え、工鉱業企業労働者・職員中の非識字者は全国的に30%以下に低下した[63]とまで誇張された。

この時期、業務余暇大学、通信教育、夜間大学などの業務余暇高等教育機関[64]は労農大衆の学力の向上に役立った。こうした高等教育段階の動向を見ると、1957年中に業務余暇大学の新設180校（そのうち業務余暇に独立に開校したもの88校）、そのうちで、夜間大学87校、通信教育大学56校、研修学院37校であり、専攻から言えば、工科91、師範60、財政・経済11、農科9、その他9という内訳であった。とくに通信教育（函授）の普及・充実が重視され、1961年には全国で277の大学が通信教育部または夜間大学を開設した[65]。

(2) 労働者業務余暇教育の展開における青年の役割

既述したように、政策上においては、青・壮年労働者の中の非識字者の一掃はとくに重視されてきた。実際の労働者業務余暇教育の展開においても、青年団と青年の果たした役割が強かった。以下はその当時に行われたある実地調査の内容に基づき、その一端を見ていく[66]。

① 青年団の役割について

当時に、どの工場に行っても工場事務所の中には必ず団委員会の札が下っている。どこの工場内にも青年団（[共産主義青年団]）の組織がある。では、工場の中の青年団はどんな活動をしているか。青年団が工場内で受けもっている役割は何であるか。瀋陽の第1機械工場の団委員会の李有学さんは「解放後における共産主義青年団の役割は、労働者の数が多くなり、若い青年が入ってきてからは、第1は、青年の思想・技術・知識を高めることであり、第2は生産目標を完成することである」と語っていた。工場長の下に教育科がおかれ、この中で青年団は、技術学習のために技術の先生を選び、若い労働者を組織化し、見習工に対する技術指導を行っている。

三門峡砂石工場の団幹部の王開時さんは、「今後は技術改進だ。このため①青年から合理的意見を出してもらい、②設備を改善し、③見習工の技術を指導するのが団の役割です」と語っていた。

記録集によれば、当時の思想学習、政治学習としては、3種類があること

がわかる。文化水準の高いものは政治経済学、低いのは中国共産党全史、さらに低いのは文化学習として業務余暇学校の教材によって学んでいる。業務余暇学校は夜2時間で、資格は高小・初級中学・技術中学の資格がとれる。

　また、定期的に青年団は、全工場への政治教育、青年による時事問題の報告会、団課（団の基本知識の教材による学習）、共産主義道徳教育などを行っている。これらはいずれも講義・報告などを合わせて必ず講義が行われている。共産党の助手として工場内青年の思想・技術・文化学習に大きな役割を果たしていることが窺えるのである。

② 　働く青年が積極的に生かされる創意・工夫

　いったい労働青年はどんな考えで働いているのか、青年の労働意欲・創意工夫はどうであったのか、について下記のように記録されている。

　大連の化学肥料工場の黄さんは「私たちの職場は大変積極的だ。皆が工場は自分のものと思っている。困難な時はとくに討論して全部の知恵を発揮する」と語った。黄さんは技術改良で今までの生産の40％を高め、皆で採用しているため、1958年は昨年の5倍の生産計画を立てているといった。それに職場の事務所には表彰額や旗がたくさん飾られていた。

　三門峡ダムの砂石工場は、三門峡市より4時間近くジープに乗る距離であり、黄河の畔のまったくの奥地であるが、ここでも青年が無数の大小さまざまの創意工夫をこらしている。簡単な例として、記録集によれば、砂石の選択機の能率が今まで6時間700m^{3}であったのを、職場の討論で回転機を改善して1,300m^{3}になったという。現場を見ると、ベルト回転の車輪にゴムの輪を巻きつけて、ベルトの回転を2時間早くしたということであり、まことに簡単な工夫である。これはほんの一例にすぎないという。

　そして、この砂石工場では、諸葛亮会議というのがある。これは、昔有名な諸葛孔明の知恵をもじったもので、みんなの意見を、大衆が深く考えてまとめれば、諸葛孔明をしのぐ知恵がでる、いや出そうというわけである。「生産でぶつかっている問題点を集めて討論する。合理的意見をまとめて後で試験をしてみる。両方やってみるとその中で正しいのが出てくる。困難があれば、青年が突撃しよう。早く生産するためには機械は止まることが大

損失だ。機械の保護は注意し管理に気をつける。例えば、今まで黄河より砂石を船で掘りあげていたが、この船をよく管理して能率を上げると、400m^{3}が960m^{3}にもなり、8時間労働が6時間ですむようになる」というように、大衆の中から驚くべき創意・工夫が生まれてきていると見るべきであろうと考えられる。

　このようなことは鄭州の紡績工場でも存在した。その紡績機械工場でも1,100件の提案があったということである。このような働く人たちの創意工夫や、その根底にある働こうという労働意欲はどこから生まれているのか。ここで記録集に掲載した鄭州の第3国営紡績工場の女性従業員さんたちの話しを紹介する。

　座談会では、初め3人ほどであったので、人数が足りないということで、近くに休憩している女性従業員さんを連れてきた。この意味では、女性従業員さんたちは選抜された人たちのみではないと考えられる。そして、彼女らは、口々に次のように語った。

　寥嬬娥さんは、22歳であり、解放前の2年間小学校に学び、後に地主に雇われた。解放後小学校を卒業して、西湖の近くの紡績工場に勤め、今年転勤してきたという。彼女は労働者の創意工夫や労働意欲について、「第1は私たちの国は労働者階級が指導している。私たちは国の主人公である。第2は資本家のためでなく、自分と人民、国のため生産する。第3は祖国は貧乏であり、早く建設して、進んでいる国を追い越したいからだ」と語った。また、馬清珍さんは23歳であるが「私たちは個人の経験をよく話し合っている。私は小さい時、父を失い貧乏だったので煙草工場で働いた。そこでは生産は上がっても賃金は上がらなかった。一生懸命働いても、個人の生活すら保障できなかった。しかし、解放後は貧しい者は小学校に行けるし、小遣いまで貰い感謝で一杯だった。卒業後就職もできた。私は国と人民のために学ぶべきだと思った。2年間学んで1955年工場に入った直後22元をもらったが、技術もない私は大喜びであった。その時の食費は8～9元で、10元の送金ができた。1956年技術の上達に伴い昇級し、53元になった。これは個人だけではなく家族の生活も保障してくれた。今まで時計を見て不思議に

思った私が、今は時計も靴も服もある。生活は改善され国は豊かになってきた。働けば働くほど生活は豊かになり、余裕が出てくる。だから働く意欲が出てくる。婦人は古い社会では地位はなく、働いても不平等であった。今は男女平等だけではなく、国の主人公である。主人公であるから国を良くしようという意欲の下によく働くのである。昔を思うと夢のようである。労働に応じて給料をもらえるのだから」と語っている。

　彼女らの年齢はみんな21～24歳までだが、賃金は1年勤務の楼文仙さんが30元でほかは53～66元ぐらいであり、1カ月の食費は12～13元ぐらい、小遣いや服や靴などに20元前後使い、家へ送金するのは30元ぐらいである。給料の1/4～1/5で食べていけるとすると、昔に比べてずいぶん生活が良くなっているわけである。生活の変化ということが、労働者にははっきりと感じられるのであろう。

　楊瑞芝さんは「私は農村に生まれたので地主と雇農、貧農のことは知っている。工場に入った時は仕事もできないのに18元もらった。1955年に40元、1958年に60元余りとなった。今までは、私たちは農村では地主のために、工場では資本家のために働いた。今は農村でも工場でも、国と人民のために働いている。また、この鄭州にも第1工場だけではなく、第2～第6工場までができた。祖国の発展は速いことを知って個人も励まされる。自分の労働により祖国は富強になった。だからいっそう働こうと思う。昔は生活面の保護もなかったが、今は女性の保護、妊娠7カ月後の軽労働、1時間短縮、産前後の3カ月の有給休暇、子どもは託児所に預けられる。これらを見れば国が人民のために奉仕していることをつかむことができる」と顔を輝かしながら語っていた。

　こうした話から見ると、この女性従業員さんたちの言葉は素朴なものである。しかし、この言葉の中に、この国は働く者の国であり、自分たちは主人公だという意識が非常に強いと思われる。また、自分たちの生活は日増しに良くなっているし、良くなるんだという自信がある。そして個人の運命は集団の運命、祖国の発展と切り離すことはできないという考えがはっきりしているといえよう。

もう一つ、この労働意欲、労働競争をかき立てている有力な原因は表彰制、名誉が与えられるということであろうと考えられる。記録集に大連の車輌工場の事例をもとに紹介した。

　大連の車輌工場での先進労働者の決め方は、まず現場の組ごとに週1回、各職場ごとに月1回、全工場では季節ごとに1回決められる。これは生産額を見て討論で決めることになっていたようだが、職場ごとに評議会が労働者と管理幹部で作られており、小組より推薦して討論により決められている。この中で市の先進労働者大会出席者を決め、次に全省、全国の先進労働者大会の出席者を決めるのである。

　全国代表会議に出た先進労働者の任務は、①大会で討議したことをよその工場にも報告する、②進んだ技術を知らせる、③決議、スローガン、技術を実施するため個人として前進的な役割を果たすことである。

　この工場で全国先進生産者に選ばれた崔さんの場合は「工場内の労働者の間では新しいものを使ったら工作機を破壊しないかと心配して消極的であった。私はソ連の技術者の下で指導を受けて成功した。そのため110時間の仕事が10時間でできるようになった。この新しい生産法は他の生産法を超えた。もっと具体的には、①労働競争で鉋床工として全国一となった、②新しいものを積極的に使い広めた、③道具を使わない人を助けた、④製品の質も良いということにより全国先進生産者に選ばれた」ということである。全国先進生産者に選ばれても給与面は変わらないが（彼の賃金は月80～90元である）奨励金として150元をもらい、精神的に非常に大きい栄誉を得ているようである。この奨励制度はどこにでもあり、農村の青年団の予算にさえ組まれている。

　この記録集に記録された大連の車輌工場の事例から、この工場ではどんなに労働が重んじられているか、十分に働いた人がどれだけ尊重されているかがわかった。つまり、この工場では、表彰制などを通じて、労働者の労働意欲や学習意欲をかきたてることができた。それだけではなく、業務余暇学習は労働者自らの学習意欲の向上にもつながったといえよう。

3.「大躍進」「人民公社」の推進に伴う農村部の識字教育の「大躍進」

　1958年度は、「文化革命と技術革命」の呼びかけに応え、また農業中学の設立、水利化の高まり、さらには人民公社化の動きの中で非識字者一掃運動も空前の高まりを見せた。解放以来、とくに農業合作化後は、非識字であることは、自分の労働賃金の計算や家庭生活のさまざまな場面で不利益を受け、識字者が一般の学習や仕事の上で有利なことが多くの農民に確認された。とくに「大躍進」の思想に励まされながら、この年における非識字者一掃運動は急速に中国全土までに広げていった。1958年非識字者一掃の活動も大躍進の年になった。この年の識字教育の特徴は以下の2点にまとめることができる。第1に、1958年の非識字者一掃では注音字母ではなく、ローマ字学習から始まった。ローマ字のつづりは2週間で覚えられ、またローマ字はルビだけではなく、広く用いられるので忘れることがなく、忘れてもすぐ聞くことができる。第2に、人民公社化によって農村の集団化が一段と進んだ背景の下で行われた。人民公社化によって非識字者一掃のための教育費はより多く支出されることが可能になったし、学習時間を互いに助け合うことによって十分確保することができるようになった。また、集団化にともなう大量の会計・記工員・書記を公社がもっと必要とすることになって、学習への必要が著しく高まった。

　1958年2月27日〜3月6日に、教育部および全国非識字者一掃協会などの主催により、全国18の省、市、自治区から非識字者一掃先進単位の代表者を集めた座談会が開催され、67の非識字者一掃先進部門の代表者によって識字教育活動の経験が紹介され、全国に向けて5年以内に青壮年の非識字者を基本的に一掃するよう呼びかけた。これは農業および工業部門での「生産大躍進」を教育部門に連動させたものであった[67]。

　しかしながら、「大躍進」期の問題点全般とも関わるが、「土法製鉄」など生産の側面への過重な力量の投入が政治キャンペーンとして全国的に展開され、識字教育を受けるべき人々が、とりわけ農村では知識の獲得よりも生産の拡大に力を入れたのである。このため、識字運動は停頓を余儀なくされた。

　そこで、1959年5月24日、中共中央国務院によって公布された「農村にお

ける非識字者教育の継続、および業務余暇教育の強化に関する通達」[68] では、非識字者一掃の業務余暇教育を大いに展開すること、農民業務余暇教育の展開は農村の生産活動と密接に結びつけること、各級政府教育部門は関係方面と協力し合い、非識字者の一掃の教材を積極的に編集すること、などが定められた。同通達によると、1958年に全国識字学習者は6,000万人になった[69]。そこでは「大躍進」の中で労働力が不足しているため、多くの地方で農民の業務余暇教育が停頓してしまったことを挙げつつ、それでも、なお識字運動の重大な意味を喚起していた。そして、中共中央の「人民公社若干問題に関する決議」の中の規定に従い、公社に属した農民に毎日2時間の学習時間を保証することが要請されていた[70]。しかし、「大躍進」のトーンはまだ衰えなかった。その年の10月25日～11月4日にかけて教育部で主催された非識字者一掃と業務余暇教育工作会議が北京で開かれた。各省市自治区の教育庁・教育局長が列席した。会議では「志を立て、右傾に反対し、大いに意気込み、1958年の経験に学び、大がかりな宣伝を行って動員し、大規模な大衆運動を引き起こし、不断に学習運動の発展を推進させなくてはならない」とし、2～3年内に農村青壮年の非識字者を一掃する任務と大いに業務余暇教育を行う計画について討議され、この冬から春にかけて大規模な大衆的学習の高まりを農村に起こすことを示した[71]。今までの盲目の偏向を防ぐため、12月には25日・27日・29日ののべ3日間、教育部は農村非識字者一掃と業務余暇教育工作会議を開き、教育部長の楊秀峰が識字運動の質の向上と健全的な発展を総括発言の中で行わざるを得なかったのである[72]。しかし、「大躍進」の下で実情と異なる誇大現象も広く見られた。極端な内容のスローガンは随所に貼られた[73]。また、識字教育の完成をアピールするため、ある地方では、午前中任務完成を誓う大会を開いたばかりで、午後すぐに上級機関に識字教育の任務をすでに完成したと報告する現象も現れた[74]。1957年までの8年間に非識字者から解放された者の数は2,797万人であったのに、1958年中に非識字者から解放された者の数は5,000万人に及んだ[75]（図4-1参照）ということ、各種の業務余暇教育機関に学んだ者の数は1億人を超え、工鉱業企業労働者・職員中の非識字者は全国的に30％以下に低下した[76]という統計データも存在するほどに誇大報告が

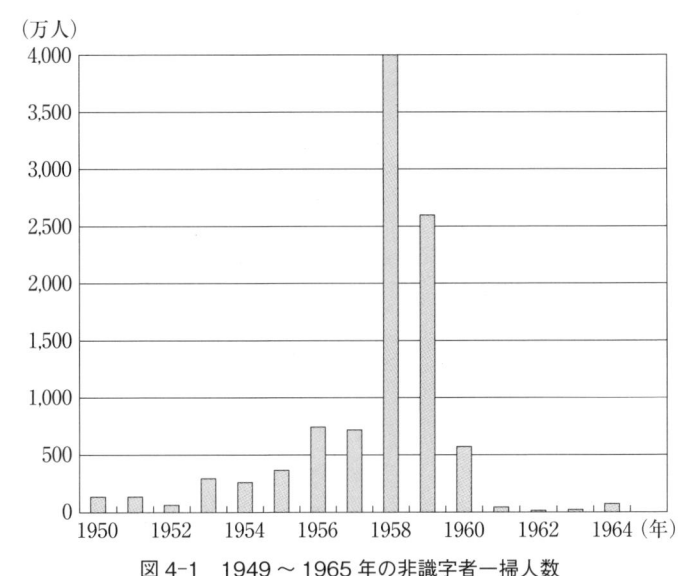

図4-1　1949〜1965年の非識字者一掃人数
出所：国家教育委員会、中国連合国教科文全国委員会編『中国掃盲教育成就』(1995年)より、筆者作成

されていた。これは鉄鋼増産と並んで、毛沢東の念願であった人民公社による農村の共産化が進められたことに関わると考えられる。当時の現実としては、「共産主義は天国だ。人民公社はその掛け橋だ」というスローガンが、1958年以降、中国全土に響き渡った。人民公社は地方の共産党官僚の管理化におかれ、やがて各公社が、毛沢東の歓心を得ようと、食糧増産の誇大報告を繰り返すようになった。こうした出来高の水増し報告はあらゆる領域に浸透したことである。

小　結

1957年からの中国型社会主義建設期において、「教育を受けるものを徳育、知育、体育のそれぞれの面で発達し、社会主義的自覚をもち、教養を備えた勤労者に養成する」という教育方針の提出に伴い、学生の政治涵養、すなわち社会主義者としての自覚の育成が強調された。その後の整風運動、反右派闘争、

とくに1958年からの「大躍進」方策の実施に伴ない、民衆の政治的動員による国家建設が試みられた。教育においては、民衆の政治意識の覚醒が図られた。社会主義事業とプロレタリア階級の政治に奉仕できる人材の育成が目指されていた。そして、「より多く、より早く、より良く、より無駄なく」人材を養成するため、労農大衆の知識化を目指した教育の普及が再び重視された。とくに、建国初期に行われてきた「正規化」の方策に代わって、中国型社会主義建設期においては、「大衆路線」によって半労半学制度が展開された。そして、1958年9月に公布された『指示』では、中国の学制を「全日制学校」「半労半学学校」「業務余暇学校」の3つの系統に分けられた。そのいずれも正規の学校として認められた。それは第1次5カ年計画期における「質の向上」の知識重視の教育に対する反省の中から引き起こされたものであるといえよう。このように、社会主義建設期における教育の理念は、整風と思想改造の解放区の観点に立ち返っていったといえよう。

　この時期では、労農教育は政治・生産のために奉仕すべきものと明示されたものの、「大躍進」の下で実情と異なる誇大な成果がうたわれていた。つまり、労農大衆の教育機会を拡大するために、新たな教育制度の実施などによって、教育の量的規模は急速に拡大されたが、大躍進運動とあいまって教育の質的充実が軽視されることになった。そこで、その後の時期では、この過ちを改めるために、新たな調整策が掲げられた。

〈注〉

1) 例えば、高等教育機関進学数と高級中学卒業生数との比は、1953年1：0.68、1954年1：0.73、1955年1：108、1956年1：0.83、などであり、上級学校進学数と初級中学卒業生数との比は、1953年1：1.28、1954年1：1.71、1955年1：2.28、1956年1：0.97、などであり、高級小学卒業生の進学率は1953年29.74％、1954年37.09％、1955年40.5％、1956年49.84％、などであった。つまり、高級中学卒業生のすべてが大学に入ってもなお大学定員を満たすことができないこと、高級小学を出たものの5〜7割は中学に進学することができないことがわかる。蘇人「中・小学教育発展問題的我見」『人民教育』誌、1957年5月号。
2) 「1953年以来、中・小学校の卒業生で進学不能の人数がしだいに増加した。この進学不能の学生の進学と学習意欲は極めて強烈であり、すでに農村に帰り、農業生産に参加している

第 4 章　大衆路線方針の提出と労農教育体系の「大躍進」期　*185*

　　卒業生がひきつづき教養を高めたいという切迫した要求もあった」という。『大量発展農業中学』『人民日報』1958 年 4 月 21 日。
3)　ヤミ学校、つまり教育行政当局が正規の学校として公認していない学校は、一般に民営学校と呼ばれ、1955 年後半から 1956 年、とくに 1956 年に著しく広範に普及した学校で、1957 年一杯まで続くのである。硬化した教条化した教育行政指導と教育矛盾解決に具体的な方策をもたない政府の方針に反発し、農民大衆は自らの力で学校建設を始めたのである。民営学校は、地域によって呼称も一定せず、さまざまな変種を生んでいるが、ほぼ 3 つのタイプに分けられる。①脱靴学校である。公立の 4 年制小学を民営にし、それにより浮いた経費で高級小学校（5、6 年）を設置する。こうすると 6 年制の完全小学校ができ、国庫負担は高級小学校のみの安いものとなる。低学年を切り離すため「靴を脱ぐ」と呼んだ。②戴帽子学校である。①のタイプとは逆に、公立の 4 年制初級小学校の上に（中学の場合は完全小学の上に）民営で高級小学校を設置するもの。「帽子を被った学校」と呼び、中小学ともこのタイプがもっとも多い。③安領学校である。まったくの民営である。教師だけは公立から招聘するタイプである。斉藤秋男・新島淳良著『中国現代教育史』国土社、1962 年、pp.229, 230。
4)　小林文男編『中国社会主義教育の発展』アジア経済研究所、1975 年、pp.55, 56
5)　当時の国家主席劉少奇は河南省許昌市で学校の先生や学生たちと座談会席上で、1955 年では、5 名の小学校の卒業生のうちの 4 名が、中学校に進学できない。110 万名中学校卒業生のうちの 83 万名が高校に入学することができない。許绕坤「劉少奇許昌講話紀実」『党的文献』1999 年第 3 号。
6)　例えば、1957 年 5～6 月に内モンゴル自治区の平泉地区で、丰鎮中学学生は進学と就業の問題で集会やストライキやデモを行い、学生募集人数を拡大するように求めた（『内モンゴル自治区誌』内モンゴル人民出版社、1997 年、p.520）。1957 年 6 月、湖北漢県県で中学校の卒業生たちは高校への入学率の低いことを承知した後、騒ぎを起こし、反革命事件であると判断され、3 名の教師が刑罰までを受けた。この案件が 1986 年に無罪であると再び評された（蔡公「漢陽事件真相」『武漢文史資料』2001 年第 2 号、pp.26-28）。1957 年 7 月、雲南省羅平県中学校卒業生は大部分の学生の進学・就職のできないため、騒ぎを起こした（当代雲南編輯部『当代雲南大事紀要』北京当代中国出版社、1996 年、p.169）。
7)　何東昌主編『中華人民共和国重要教育文献（1949～1975）』海南出版社、1997 年、p.689。
8)　林楓「関於我们国家培養建設人材的問題－在中国共産党第八次代表大会上的書面発言」、何東昌主編、前掲書、pp.699, 701。
9)　周恩来「政治報告－在全国政協二届二次会議上的報告（1956 年 1 月 30 日）」、何東昌主編、前掲書、pp.565, 566。
10)　「百花斉放・百家争鳴」の方針が、芸術の発展と科学の進歩を促進する方針であり、わが国の社会主義文化の繁栄を促進する方針である。芸術上の異なった形式と風格は、自由に発展させてよいし、科学の面では、異なった学派は自由に論争したほうがよい。これは中国の

具体的な状況に基づいて提起されたものであり、社会主義社会にも依然としてさまざまな矛盾が存在しているところを承認した上で提起され、国家が経済と文化を急速に発展させなければならないという、差し迫った要求から提起されたものである。

11) 陸定一「百花斉放・百家争鳴（1956年5月26日）」、何東昌主編、前掲書、pp.620-625。

12) 1956年2月のソビエト共産党第20回大会における、フルシチョフ第1書記の演説を契機に開始されたスターリン（1953年3月死亡）の指導体制に対する批判運動である。批判の主な対象は個人崇拝、党内民主主義の抑圧、集団指導制の無視、民族政策や経済政策とくに農業指導の誤りなど多岐にわたっている。約4半世紀半にも及ぶスターリン統治時に関する評価の問題として、レーニン死後の一国社会主義論による経済建設、ナチス・ドイツとの国家の存亡を賭けての戦争など歴史的に重大な出来事を含んでいるだけに、その国際的余波は大きく、ハンガリー動乱（同年10～11月）・中ソ対立などを引き起こした。しかしこの批判運動にはスターリン時代にうっ積された国民の不満を政府支持に転換・利用しようとする意図も窺われ、その後部分的かつ徐々にスターリンの復権化も試みられたこともあるが、その評価はまだ流動的である。

13) 1956年にハンガリーの学生・知識人らの民主化要求が高まって政府の中立宣言まで引き出し、ソ連が軍事介入してそれを抑圧した事件である。ハンガリーでは勤労者党第1書記ラーコシが「非スターリン化」要求をはねのけ、1956年に後継者となったゲレも同様の態度を示したため、「ペテーフィ会」を中心とする学生・知識人の民主化要求が国民の支持を得ていった。10月23日に学生たちの開始したデモが、治安機関と衝突して暴動化した。24日に当局は改革派のナジを首相にすえ、ゲレに代えて粛清の犠牲者カダールを党第1書記に任命し、他方ではソ連軍の出動を要請した。しかし暴動は収拾不能となり、ナジ首相は気運に押されて複数政党を認め、11月1日にはハンガリーの中立を宣言した。4日にソ連は大規模な軍事介入を行い、同じ日にカタールはソ連領から「労農革命政府」の樹立を宣言した。青年たちは各地に革命評議会を結成して武力抵抗を続けたが、11月中にはほぼ鎮圧された。

14) 毛沢東「関於正確処理人民内部矛盾的問題（節録）」何東昌主編、前掲書、pp.725-727。

15) 毛沢東「在全国宣伝工作会議上的講話」何東昌主編、前掲書、pp.730-734。

16) 整風運動は、最初に党外人士、とりわけ知識人、民族ブルジョアジーの積極的な批判を重ねて要請したことであった。こうした中で中国国内では1957年6月には一部のインテリ、労働者、学生が共産党の指導に反対した暴動が起こった。

17) 『中国教育年鑑』編輯部編『中国教育年鑑（1949～1981年）』中国大百科全書出版社、1984年、p.39。

18) 中国語では「鼓足干勁、力争上遊、多快好省地建設社会主義」という。

19) 大躍進運動は1958年の夏から秋にかけてピークを迎えた。この最中の8月17～30日にかけて開かれた中央政治局拡大会議は大規模な鉄鋼生産運動、人民公社の設立など、政治、経済、社会を含むあらゆる部門で大規模な改革を決定した。会議で活動の重点は農業から工

業に移すべきことが決定されたことにより、土法による熱狂的な鉄鋼大生産運動が全国に展開されることとなった。さらに59年の目標が食糧4億トンから5億トン、鉄鋼2億7,000万トンという膨大な数字が掲げられた。経済の大躍進と並んで、毛沢東によって構想されたものが人民公社の設立である。共産主義精神を幹部と大衆に教育し、人民公社内の財産上の差別をなくし、自留地を集団経営に変え、個人や旧合作社の果樹園などもしだいに公有制に変える方針が決定された。このシンボルが公共食堂の設置であった。天児慧その他編『岩波現代中国事典』岩波書店、1999年、p.695。

20) 中国で、人民公社という制度が、国家的・社会的な承認を得るようになったのは1958年8月以降のことである。そもそも人民公社というのは、農業生産協同組合の生産力が一定限度まで発展し、そのよりいっそうの拡大を図るために農業経営規模を大きくし、生産関係をよりいっそう集団化・社会化していく必要から生まれてきたものである。すなわち協同組合（合作社）の規模を人口3～4万ぐらいの単位にまで広げ、その機能を単なる農業・工業といった生産関係ばかりでなく、政治・教育・軍事といった分野までを含みもたせた、まったく新しい組織である。公社には社員の供出、拠出による土地・建物・工場・機械・大型農具などや貯水地、運河水路などの生産手段を集団的に所有しており、その社員と生産手段とは生産隊、生産大隊、公社という3つのグレイド（三級制）によって分割所有されている。これらのうち最も基礎的、日常的な単位は生産隊で、社員の日常的な生産や生活の基本労働単位であり、また採算単位となっている。生産隊がいくつか集まって生産公社となるわけで、そこでは当然大きな生産手段が所有され、大規模な経済・政治などの活動がなされる。横山宏「地域社会における社会教育」『社会教育』第31号第3巻、1976年3月号。

21) 「大躍進」の思想に励まされながら、この年における非識字者一掃運動はすばらしい勢いで中国全土を包み込んでいく。1958年2月27日～3月6日に、教育部および全国非識字者一掃協会、全国労働組合、共青団中央委員会、全国婦人連合会の主催により、全国18の省、市、自治区から非識字者一掃に功績のあった諸部門の代表者を集めた座談会が開催され、67の非識字者一掃先進部門の代表者によって識字教育活動の貴重な経験が紹介された。そして農業および工業部門での「生産大躍進」を教育部門に連動させたもので、全国民が識字運動に沸き立った。

22) 文化革命促進のための5大任務というのは①青・壮年の非識字者一掃、労働者・農民の業務余暇をいっそう強化して労農大衆からの知識人・専門家の育成につとめる。これは教育建設に階級路線を貫くための重要な政策である。②小学教育の普及。国民の基礎教育により、社会主義建設の労働予備軍を鍛える。③農業中学・工業中学の経営・普及につとめる一方、普通中学の教授の質を高める。④師範教育の積極的な充実。労働者階級の中からの教師隊列の養成と、現職教師の改造。この双方から「マルクス・レーニン主義思想に徹し、専門に通じた」（紅しかも専）人民教師を大量に育てる。⑤毛沢東の教育方針に基づく、教育制度・内容・方法の改革。

3つの結合の原則というのは伝統的な学校の重大な欠陥である3つの分離・矛盾を社会主義の学校（「勤工倹学・半労半学」学校）で克服・転換させるための、①教育と生産の結合、②肉体労働と知的労働の結合、③理論と実際の結合、の原則である。
　中央教育科学研究所編『中華人民共和国大事記（1949～1982）』教育科学出版社、1983年、p.219。

23) 同上。
24) 陸定一「教育必須与生産労働相結合」何東昌主編、前掲書、p.852。
25) 『中国教育年鑑』編輯部編、前掲書、pp.688-690。
26) 中国語では「又紅又専」という。「紅」とは、共産主義の高い自覚ということである。「専」とは、高度の専門的知識や技術の水準のことである。
27) 1957年2月27日、毛沢東は最高国務会議を召集して、「人民内部の矛盾を正しく処理する問題について」を発表した。その中で毛沢東は劉少奇らの階級闘争消滅論を批判し、現時点における階級闘争の存在を指摘した。階級と階級闘争の問題から出発して、毛沢東は劉少奇らが政治遊離の知育第一主義をとっていることを厳しく批判し、「正しい政治観点のないことは魂のないことは等しい」「思想政治工作はすべての部門が責任を負わなくてはならない。共産党も、共産主義青年団も、政府主管部門も手を出すべきであり、まして学校の校長ならいっそう責任を負わなくてはならない」と指摘した。そして教育方針としては一面的に発達したエリート官僚養成、専門家路線を取るべきでなく、7億の人民を社会主義者にすることだとされた。中国研究所編『現代中国の基本問題』勁草書房、1970年、p.137。
28) 『劉少奇選集 下巻』人民出版社、1985年、pp.280, 281, p.310。また、「勤工倹学」とは、簡単に言えば、学校では、地域の生産と結びついて、学校の自給自足をはかり、それによって経費を節約する方式である。
29) 1957年11月8日、当時の国家副主席である劉少奇は『参考資料』に載せた「アメリカには2/3の大学生は半労半学」と題する文書を見たら、中国でも試行できるかどうかについて研究してほしいと命じた。その後実験を始めたと言われている。董明伝前掲書、p.92。
30) 劉少奇「我国応有両種教育制度、両種労働制度」何東昌主編、前掲書、p.834。
31) 「中共中央、国務院関於教育事業管理権力下放問題的規定（1958年8月4日）」何東昌主編、前掲書、pp.850, 851。
32) 「教育活動において中央人民政府の各部内の積極性を発揮させるのではなく、地方の積極性を発揮させることができるように、あらゆる小・中学校、および大部分の大学・高専・中等専門学校・技術学校はすでに地方に委譲されて、省・市・自治区の管理に移っている。また、従来どおり中央各部の管轄下にある中等専門学校と技術学校も、各部の業務の地方委譲に伴って、各部に直接指導される工場・鉱山・企業・農場の管理に移されている」という。「中共中央、国務院関於教育工作的指示（1958年9月19日」何東昌主編、前掲書、pp.858-861。

33）「中共中央関於人民公社若干問題的決議（節録）（1958年12月10日）」何東昌主編、前掲書、pp.864-866。
34）中国教育部档案（保存資料）1965年永久巻、第4巻。
35）許崇清「人的全面発展的教育任務」『中山大学学報（社会科学版）』1957年第1号。
36）中国共産主義青年団中央委員会は、1958年1月27日付で『全学生に勤工倹学を進めることについての決定』を公布し、2月5日には政府教育部が全国各級教育分門に対し、『全学生に勤工倹学を進めることについての決定』を通達した。そして江蘇省共産党委員会は各県の中・小学校に設けた「中・小学卒業生工作指導委員会」の具体的な措置に対して、勤工倹学の要請は急速に農業技術の専門学校それも当面の需要に間に合うようなシステムと教育内容をもった学校の設立を促した。こうして農業中学と名づけられた半労半学学校が設立された。斉藤秋男・小林文男「中国社会主義教育の内部矛盾と農業中学」『北海道大学教育学部紀要』第8号、p.75。
37）『中国教育年鑑』編輯部編、前掲書、p.180。
38）「大量発展民弁農業中学」『人民日報』社説、1958年4月21日。
39）同上。
40）陸定一「教育必須与生産労働相結合（1958年8月16日）」何東昌主編、前掲書、pp.852-857。
41）中国研究所編『中国年鑑（1960年）』石崎書店、1960年、p.274。
42）農業中学の学生募集対象は最初25歳以下の高級小学校卒業生を対象としていた。しかし、多く青年労働力を取りすぎたため、ある地方で農業の生産までに影響した結果になった。
43）「農業中学創設1周年を記念して―中共江蘇省委員会への返信―」陸定一著『中国の教育改革』明治図書、1965年、pp.102-106。
44）小林文男『中国社会主義教育の発展』アジア経済研究所、1975年、pp66-69。初出「双楼郷農業中学については」『教師報』1958年4月4日および『江蘇省農業中学校史選集』江蘇人民出版社、1960年。
45）欧陽恵林「鼓足幹勁、配合技術革命、為実現農業中学的新任務而奮闘」『江蘇教育』1959年第24号、pp.14-21。魯先恕「教学、生産、科研三豊収」『安徽教育』1960年第1号、pp.52, 53。
46）「中共江蘇省委批転教育庁党組、共青団江蘇省委関於贛楡県茭山農業中学的情況的調査報告（1959年10月16日）」何東昌主編、前掲書、pp.924, 925。
47）「中共中央批転『中共江蘇省委批転教育庁党組、共青団江蘇省委関於贛楡県茭山農業中学的情況的調査報告（1959年10月16日）』」何東昌主編、前掲書、pp.925, 926。
48）『中国教育年鑑』編輯部編、前掲書、p.180。
49）「培養工人階級知識分子的新途径　天津国棉一厂挙辦半工半読学校」『人民日報』1958年5月29日。

50) 「挙辦半工半読的工人学校」『人民日報』1958年5月29日。
51) 同上。
52) 斉藤秋男「江西共産主義労働大学・研究のために―『歴史研究』共大簡史要約」『中国研究月報』（総345号）、1976年11月号。
53) 何東昌主編、前掲書、p.1052。
54) 「教育部関於掃除文盲工作的通知（1957年3月8日）」国家教育委員会成人教育司編『掃除文盲文献滙編』西南師範大学出版社、1997年、pp.91-93。
55) 「中華人民共和国教育部関於基本上完成掃盲任務和掃盲年齢計算年限両問題的解釈（1958年1月14日）」国家教育委員会成人教育司編、前掲書、p.94。
56) 三好章『現代中国の識字運動とその成果』早瀬康子編『中国の人口変動』アジア経済出版会、1992年2月、p.213。
57) 同上。
58) 「中共中央批転林楓同志関於当前工鉱企業職工教育中幾個問題的報告（1959年3月31日）」何東昌主編、前掲書、pp.889-892。
59) 林楓「大弁職工業余教育、迅速培養技術力量」何東昌主編、前掲書、pp.941-944。
60) この委員会の主任は林楓で、副主任は張際春、廖魯言であり、委員は18名からなっている。業余教育委員会は事務室を設けることができる。「中共中央、国務院関於建立業余教育委員会的通知」何東昌主編、前掲書、p.944。
61) 陳迹「十年如一日―北京市第一機床場的職工業余教育」『紅旗』第16号、1960年、pp.37-41。
62) 早班とは、比較的に早い時間帯に開講するクラスのことであり、晩班とは、比較的に遅い時間帯に開講するクラスのことである。上海市教育局工農教育処編『上海職工業余教育在躍進中』上海教育出版社、1958年、pp.11-80。
63) 「陸定一同志在全国文教書記会議上的講話」（1959年11月9日）何東昌主編、前掲書、p.928。
64) 大学通信教育と夜間大学は中国の業務余暇高等教育の重要形式の一つである。1949年12月、教育部の『中国人民大学実施計画に関する決定』の中で、中国人民大学に夜間大学を開くように求めた。1950年中国人民大学夜間大学は正式に学生募集を始めた。1953年中国人民大学には通信教育も開き、2,500名の学生を募集した。1953～1955年には、大学通信教育と夜間大学の初期段階である。主に師範系大学と経済系大学が進められた。
65) 中国研究所編『現代中国事典』岩崎学術出版社刊、1969年、p.228。
66) これは辻一彦が日青協の第3次訪中代表団の一員として20日間日程、そしてその後1ヵ月間にわたり、1人で躍進する中国各地を訪ねる時の記録集を元に分析したものである。当時（1958年4月下旬から5月にかけて）の中国で、ちょうど「大躍進」政策が実施される直前と直後の時であった。記録集は辻氏は中国の働く青年たちとの話し合いを基にして彼自身

がもっていたいくつかの疑問に答えるつもりでまとめたものであった。ここでその一部分である工場の青たちとの話しの内容をそのままに抽出し、労農教育の展開における働く青年の役割を、その実態に則して見ていく。

　辻一彦著『中国の青年たち』福井県連合青年団発行（非売品）、1959年10月。本節の内容は辻氏のこの著作に基づくものである。

67) 中央教育科学研究所編『中華人民共和国教育大事記』北京教育科学出版社、1984年、p.216。
68) 中央教育科学研究所編、前掲書、p.248。
69) 「中共中央、国務院関於在農村中継続掃除文盲和巩固発展業余教育的通知」何東昌主編、前掲書、p.902。
70) 「中共中央関於人民公社若干問題的決議」何東昌主編、前掲書、pp.864-866。
71) 中央教育科学研究所編、前掲書、p.257。
72) 同上書、pp.261, 262。
73) 孟祥才「『掃盲大躍進』親歴記」『炎黄春秋』2005年第1号、p.20。
74) 同上。
75) 「陸定一同志在全国文教書記会議上的講話」（1959年11月9日）何東昌主編、前掲書、p.928。
76) 同上。

第5章
経済調整の実施に伴う労農教育の調整期

　本章では、1961～1966年の文化大革命までの「労農教育体系の調整と展開期」における労農教育の展開状況を明らかにする。この時期には、大躍進期の民衆動員による極端な政治運動の方針が是正され、経済建設が国家建設の課題とされた。教育は「調整・強化・充実・向上」（調整・巩固・充実・提高）といういわゆる「八字方針」の下で調整されるに伴い、その質の向上が図られた。そして、1964年になると、かつて見直しを迫られた教育の普及のための半労半学教育制度が再提起される。同時に、教育の「向上」のための大学レベルの業務余暇教育における通信教育と夜間大学も展開されるようになった。本章では、これらに関する中央の施策と地方の動きについて検討を加える。

第1節　「大躍進」運動への反省と経済調整の展開に伴う人材観の変容

1. 経済調整に伴う教育調整の方針

　1960年3月の第2期全国人民代表大会第2回会議では、経済建設における危機（食糧危機、経済危機）を解決するために、経済調整政策に関する討議が行われた。それにより、大躍進期の民衆動員による極端な政治運動の方針が是正され、国家建設の課題が改めて経済建設を中心とされることになった。また、自然災害の最中の1960年夏には、ソ連技術者の一斉引き上げによって、中国は政治的・経済的に自力更生路線への転換が図られた。とくに1960年冬以降、中国政府は、重工業の規模と発展のテンポを大幅に引き下げて、農業と

軽工業の回復を図ることを中心の内容とする「調整」策に転換した。その中で、1961年共産党第8期第9回全体会議で公布された「調整・強化・充実・向上」の方針に基づいて、1961～1963年に、中国の経済建設はいわゆる国民経済の調整期にはいった。人民公社の再組織とともに、各経済部門を挙げて農業部門に支援を与える一方、勤倹建国が唱導されてくる[1]。それは、教育の発展に大きな影響を及ぼした。1961年2月7日に、陸定一らは党中央の名義で中共中央文教小組によって作成された報告を公表した。そこには、「当面の文教活動は必ず『調整・強固・充実・向上』の方針を貫き」「内容の充実、質の大幅な向上、発展の適切な抑制に重点をおけ」と指摘された[2]。5月17日に、陸定一は党の大区宣伝部長会議で「ここ数年教育は発展し過ぎた。これ以上発展を続ければ教育亡国論が発生する」と発言し、教育事業の規模拡大を抑制するべきだと呼びかけた。7月20日に、教育部は「全日制学校の若干の問題に関する意見」を提出し、1958年以来、「生産労働が多すぎ、政治活動が多すぎ…教学の質に影響している」「各種の社会活動を厳しく抑制しなくてはならない」とし、中国の学校教育を1957年以前に引き戻すことが提案された。そして1962年9月より実施された小学40条、中学50条および高等教育60条は劉少奇派の主張を汲んだ教育綱領であった。このように、小学校から大学に至る学校の授業が劉少奇派の主導した教育計画に戻された。

1962年度の全国人民代表大会で周恩来によって提案された経済活動における具体的任務が10項あった。その8項目には、「文化・教育・科学研究・衛生などを調整し、それらの仕事の質を高めること」が明記された。そして、1962年5月の全国教育会議で、「規模を圧縮し、人員を減らし、質を高め、合理的分配」（圧縮規模、精簡人員、提高質量、合理布局）という調整の原則が定められた[3]。このように、教育領域において1961～1963年にかけて整理・整頓が行われた。かつて大躍進期に一時足ぶみをされた「質の向上＝正規化」路線が、再び台頭するようになった。「調整」の中で、とくに1962年5月の全国教育会議以降、教育部は大躍進期に急増した各種教育機関の整理を進めた。その結果、さまざまな創意によって作られた各種労農教育関連施設の大部分は閉鎖されることになった。

2. 毛沢東の教育観における階級闘争理念の強化とそこに見る人材観

　1962年9月に開かれた中国共産党第8期第10回全体会議は、その後の中国のあり方を規定する一つの転換点となった。その会議において、毛沢東は、社会主義の全時期を通じてブルジョアジーの復活のたくらみが続き、プロレタリアートとの階級闘争が存在しており、ある時にはこの闘争は非常に激烈になること、この闘争は必ず党内に反映すること、帝国主義の圧力と国内ブルジョアジーの影響が、ブルジョアジーの代弁者としての「修正主義」の根源であるとして、階級闘争の緊急性を強調した。また、それによって社会主義教育を強化する必要があるとも主張した[4]。そして、1962年の総会コミュニケでは、毛沢東の1957年の「人民内部の矛盾」報告および宣伝活動家会議講演における階級闘争の論点を発展させ、言わば階級闘争の理論が定式化されたのである。これは毛沢東と劉少奇・鄧小平との間の確執の現れであるといわれている[5]。

　毛が国家主席を辞任する決定がこの会議で発表された。その際、毛沢東に代わって指導権を握った劉少奇派には、実務家が多くいた。彼らは、中国の当面の課題が経済を持続的に発展させることにあるととらえていた。そして、大衆の政治意識の純潔および革命に対する情熱だけではその目的を達成することができないと考え、科学技術を重視し、近代的国家管理制度を整備し、労働者の勤労意欲の向上、徐々に経済を発展させるという基本方針が打ち出された。

　「経済建設第1、政治革命第2」という政治路線にあわせて、「専門知識志向」型という教育方針が再び導入された。政府は国家建設における知識人・専門家の役割を重視し、政策決定における専門家の参加を求めた。それはいわゆる「大衆路線」に対する「専門家路線」の登場であった（両者の比較は表5-1を参照）。「専門知識志向」型教育においては、「経済発展優先」という前提の下で、国家の限られている「資源」を有効に利用するために、「2本の足で歩く」という方針が打ち出された。すなわち、一方では、普通学校を中心に各分野の専門的人材を養成することである。とくに一部の「重点学校」で集中的に国家建設に必要な基幹要員の養成を行った。もう一方では、「半労半学」と呼ばれるような学校が中心となり、大衆の教育要求に応えると同時に、別の労働力養

成の道を開いた。

　続いて、毛沢東の階級闘争論の下に、1963年3月の中央工作会議から1966年春まで、全国の約1/3の県で社会主義教育運動が展開された。社会主義教育運動は、農村では「四清運動」と呼ばれ、都市では「五反運動」と呼ばれた[6]。この運動は右傾化し始めたと見られる社会主義を、再点検することにより、建て直そうとするものとされた。各地で運動の進む過程で「貧農・下層中農協会」が組織された。この協会が運動推進の中核になった。かつて、1957年に農村で社会主義教育運動が進められ、農民の積極性が大躍進の原動力になったことがある。農村部の「四清」運動が貧農・下層中農協会を新たに組織し、これを中核にすえたことは、運動の階級的性格を端的に示しているといえよう。

　前記のような階級闘争論はその後の人材観につながることになる。1964年7月に共産党指導部によって「フルシチョフのエセ共産主義とその世界史的教訓」[7]という論文が発表された。論文後半の毛沢東が執筆した部分では、どんな条件を備えればプロレタリア革命事業の後継者になることができるか、と問題を提起した。そこでは、フルシチョフを反面教師として、後継者の条件を5点指摘した後、後継者は「大衆闘争の中から生まれ」「革命の激しい嵐に鍛えられて成長する」と論じた[8]。1961年の「調整・強固・充実・向上」の方針の提出に伴い、中国の公立学校では「質の向上」の政策がほぼ貫徹された。のちにこれに疑いをはさみ、やがて批判するに至った生徒たちはその特徴を「知育・点数・進学・技術」第1の修正主義教育と要約した。毛沢東の指摘は、直接にはソ連の党指導部に対する批判であった。しかし、その意味は労農大衆の生活とまったく隔絶した中国の公立学校告発に及んでいるといえよう[9]。

　こうした流れを受けて、1964年に教育改革における新たな潮流が現れた。それは毛沢東の「春節座談会における談話」によるものであった。毛沢東は、1964年2月13日に、人民大会堂で劉少奇、鄧小平、彭真、陸定一、康生、林楓などの中国共産党の指導者、および章士釗、黄炎培などの16名の民主諸党派人士と座談会を行った。座談会の話題は国際問題、国内問題と多岐にわたったが、国内の教育問題にも及んだ。教育問題に関する毛沢東談話の要旨は以下

表 5-1 「専門知識志向」型教育と「政治意識志向」型教育の比較

	「専門知識志向」型	「政治意識志向」型
目　標	国家経済建設人材養成優先　政治意識を育成することも配慮する　専門知識と技能を有し、経済生産に役立ち、しかもプロレタリア政治目標を指示する人材を養成する	中国共産主義政治革命を促進することが優先　生産発展に役立つ人材養成も配慮する　高度な政治的自覚を有し、「全面発展」のプロレタリア革命事業の継承者を養成する
制　度	系統的な正規の学校システムと一部の労農子弟のための非正規の学校教育システムが併存する　前者は教育制度の主幹として、教育の質を高めることに重点をおき、専門人材を養成する。国家がこれを重視し、重点的に発展させる　後者は、教育の普及に重点をおき、労農大衆に教育を受ける機会を与え、国家はこれに対する重視度は相対的に低い	正規の学校教育システムと非正規のそれと合併させ、働きながら学ぶ学校教育システムを教育制度の主幹とする。在学年限の短縮の重要性を強調する
教学内容	正規の学校教育システムにおいては、系統性と専門性の高い知識を教授し、政治教育は相対的に強要しない　非正規の学校教育システムにおいては実用的な生産知識と技能を教授する	政治教育を重点的に行い、現に必要とされる生産知識と技術および政治知識を伝達する。理論知識中心のカリキュラムを拒否する
教学方法	学校における教科書中心の系統的な知識と技能の教授を重視し、試験の成績をもって学習効果を判定する	社会全体を学習する場とみなし、実践を通じて知識を学び、学んだ知識をまた実践の中で活用する。生産労働と政治運動に参加することが主な学習形態
教　員	専門知識志向の人材を採用する	政治的に信頼し得る、かつ実践経験を積んでいる労農代表を教員に迎え入れる
学生選抜	試験によって、成績優秀で、能力に優れている学生を選ぶ	政治意識、家庭の階級層を主な条件として、労農子弟を優先的に入学させる
指導関係	共産党指導のもとで、教育の専門家が教育の方針と施策を計画し、決定する。地方党の委員会は政治的事項にのみ管理責任をもつ	教育をプロレタリアの利益に奉仕させるために、党の委員会が教育を指導し、統制する。教育の専門家が教育事業に関する権限をもたない。教育行政は地方分権原則に基づいて、プロレタリア大衆によって「時、場所、人」に適合する方法で行われる

出所：唐寅「中国における『教育体制』改革について」『九州大学教育学部　教育行政研究』第4号、1989年、p.18。

初出：THEODORE HIS-EN CHEN, Chinese Education since 1949 :Academic And Revolutionary Models, pp.88 〜 115。

のようである。

　　　学制は短縮してよい。
　　　現在の教育課程は多すぎて、人を損ねている。小・中学生（初級中学と高級中学を含む）、大学生は毎日緊張状態におかれている。
　　　教育課程は半分切り捨ててよい。生徒が一日中勉強しているのは決して良いことではない。ある種の生産労働や必要な社会的活動に参加する必要がある。
　　　現在の試験方法は、敵に対するやり方であって、奇襲をかけるし、偏った問題や訳の分からない問題を出して、生徒をやっつける。これは八股文的な方法であって、私は賛成しない。完全に改革すべきである。
　　　古い教育制度は人間をそこね、青年を損ねている。私は全く賛成しない[10]。

　上記のような談話の要旨から見ると、毛沢東が取り上げたのは教育課程に関することであり、それが量的に多すぎるので半分に減らすべきという趣旨であった。学制年限を短縮するにあたり、教育内容を削減するという発想自体は一見合理的であるといえる。しかし、世良正浩の研究によると、学制年限は短縮しても教育内容は削減しないということを学制問題研究小組[11]の立脚点とすべき方針であったはずであり、この毛沢東の発言は従来の学制改革の動きで形成されてきた改革の枠組みに修正を求めるものとなった[12]といえる。さらに毛沢東の発言は、試験方法の問題点から従来の教学制度に対する全面的な否定にまで及んだ。さらに世良はこれについて「毛沢東は既存の学制改革の動きに大胆に挑戦しながらも、なおかつ、その動きを利用して独自の教育改革の潮流を生み出そうとした」と指摘している。その根拠として、学制問題研究小組により制定された「学制改革初歩方案」が結局のところ公表されなかったことが挙げられている。

　このように、この時期には、中国共産党内部の、劉少奇派による経済建設を重視する国家建設の方針と、毛沢東派の政治革命の継続による国家建設の方針とが対立し、教育上においては、表5-1に示しているように、いわゆる「専門知識志向」型教育と「政治意識志向」型教育の対立・闘争へと発展したと考えられる。言い換えれば、劉少奇派の「専門知識志向」型教育と毛沢東派の「政治意識志向」型教育の衝突は1964年以後に表面化されてきたといえよう。

つまり、劉少奇派は「二種類の教育制度」を大いに力を注ぐようになった。それに対して毛沢東派は1963年3月中央会議以後、階級闘争理念の強化に伴い、生産労働と政治運動に参加することが主要な学習形態であり、理論知識中心のカリキュラムを拒否するように主張した。そして、その後の文化大革命期に入ってから劉少奇に主張された「二種類の教育制度」は資産階級の複線型教育体系の亜種と見なされて否定された。

第2節 労農業務余暇教育の調整と展開

調整期まで、労農業務余暇教育には、内容としては、識字教育から高等の教養や技術教育まで、形態としては、定時制・通信教育・訓練班などさまざまなものがあった。調整期において、とくに、1962年5月の全国教育会議以降、教育部は大躍進期に急増した各種教育機関の整理を進め、さまざまな創意によって作られた各種労農教育関連施設の大部分が閉鎖された。さらに、労農業務余暇教育に関連する規定も定められた[13]。しかし、初・中等教育学生の進学と就業の矛盾が依然として存在しているため、1964年1月5日に中共中央、国務院によって公布された『教育部の小・中学校教育と職業教育7年（1964〜1970年）の企画に関する要点』においては、業務余暇教育をさらに推し進め、非識字者の一掃を実現するように呼びかけられた。その詳細として、引き続き、非識字者一掃と各種各レベルの業務余暇学校の教育の質を高めること、とくに、労働者と農民向けの業務余暇中等教育を積極的に展開させると同時に、中等と大学レベルの通信教育およびラジオ・テレビ教育を計画的に展開させるといった方策が明示された[14]。この時期に、とくに注目されるのは、大学レベルの通信教育と夜間大学が非常に盛んになっていることである。

1. 調整期までの大学レベルの通信教育と夜間大学の初歩的展開

大学レベルに準ずる通信教育（［函授教育］）と夜間大学（［夜大］）の発展は、業務余暇教育における「質的向上」方針の重要な施策である。1949年12月、教育部の『中国人民大学の実施計画に関する決定』では中国人民大学に対して

夜間大学を開設するよう要請した。1950年に中国人民大学夜間大学は学生募集を正式に始めた。1953年に中国人民大学で通信教育が開設された。財政経済専攻を設け、学員を2,500人募集した。これは中国で初めての大学レベルに準ずる通信教育と夜間大学の創設であった。

そして、第1次5カ年計画期間に大学レベルに準ずる通信教育と夜間大学は主に、師範類と財政経済類の大学によって展開されてきた。1954年11月に、教育部による「『東北師範大学通信教育に対する視察報告』に関する通報」[15]、1955年5月に、高等教育部と教育部によって出された『北京師範大学で高等師範通信教育部の創設に関する通知』[16]、1956年5月に、『総合大学における通信教育の開設に関する通知』[17]、1957年に高等教育部は業務余暇大学における学生の勉強および仕事の負担過重、教学の質の低下の問題に対して、『業務余暇高等学校の学習時間と整頓・強固・質的向上に関する通知』[18]、などといった規定を続々と出し、通信教育と夜間大学の教育方針と教授活動に関する規定を定めていた。第1次5カ年計画期間において、大学レベルに準ずる通信教育と夜間大学の学生募集は、高校卒業レベルの国家機関、研究部門、生産部門の勤務人員と中等学校の教員が対象とされた。国家建設に必要な基幹要員の養成に応えようとした措置であった。

このように第1次5カ年計画が完成された時点で、大学レベルの通信教育と夜間大学の基盤ができた。1957年時点で、全国で通信教育を行う大学は58校、夜間大学を行う大学は36校となり、通信教育学生3万5,000人、夜間大学学生1万2,000人に及んだ[19]。

2. 調整期における大学レベルの通信教育の強化

1960年から、北京を中心にラジオ・テレビによる中等・高等の通信教育網が整備し始められるようになった。同年3月に開設された北京テレビ大学は、1962年8月まで、2万7,000名の学生が在学し、9月に新学期が始まると新入生が7,000名入学した。これは中国の初めてのテレビ大学である。この大学は北京市教育局・北京大学・北京師範大学・北京師範学院・北京テレビ局・北京人民ラジオ放送局の連合によって設立されたものであった。国語・数学・物

理・化学の4つの専攻と予科が開設された。その入学資格は高等学校卒業程度であった。その中で、北京市の小・中学校教師4,000人のほか、行政機関・工場・部隊・人民公社などのメンバーが参加した。4つの専攻はそれぞれ2～6の科目をもっていた。そして専攻ごとに4～5年前後の業務余暇学習で終了できるようにしている。予科には高級中学程度の数学・理科・化学などの科目があり、それはラジオ・テレビ大学や全日制大学への進学を目指すためのものであった。北京市の市内、郊外に受信地点が1,000カ所設けられた。21名の専門教員が特定の場所で学生に面接指導を与え、その他、多くの兼職教員や受講生中の優秀なものが自習補導に当たっていることもあった。ほかに物理、化学の実験教室が北京在職研修学院と北京師範学院の中に設けられた[20]。1966年には、卒業生は8,000名に達し、約5,000名余りの学生が単科を修了した[21]。

1961年に、中共中央によって公布された『教育部直属大学の活動に関する暫行条例（草案）』では、大学は必ず通信教育を積極的に行うように定められた[22]。そして、1962年になると、全国で通信教育を行う大学は122校、夜間教育を行う大学は126校となり、通信教育を受ける学生12万4,000人、夜間大学学生2万9,000人に達した。同時に、農学、果樹、野菜栽培などの新たな専攻を設ける通信大学と夜間大学も現れた。こうした専攻の募集対象は農業生産に従事する青年であった。そして、都市部において、進学できない者を中心に募集する学校も現れた[23]。

1962年8月に、北京市教育局・共産主義青年団北京市委員会・北京人民ラジオ放送局などの8つの部門の合同で北京ラジオ通信教育学校が設立された。この新しい通信教育学校では、初級中学と高級中学の課程が設けられた。ラジオによる講義、通信教育、自習、補導を結合する教育方式をとった。週に講義の内容を18時間放送し、北京市の区ごとに分校を7つ設け、受講生に教育指導や宿題の添削を行った[24]。

その後、1963年1月19日に教育部によって『全日制大学と中等専門学校の通信教育と夜間大学の展開に関する通知』が公布され、大学レベルの通信教育と夜間教育を大いに発展させようとした。この通知では、通信教育と夜間教育は都市だけではなく、農村にも向けなくてはならないこと、そして、対象とし

ては、企業の労働者、機関幹部と学校教師に向けると同時に、都市と農村における進学できなかった青年にも学習に参加させるべきである[25]ことが定められた。こうして、全国の各部門と各地区が「調整・強化・充実・向上」の方針および需要と現有の条件に基づいて、通信と夜間大学教育を着実に発展させるよう呼びかけた。また受講生の分布によって、全国各地で受信地点が設けられることによって、学員の要求を満足する適切な措置をとった。

このような情勢の下で、1963年3月に、教育部は北京通信教育学院を開設した。学院は北京・天津・太源・呼和浩特の4カ所にセンターをおき、専門の教職員を設け、面接・補導・宿題の添削などの作業と組織活動を行った。このような展開は都市だけではなく、農村の人材を養成する手段として、通信教育の役割が大きく期待されたからであるといえよう。これまで各大学によって通信教育が行われてきたが、このように広域にわたって行われた通信教育は初めての試みであった。この学院では、中国文学、物理学の2つの専攻および農業会計・統計専修班が開設された。中国文学領域は全日制大学の4年制課程を5カ年で修了する。物理領域の修業年限は4年または6年である。農業会計・統計専修班の修業年限は1年半であり、学力レベルは中等専門学校レベルにあたる。また、学習の時間は毎週12時間で計算されている。同年、中国文学と物理の専門課程を学んだ学生は600名であった[26]。

1965年11月18日に、高等教育部は南京で大学レベルの通信教育会議を開催した。会議では、各地の通信教育の経験を交流した上で、農村向けの通信教育をもっと重視すべきであると認識した。さらに、会議で農学、牧畜・獣医、機械・電気、水利、土木・建築、医薬・衛生および教員向けの教職課程を開設することが定められた。また、農業生産の要求と各地の実情に応じて多様な学生を募集するよう申し合わせた[27]。

この会議以降、各地で農村向けの大学レベルに準ずる通信教育が積極的に行われてきた。例えば、北京農業通信大学が設立され、通県、南口、昌平、永楽店で分校が4つ設けられ、農学、果樹林、牧畜獣医の専攻が設置された。西南農学院、湖南師範学院では、農業中学教員養成訓練班が開設された。1965年末になると、全国で通信教育専門大学は171校、受講生は19万人に及んだ[28]。

これらの学校の卒業生の学力は大学あるいは専科卒業のレベルに達した。卒業生の大多数は所在部門の中堅幹部になった。

各地方政府の協力の下で、各地方で農村向けの大学レベルに準ずる通信教育が多く展開されるようになった。とくに江蘇省では大いに展開された。ここでは、その一例として江蘇函授大学と蘇北農学院刊江県函授分校の事例を見ていく。

1964年4月に中共江蘇省委員会・江蘇省人民委員会指導の下で、江蘇函授大学が南京に開校された。市下17県、21の国営農場から1期生、2期生合わせて1万2,000名の学生を募集した。専攻は農学、牧畜・獣医の2つである。修業年限は、専修班1年、専科と本科はともに2年とし、これを1・2・2制と呼んでいるが、実際には弾力性をもった学制であった。つまり、必要に応じて短期修了もできるし、継続して3年あるいは5年でもよいということであった。教育方式については、平時指導（毎月1～2日、重点地域の兼任教師が現地で学生を指導）と集中面接（農閑期、専任教師が現地に入り、約1週間）を結合させるほか、1965年7月から放送講座が開設された。その講座では、週に1回のペースで講義が30分放送された。

また、江蘇省刊江県には公社27、大隊389、生産隊4,477があったが、農業技術幹部37名、牧畜・獣医技術幹部10名しかいなかった。生産の急速な発展の需要に応えるために、蘇北農学院の援助を得て県に蘇北農学院刊江県函授分校を開設することになった。1965年4月に開校の際に、定員200名の3倍を超えた学生が690名入学した。11月までに、13回の現場指導、3回の集中面接が行われた。指導、面接の際には、学生のほか、公社・生産隊の幹部や普通の労農大衆も参加できるため、通信大学は成年技術幹部養成の役割も果たしていた[29]。表5-2のように、専攻領域は、文、理、工、農、医のあらゆる学科にわたり、通信教育・夜間大学が行われてきた。1964～1965年に調整政策の効果が現れ、経済状況が好転すると、再び業務余暇教育も活気を取り戻してくる。しかし、1966年後半からプロレタリア文化大革命が生じ、運動の中では、毛沢東思想が絶対視され、硬直した教条主義的風潮が中国の国際関係・国内関係両面において激化された。とくに国内関係では各地で「武闘」まで引き

第5章 経済調整の実施に伴う労農教育の調整期 203

表 5-2 1966 年までに教育部の公布と補充公布の通信教育・夜間大学を開設した大学リスト

省・市名	大学名
北京市	清華大学　北京農業機械化学院　北京工業学院　北京航空学院　北京農業大学 北京林学院　北京鋼鉄学院　北京大学　北京石油学院　中国人民大学 北京化工学院　北京師範大学　北京鉄道学院　北京対外貿易学院　北京地質学院 北京外国語学院　北京郵電学院　北京体育学院　北京鉱業学院　北京機械学院 北京水利水電学院
天津市	天津大学　南開大学
河北省	唐山鉄道学院
山西省	太原工学院　山西農学院　山西鉱業学院
黒竜江省	哈爾濱工業大学　哈爾濱電工学院　東北農学院　東北林学院　東北重型機械学院
吉林省	吉林工業大学　吉林農業大学　長春汽車托拉機学院　延辺農学院　長春地質学院 延辺大学　長春郵電学院　東北師範大学
遼寧省	東北工学院　瀋陽農学院　大連工学院　遼寧財経学院　瀋陽機電学院 遼寧大学　阜新煤鉱学院　東北人民大学　大連海運学院
上海市	同済大学　華東化工学院　上海交通大学　複旦大学　華東紡織工学院 上海体育学院　華東師範大学　上海水産学院　上海財経学院　上海第一医学院 華東政法学院
江蘇省	南京工学院　南京農学院　南京薬学院　蘇北農学院　華東水利学院 南京林学院　南京郵電学院
浙江省	浙江大学　浙江農業大学　杭州大学　浙江医科大学
山東省	山東大学　山東医学院　山東工学院　青島医学院　山東鉱業学院 山東中医学院　山東財経学院
安徽省	合肥工業大学　安徽中医学院　安徽農学院
福建省	厦門大学　福建農学院　福州大学
江西省	江西農学院
湖北省	華中工学院　湖北大学　武漢水運工程学院　華中農学院　武漢水利電力学院 湖北医学院　中南土木建築学院　湖北中医学院　武漢測絵学院　中央民族学院分院 武漢電力専科学校　武漢郵電学院　中南政法学院　中南財経学院　武漢大学
湖南省	中南鉱冶学院　湖南農学院　湖南大学　湖南中医学院
広東省	華南工学院　華南農学院　中山大学　華南医学院
河南省	焦作鉱業学院　河南農学院
四川省	重慶大学　成都地質学院　重慶建築工程学院　四川財経学院　重慶郵電学院 西南政法学院　成都工学院　西南農学院　成都電訊工程学院
雲南省	雲南大学　昆明医学院
陝西省	西安交通大学　西安公路学院　西安鉱業学院　西安郵電学院　西安冶金建築学院 西安外語学院　西安工学院
甘粛省	蘭州大学　蘭州鉄道学院

1966 年以前に師範大学によって行われた通信教育と夜間大学および各省・市・自治区によって独立に設置された学校は含まない。ただし、補充リストを公布する時に、教育部直属の師範大学（北京、東北、華東の3ヵ所の師範大学）を含む。
出所：『中国教育年鑑』編輯部編『中国教育年鑑（1949～1981）』中国大百科全書出版社、1984年9月、p.611。

起こされた。こうして、全日制教育は一時的に停止され、文化教育戦線に大きな混乱が生じた。他方、労農大衆の業務余暇教育もまたこの動きに大きな影響を受けざるを得なくなったのである。

3. 業務余暇教育に見られる階級教育の強化

この時期に注目すべきは、1963年3月の中央工作会議から、業務余暇教育はもとより教育事業全般にわたって階級教育強化の方向が明確に打ち出されてくることである。このような中で、毛沢東著作サークルが村や工場で数多く組織された。そこでは、『ベチューンを記念する』『人民に奉仕する』などの著作を使用し、物事を自己中心ではなく、他人の利益・集団の利益・階級の利益を中心とする精神を提唱した。毛の『自由主義に反対する』は、自由主義的な傾向の発生を防ぐことが趣旨であった。『愚公山を移す』は、いかなる困難にもめげない革命的気概を昂揚するために学習された。また、『中国社会各階級の分析』や『青年運動の方向』は必読文献であった。

一方、1963年に人民解放軍兵士である雷鋒に学ぶ運動が、業務余暇教育をはじめとする教育の場で展開されていった。同年に、老兵士・老幹部・老貧農・老労働者を招き、解放前の辛苦をつぶさに知り革命闘争の歴史を学び取る運動や、村史・家史・革命闘争史などの「四史」を大衆的に書き上げる運動が展開された。1957年以来始まった社会主義運動が、より推し進められたのである。このような動向にはそれなりの背景があった。1963年に文化戦線が現代修正主義批判に明け暮れたように、何よりも中ソ両党の決定的対立がこの年完全に表面化し、その是非は大きな問題であったが、中国共産党が、ソビエト共産党を現代修正主義集団に転落したものと考え、中国にソビエトの道―資本主義復活への道を許してはならないと決意したことが、その最大の理由であろう[30]とされている。そこでは、とりわけ、解放前の苦しみを知らず社会主義の中国で育った青少年たちにどのようにその苦しみを体験させ、中国共産党の指導をいかに理解させていくかが、戦略的な任務となるからである。

第3節　半労半学制度の再提唱と展開

　前述のように、1960年代にはいると、大躍進の政策は左翼的過ちを犯したと批判された。その過ちを改めるために、「調整・強化・充実・向上」の方針で経済政策が調整された。同じく教育の方針も調整された。すなわち、学校教育と同じく、成人教育も教育の質的向上の方針でこれまでの教育機関の統廃合や整理・整頓が進められた。それにもかかわらず、中国が建国時から抱えていた高度な専門人材の育成と大衆教育の普及という教育課題はうまくいかなかった。そこで劉少奇は、再び2種類の教育制度と2種類の労働制度の導入を主張した。全日制の学校教育と「半労半学」学校を相互補完的なものとして同時に発展させるようになった。このようにして、中国の教育制度は、旧ソ連をモデルとした制度とその弊害から脱却し、独自のあり方を模索・推進することになった。

1. 半労半学制度の衰退とその理由

　前述のように『指示』の中では、中国の学制について「全日制学校」「半労半学学校」「業務余暇学校」の3つの系統に分けて考えられ、それらのいずれも正規の学校として認められた。この指示に従って、「半労（農）半学」の農業中学・職業中学の設立が進んでいった。このように半労半学制度は1957年段階での試行、1958年段階での正式提出およびその後の実践などを経て、一時的に多く創設された。しかし、経営を維持できたのはごく少数であった。天津市の例を見てみると、1958～1963年に各種の半労半学学校が35校設立されたが、その後、大部分は閉学または全日制中等専門学校に組織換えされ、1964年前半には8校だけがかろうじて半労半学学校として残ったにすぎなかった[31]。

　この衰退状況を招いた理由としては次の3点が挙げられる。1つには「正規化」思想が根強くあったことである。過去に中等教育は「主として国家が投資して運営する普通中学に依存し、民営の職業学校の創設は奨励され」ず、また一部の教育活動家が「社会主義教育は単一系統でなければならない」[32]という

「正規化」思想に影響されていた。加えて、上層指導部においても半労半学制度の展開に異なる見解が存在していたのである。つまり、半労半学学校を過渡的なものと見なし、全日制学校を学校教育の中心形態とする見解があった[33]。2つには「大躍進」による教育の過度な発展への整頓およびその後の3年間にわたる自然災害の影響がある。工場附属の半労半学学校はそのために業務余暇学校に縮小したものが多かった。また「大躍進」の下で、各種各レベルの学校が多く創設されたものの、遅れた生産力の現実を無視したため、期待に応えたとはいえない。そして1961年中国共産党第8期第9回全体会議で公布した「調整・強固・充実・向上」の方針に基づいて、教育領域も1961～1963年にかけて整理・整頓を行い、半労半学教育にも影響を与えた[34]と考えられる。3つには運営上の経験の不足および経済上の問題が挙げられる。当時の北京師範大学教育学部三年生の天津市における半労半学学校に関する考察報告[35]によれば、工場立の半労半学学校に対して、生産への影響の心配、労働者の収入の減少の心配、半労半学学校の「不正規」への心配などが挙げられている。同時に、教育環境の整備の問題、例えば、設備の不備、教員の不足の問題なども挙げられている。これらの問題の出現が半労半学学校の経営に影響を及ぼしたのである。

2. 劉少奇による半労半学制度の再提唱

調整策の実施に伴い、とくに1962年中共第8期第9回全体会議以後、いくつかの都市で工場の生産・技術に密着した半労半学学校が一定の成績を収めた。一方、農村の半農半学学校もいわゆる第2の発展の時期に入った。

1963年には大躍進に対する国民経済の調整の任務が完成し、社会主義教育運動が始まった。この運動は政治・経済・思想・組織の4つの分野を清めるということで、「四清運動」ともいわれ、右傾化し始めたと見られた社会主義を、再点検することにより建て直そうとするものであった。これらの運動の展開が教育にも影響を及ぼした。

そして、1963年の中国においては、初・中等教育の学生の進学と就業の矛盾が依然として存在していた。毎年、小学校に入学した1,500万人の新入生の

うち、農村部は約 1,200 万人、都市部は約 300 万人であった。しかし、都市部の毎年の就職者数はせいぜい約 100 万人であった。高等教育機関の卒業生を入れれば、就職できる人数は約 130 万人にしかならなかった。このような就職状況を鑑み、当時の指導者たちは普通初・中等教育だけでは不十分であり、職業教育を発展させなければならない[36]と考えた。しかし、国家の財政不足のために国家による正規の職業教育を行うことは困難であった。そうすると、「大衆路線」による解決策が求められるようになった。

　1964 年の毛沢東による「春節座談会における談話」の発表後に、1964 年 7～8 月、劉少奇は「いわゆる 2 種類の労働制度と 2 種類の教育制度には、ある部分はお互いに結びついており、労働制度でもあり、教育制度でもあり、学校制度でもある。その実践形態としては半労半学の学校である。このような半労半学の制度を正規の教育制度、正規の労働制度とすべきである」と指摘し、「教育普及の実現、および国家と各家庭にとって負担にもならない方法としては、半労半学学校の開設である」「長い目で見れば、2 種類の労働制度と 2 種類の教育制度の実施は頭脳労働と体力労働の差異をしだいに絶滅させることができる」[37]などと論じ、2 種類の教育と労働制度がより明確に提出された。

　このように、1964 年 5 月以来 2 年間にわたり劉少奇は 19 の省を視察し行脚して 20 余回の報告を行い、どこでもこの「二種類の教育制度」を説いた。劉少奇はまず、半労半学の制度は彼が 1958 年に天津で提起したものであり、自分の独創であると言った。そして半労半学を名目にして旧教育制度を極力維持しようとした[38]。毛沢東の構想した半労半学はすべて学校の半労半学化であったが、劉少奇の「半労半学」はもっぱら「技術員」「技師」「工場長」「市長」「党委員会書記」などの専門人を養成するものであった。それによって全日制学校の方はエリート養成機関として、旧教育・ブルジョア教育の機関として温存し、「複線型」の教育体系を作ろうとするものであった。つまり、毛沢東の主張する半労半学では、各種各レベルの学校の半労半学の普遍実施であった。それに対し、劉少奇の主張する半労半学は全日制学校教育制度外のもう一つの教育制度である。それはあらゆる学校の半労半学化ではなく、全日制の大・中・小学校は教育の質を保障するためにやはり勉強を主としなければならない

ということである。

　1964年9月に、教育部、高等教育部、労働部の連合による『半労半学制度の試行における初歩意見に関する報告（草案）』が中央に提出された。報告で、「半労半学学校は教育と生産労働と結びつける新型の学校である。青少年はこの類の学校に入り、学生であると同時に、生産労働者でもある。在学期間に半分の時間で文化と理論知識を勉強し、もう半分の時間で生産労働に参加する。卒業後に体力労働もできるし、頭脳労働もできる。労働者と農民になれるし、技術仕事と行政管理もできる。こうして『赤しかも専』の社会主義の新型の人間になれる」[39]と劉少奇の主張を改めて強調した。さらに、都市部では現在の技工学校、職業学校をしだいに半労半学の中等技術学校に切り替えるようにする。農村部の農業中学に対してもよく経営しているところを継続して発展させる一方、経営状態の悪い農業中学に対して整頓を行った。このように、半労半学に対する要求を明確にさせ、軌道に乗せさせるようにする。

　1964年10月に、劉少奇はその忠実な部下である何偉を教育部部長に任命した。何偉は就任後、この2種類の教育制度の「実行」のために積極的に努力をはらった。1964年11月15日に、劉少奇は中央政治局拡大会議で暗に毛沢東を非難し、全日制学校の改革は「観点が不正確である」とし、「絶対に盲目的指揮をしてはならない」[40]と指摘した。さらに1964年12月から1965年1月にかけて開かれた第3期全国人民代表大会第2回会議において、周恩来総理は、政府活動報告の中の社会主義教育について、以下のように報告した。「数年来、われわれは教育を無産階級の政治に奉仕させるため、教育と生産労働を結合する方針をとり、教授活動を改善し、教育活動の質を高めてきた。各地方に『半労半学』の新しい型の学校を設立し、労働者と貧農、中農の子弟の入学率を高めた」。「無産階級の教育事業の発展については劉少奇主席の指示に基づいて今後、若干年は一面、現行の全日制学校の制度の改革を進行させ、教育を無産階級の政治に奉仕させることを徹底し、教育と生産労働を結合する方針をとり、民衆の力に十分依拠して各種各様の教育形態をとり、小学校教育を普及する。一方、半労半学の学校を試行する」。「半労半学の学校は教育を生産労働と結びつけた新しいタイプの学校である。このような学校は、肉体労働もでき

るし、文化も技術も身につけられる、いわゆる全面的に発達した新しい人間を養成することもできる。そして、頭脳労働と肉体労働の差異を次第になくしていく条件を作り出すこともできる。こうした新しいタイプの学校は、社会主義・共産主義教育の長期にわたる発展の方向である」[41]と評価している。半労半学学校とその制度こそが、今後の中国教育の中心にすえられることを確認したと考えられる。このようにして、半労半学制度の実施を通じて、一面科学技術の向上のために高度な研究水準の維持、そのための全日制・公立学校の教育体制が質の向上を目指して維持されなければならないと同時に、教育の普及ということも重視されているのである。

　1965年3月26日〜4月23日にかけて、全国農村半農半学会議[42]が開かれた。これは教育部部長である何偉が劉少奇・陸定一の意を受けて開いたものであるといわれる[43]。劉少奇はこの会議で演説して大いに「2種類の教育制度」を宣伝した。1965年の11月に、第3期全国人民代表大会第2回会議における周恩来の報告の線にそった実践の中間総括として全国都市半労半学教育会議[44]が教育部によって召集された。ここでも劉少奇・陸定一が演説した。この2つの会議での結論として、半労半学制度は「教育を生産労働と緊密に結びつけ、二つの大きな教室（学校での教育と生産現場での教育）、ふたとおりの教師（学校の教師と労働者・農民の師匠）の役割を十分に発揮させて、徳育・知育・体育などの面で学生の全面的な成長に寄与している」とされた。これは、周恩来報告をさらに一歩進めて、この制度こそが、「肉体労働と頭脳労働との分離をしだいに廃絶させるものであり、プロレタリア独裁を強化し、資本主義復活を防止する根本的措置の一つである」ことを建前として強調した。そして当面の課題として「教育制度をつくり、しだいに形をととのえ、これを体系的なものにするためには、ある過程を経なければならない。そこから法則を見つけ出し、経験を積み上げるには、数年あるいはもっと長い時間をかける必要があり、『実験五年・普及十年』の方針を堅持する。実験の重点を、中等技術専門学校と大学におく」よう、呼びかけた。

　このようにして、半労半学学校は旧来の全日制学校と共存しつつ、実験の過程に入ったのである。とくに、1964年頃に急速に発展し、全国各地でモデル

ケースが試みられてきた。半労半学の展開は1958年段階の中等職業教育の発展から1964～1965年段階において、中等技術専門学校と高等教育の発展へと進められてきた。高等教育段階では、国営農場、工場などが半労半学の大学などを設けているほか、全日制大学でも、いろいろな形態でこの制度の教育を実施している。

3. 調整期の実践に見る半労半学制度

（1） 地方性の大学における半労半学実践

前記で見てきたように、半労半学制度は1957年の試行段階、1958年の正式提出段階およびその後の実践段階を経て、半労半学学校が一時的に多く創設された。半労半学教育にはさまざまな学校の形態があったが、工場や企業によるものが多かったといえよう。また「共産主義労働大学」のように、最初から半労半学で設置された大学も現れてきた。しかし、全国性の大学で半労半学は全面的に実施されなかったようである。この時期に、地方大学で半労半学に転換するものが現れ始めている。ここでは、初めてその転換に着手した北京商学院の状況を取り上げる。

1965年1月から、北京商学院商業経済学部では半労半学が試行された。ここでは4年制をとっているが、教室の学習と現場の労働はほぼ半分を占める。1、2年生は学校の教室で勉強するほか、都市の商店、倉庫、包装工場あるいは商品卸売り部門などで労働する。3年生は農村へはいって、働きながら学ぶ。そして、時には人里はなれた山村へ出かけて、日用品の販売や農業・副業生産物の買付けにあたり、人民公社の生産促進に一役かっている。ここでの勉強を通じて、学生たちは、在学中、商業管理、政治経済などの専攻科目を修得するほか、中国の社会主義商業政策を全面的に理解することができた。卒業後、彼らは全面的な商業知識と実地の経験を備えた人材として、各商業部門や各企業の幹部、会計、管理員に採用される。このように、実践に接することによって、学生たちは商業の基礎知識をより早く身につけることができた。そして、当時、提唱されていた誠心誠意、人民に奉仕する精神をより良く体得できるようになったといわれる[45]。そして、こうした教育制度をとるようになっ

たのは、頭脳労働もできれば肉体労働もできるという理念に従う商業人材を養成するためであるといえよう。

このほか、労働者の中から「赤しかも専」の知識人を養成するために、全日制大学では、1964年から初めての産業労働者クラスの開設を試みた。それは、教育部と冶金工業部の連合で1964年から北京鋼鉄学院での産業労働者クラス開設から始めた。募集対象は、政治的自覚もち、高校卒業レベルにあたり、年齢は27歳以上で5年以上の勤務経験を有する技術労働者であった。そして、彼らは卒業してからもとの勤め先に戻ることが原則である。募集は推薦と試験によって行われる。最初は勤め先によって厳格な選抜を行い、大学に推薦する。その上で大学によって試験を行う。1964年に鋼鉄圧力加工産業労働者クラスだけが設けられ、学生を35名募集をした。学生は入学してから1年の基礎課程（高校の知識の復習）を勉強してから試験を行い、合格者のみで4年制の大学に入ることができた。不合格者は1回だけ留年できるが、再度の試験を行い、まだ不合格になったら勤め先にもどる。なお、学習期間に学校から賃金の80%を基準に助学金として学生に支給する[46]ことになっていた。その後の7月19日に教育部と石油工業部によって、東北石油学院も産業労働者クラスを開設し始めた。

前記で見てきたように、いくつかの大学で、工場や人民公社と提携して、「廠来廠去」・「社来社去」方式[47]の半労半学科の特別のクラスがあった。これについては、「大学の一部開放にあるのではなくて、伝統的な研究・教授体制を維持してきた全日制大学を半労半学大学に改造すること、教員・学生が3大差異（工農、城郷、脳体）を廃絶する教育制度を内部から支える構成主体に自己を変革することである。そしてこの変革・改造は、まさしく世界教育史の既成概念をくつがえす教育革命に属する事業である」[48]といった認識もあった。

このように、半労半学教育は政治、経済に影響されながら何度かの試行錯誤を辿ったが、労農、幹部たちの政治、文化、技術などの水準を向上することに対して、一定の役割を果たした（表5-3を参照）。ところで、前記のように、半労半学制度に対して共産党の指導者たちの間での意見のずれが党中央の教育方針をめぐる思想闘争を反映したといえよう。そして、1966年6月以後、高

表 5-3　1965 年の半労半学中等学校状況

(単位：人)

	学校数	班数	学生数	専任教員数	職員数
合計	7,294	28,962	1,266,465	71,594	80,191
中　級	4,683	17,707	726,175	50,860	70,805
教育部門	717	2,864	138,413	7,863	7,546
他部門	3,726	14,183	562,268	41,902	62,358
各集団	240	660	25,494	1,095	901
初　級	2,611	11,255	540,290	20,734	9,386
教育部門	1,024	5,198	246,699	10,500	5,819
他部門	820	2,401	104,697	3,594	1,458
各集団	767	3,656	188,894	6,640	2,109

出所：『中国教育年鑑』編輯部編『中国教育年鑑(1949-1981年)』中国大百科全書出版社出版、1984年 p.181 より作成。

級中学・大学の速やかな半労半学化が要請されることに至ったが、1966年からの文化大革命という政治運動の発動によって、それまでの労農教育が示した初歩的な展開から大きくそれることとなった。「2種類の教育制度」は資産階級の複線型教育体系の亜種とみなされて、否定された。

(2) 農村部における農業中学の展開とその特徴

　前章で論じてきたように、農業中学が創立された背景としては、農業生産協同組合の進展に伴う大量農業初級技術人材の養成、および進学と就業の矛盾の解決の2点が挙げられる。ところで、農業中学の創立はまた新たな矛盾を引き起こした。それは子どもが生産から引き離されることによる、労働力の減少、進学を立身出世の道と考える思想の現れである。しかし、現実としては、「大躍進」や3年自然災害の影響が、国民経済と人民生活に困難をもたらし、人々の生計も立てられない状態であったので、農業中学の発展も妨げることになった。そして、大躍進後の調整期に農業重視策が展開されるに伴い、農業中学も整頓された。1961年2月7日に、中共中央文教小組による報告が党中央の名で公布された。そこでは「当面の文教活動は必ず『調整・安定・充実・向上』の方針を貫き」「内容の充実、質の大幅な向上、発展の適切な抑制に重点をおけ」と指摘された[49]。農業中学に対する今後の調整については、「今後の3～

第5章　経済調整の実施に伴う労農教育の調整期　213

5年内に農村の16歳以上の在校学生は農村全部労働力の約2％に控えるべきである。（中略）農業中学は業務余暇学校に変更すべきである。または学生は農閑の期間を利用し、約3～5カ月で勉強を行い、その他の時間は生産労働に従事すべきである」[50]と定められた。そして、農業中学の教育形式は集中制を採用するようになった。すなわち、農閑期に集中的に学習を行うが、農繁期に集中的に農業生産に従事するという制度であった。こうして集中労働が可能になると、農業の生産性の向上に役立った。このことは公社積立金を災害補償に取られた後において、公社の財政からも必要であった。さらに農業中学の集中化は農業中学の生産参加がより本格化したことにより、農業中学はより現場に密着したものとなり、したがって農業技術のセンターとしての役割を果たすようになった。その結果、農業中学の卒業生はかつてなかったほど現地の生産に密着した中堅技術幹部として養成されることが可能になる。このように、1961年以後の農業中学を特長づけるものは、勉強と農業生産との結合がより緊密となり、勉強は農業生産の必要な一部分となったことである。

　1963年3月に中共中央宣伝部の『中学校の調整と農業・工業技術教育の強化に関する初歩意見（草稿）』によって、「これまで停止され、または合併された農業学校と農業関連の技術学校は積極的に回復すべきである。（中略）農業中学を引き続き経営すべきである。それは農業中学が農民大衆自身によって行われた半農半学性質の学校であり、国家によって行われた中等農業技術学校や初級中学とは異なる。こうした大衆の学校経営に携わる積極性を妨げることができない」[51]と農業中学を引き続き経営するよう呼びかけた。

　このように、1961年と1962年の調整を経て、農業生産状態の好転に伴い、1963年以後、農業中学は大いに発展するようになった（表5-4を参照）。そして、各農業中学では、農学、養殖、牧畜、家庭経済、農業産品加工といった農業常識や農業技術を勉強する以外、1965年に衛生部と教育部の連合で農業中学には衛生班を設け、農村に衛生技術人材を養成するように定めた[52]。それは農村における農民の衛生保健にも役立った。

　集中制を最初に実行した吉林省の場合、農業中学の組織と教授計画は表5-5と表5-6に示される新たな形式をつくり出した。

表 5-4　1963〜1965 年の農業中学発展状況表

(単位：万人)

	学校数(所)	学生募集数	卒業生数	在校生数	専任教員数	職員数
1963 年	3,757	13.37	2.04	24.57	1.31	0.43
1964 年	12,996	65.79	2.92	84.97	3.39	0.98
1965 年	54,332	225.10	8.17	316.69	12.55	2.87

出所：『中国教育年鑑』編輯部編『中国教育年鑑（1949〜1981）』中国大百科全書出版社、1984 年 9 月、p.180。

表 5-5　労働・学習の配分

期　　間	日　数	種　類
3 月 1 日〜5 月 5 日	66 日	集中学習
5 月 6 日〜7 月 20 日	76 日	集中労働
7 月 21 日〜9 月 20 日	62 日	集中学習
9 月 21 日〜11 月 30 日	71 日	集中労働
12 月 1 日〜1 月 31 日	62 日	集中学習

集中労働日の合計 147 日、集中学習の合計 161 日、（これは上表の集中学習日の合計 190 日から、日曜日 27 日と休日 2 日を差し引いた純学習時間）集中学習の機関は毎週 30 時間、期間を通して 805 時間、1 日 5 時間制である。
出所：斉藤秋男　小林文男「中国社会主義教育の内部矛盾と農業中学」『北海道大学教育学部紀要』No.8、1962 年、pp.80,81。初出：任東昇「開安人民公社農業中学実行農忙集中労働農閑集中学習制度的調査」『中国青年報』1961 年 9 月 20 日号。

表 5-6　授業計画（集中学習期間）

科　目		1 学年	2 学年	3 学年
文　化	語　　文	7	6	6
課　程	数　　学	7	7	7
技　術	物理・化学	2	4	4
	農業　常識	6	3	3
課　程	農業　技術	4	8	8
政　治	政　　治	2	2	2
	計	28	30	30

語文・数学は普通中学の教科書を使用、時間数にして全日制普通中学の 2/3 以上の水準に追いついている。農業技術は原則として 2 学年から実施、この場合、特別の一課を専攻させる建前をとる。例えば農業水利とか野菜技術のいずれかを専攻する。
出所：斉藤秋男　小林文男「中国社会主義教育の内部矛盾と農業中学」『北海道大学教育学部紀要』No.8、1962 年、pp.80, 81。初出：「吉林農中学生新的学習生活」『人民日報』1961 年 12 月 18 日号。「農業中学応該培養什麼人材—吉林市郊二道人民公社幹部・教師談弁農業中学的体会」『人民日報』1962 年 1 月 6 日号。

こうした農業中学の集中制は、また「五・六・一制」（5カ月労働、6カ月学習、1カ月休暇）とも呼ばれているが、実質的には巡回学習指導と学習サークル[53]の相互学習が重視されたため、学習時間は「半日制」よりも1カ月近く多くなっている。学習サークルの相互学習は「能者為師」（できるものが先生となる）の原則の適用を現実的なものにした。

　集中制にしても、各地区の状況によって異なる。例えば、江蘇省銅山県黄集農業中学では、既述した吉林省の状況とは異なる[54]。黄集農業中学では、農閑期に多めに勉強し、農繁期に少なめに勉強するという原則、および当地の農事や季節によって1年を下記のように区切るようになった。1年の上半期に春節後から清明まで農閑期に、「五・一制」をとっていた。「五・一制」とは、毎週5日間授業を受け、1日間労働に従事するということである。夏の農繁期に休学して労働に参加する。農耕後から小暑まで半日労働と半日学習の制度をとっていた。そして、1年の下半期に立秋から秋の農事までも半日学習と半日労働の制度をとっていた。秋の農事後から春節前までにやはり「五・一制」をとっていた。カリキュラムの設置については、初級農業中学では、政治、国語、数学、農業常識を4科目設けた。高級農業中学では、人民公社の実施に応じて農学、財務会計、牧畜獣医の専門クラスを3つ設けた。このクラスでは、政治、国語、数学を勉強するばかりでなく、専門知識の勉強と専門技能の訓練がとくに重視された。こうした半農半学の制度の実施によって、教育と生産の結合に役立ち、学生の直接経験と間接経験を有機に結合させるようになった。例えば、農村における実用知識の教育を通して、学生は皆算盤や土地の測量、簿記ができるばかりでなく、各種農作物の栽培から収穫までの技術ができるようになった。こうした教育を受けた人々は農業生産に役立ったといえよう。同じく黄集農業中学の例を挙げると、1959〜1964年に至る6年間、4期の初級農業中学の卒業生は536人であった。彼らは卒業後生産隊に戻って、ほぼ所在生産隊の中堅になった。536名の卒業生のうちに村幹部2人、生産隊長12人、会計52人、保管員59人、記工員120人、トラクター運転手20人、のべ265人であり、全体の49％を占めていた。

　この時期における農業中学の動向は、以下のようにまとめることができる。

第1に、人民公社化初期にはかなり大規模な学校が設けられたが、この時期では、小規模で分散の学校となった。こうして、大部分の農業中学で行われた生産労働は自己の属する生産隊に帰って行うことができた。

第2に、農業中学の教科は実用的となり、政治・国語・数学・農業の4つの基礎科目の内容も、例えば国語では応用文、数学では珠算や簿記・会計などを増加し、農業化では生産と密着したものを教え、条件が良い学校ではさらに理科や衛生の常識を教えた。また高級段階では、農業機械化の知識や技能も教えるなど、一般の中学校に順ずるのではなく、職業課程としての特色をしだいに明確にしてきた。

第3に、授業期間は大体1年の半分、通算6カ月程度であった。当初とられていた半日労働、半日授業、または隔日制のほか農閑期学習が多くなってきた。

4. 半労半学制度の特質について

1956年の中国社会主義建設期に入るに伴い、中国共産党は教育制度改革にも本格的に着手し始めた。その具体的展開の一つとしては、半労半学制度の提出と実施であった。そして、本章では、その半労半学制度の再提唱と展開の過程の考察を通し、そこにある特質を明らかにした。

第1に、半労半学教育制度の形成の理由の考察を通して、次のことが確認される。働きながら学べるという新しい学校を創造していくということが、教育普及・向上の目標を実現するためであり、生産からの要求と教育に対する要求との間の矛盾を解決するためでもあった。要するに、国家経済の発展と民衆生活の向上に応えるため、広範な大衆が文化と技術などを身につけない限り、新しい社会の建設はできないという認識から、農村と都市・農業と工業・肉体労働と頭脳労働の3つの矛盾の止揚における半労半学制度の果たす役割を期待し、半労半学制度の実施は最終的にプロレタリア専制を強固にするための基本方策の一環として位置づけられていた。

第2に、半労半学制度の展開の過程から見ると、労農教育政策の変遷について延安「大衆路線」を基準とし、それからの逸脱・復帰が繰り返されてきた

ことがわかる。つまり、建国初期に行われてきた「正規化」の方策に代わって、社会主義建設期においては、国家の財政的余裕がない中で、「大衆路線」によって主に工場における在職訓練としての位置づけがなされた成人職業教育が展開された。そして、「大躍進」政策の誤りに対する調整により再び質的向上を目指した「専門知識志向」型教育が重視されるようになった。さらに、国家財政の不足、および学生の進学と就業の問題を解決するために、半労半学教育制度は再度脚光を浴びるようになった。

　第3に、前項との関わりからさらに言えば労農教育と学校教育とは密接な関係にあることがわかる。それは半労半学が学校教育制度として位置づけられながらも、就学適齢者だけを対象とするのではなく、中等教育卒業後就労する者に対して普通中学以外に職業中学にあたる半労半学学校を設けることからも明らかである。それは学校教育と並行して展開された「二本足」の一部でありながら、それは、学校教育がまだ完全に機能していないという状況下において、教育の「普及」を担う学校教育を補完する実践でもあった。

　第4に、だからこそ半労半学制度の実施は「二本足で歩く」という中国教育体系を示す代表的施策である。これは、教育普及・向上の目標の実現に役立つと同時に、労農大衆の教育を受ける権利を保障する道も開き、労農大衆を対象とする成人教育発展の方向性でもあるといえよう。

　第5に、試行錯誤で進められてきたこの時期の半労半学教育の展開には、労農大衆に対する人材要求が政府による「運動」の形式で進められてきたが、これは労農教育展開の盲目性をもたらしたと同時に、労農教育政策の展開は深く国家の政治、経済のはざまにおかれていたことを示していたといえよう。

小　　結

　1961〜1966年の文化大革命までの「労農教育体系の調整期」においては、大躍進期の民衆動員による極端な政治運動の方針が是正されるに伴い、国家建設の課題は再び経済建設を中心とする軌道に乗せられた。教育は「調整・強化・充実・向上」といういわゆる「八字方針」の下で調整されたとともに、教

218

育の質の向上が図られた。教育政策方針は「経済建設第一、政治革命第二」という政治路線にあわせて、「専門知識志向」型教育を再度導入した。政府は知識人・専門家の国家建設における役割を強調し、政策決定への専門家の参加を求めた。これはいわゆる「大衆路線」に対する「専門家路線」の登場であった。しかし、同時にまた国家の財政不足および民衆の高まる学習要求のため、正規型教育制度の整備の遅れを補完する半労半学教育制度の再提起および大学レベルに準ずる通信教育と夜間大学における業務余暇教育が進められた。その対象は、企業の労働者、機関幹部と学校教師だけでなく、都市と農村における進学できなかった青年も学習に参加させる策がとられた。

　そして、1962年9月に開かれた中国共産党第8期第10回全体会議で1957年の「人民内部の矛盾」の論点を発展させ、言わば階級闘争の理論を定式化した。こうした階級闘争論はその後のプロレタリア革命事業の継承者といった人材観と密接な関わりがある。このように、この時期に、中国共産党内部の、劉少奇派の経済建設重視による国家建設の方針と、毛沢東派の政治革命の継続による国家建設の方針とが対立し、いわゆる「資産階級」路線と「無産階級」路線の対立・闘争へと発展した。そこで、この時期にもう一つの注目すべきことは、この頃から、業務余暇教育はもとより教育事業全般にわたって階級教育強化の方向がはっきり打ち出されたことであった。

〈注〉
1) 経済的調整は1961年1月の中国共産党第8期第9回全体会議で公式化され、この会議は、「大躍進」政策が誤りと多くの反対をもたらしたことを、決して公然とではなかったが、暗黙裡に容認した。「農業を国民経済の基礎とする」という新しいスローガンは、農業危機を和らげるために工業の基本建設の縮小を指導部が覚悟したことを明らかにした。
2) 「中央文教小組関於1961年和今後一個時期文化教育工作安排的報告（1961年2月7日中共中央批転）」何東昌主編『中華人民共和国重要教育文献（1949～1975年）』海南出版社、1998年、pp.1027-1029。
3) 「林楓同志在全国教育会議上的講話（1962年5月16日）」何東昌主編、前掲書、pp.1093-1095。
4) 何沁主編『中華人民共和国史』高等教育出版社、1999年9月、p.176。
5) 文化大革命の前兆については、アメリカの作家 William Hinton（韓丁）の質問に答えて、

周恩来は、それは1962年にすでに現れているといっている。この年9月の第8期中国共産党中央委員会第10回全体会議の報告の中で、名指しはしないが劉少奇が批判され、1963年に、毛沢東党主席は、社会主義運動の進行について10カ条の意見を発表したが、劉少奇は自分に都合がよいようにすりかえたともいっている。多賀秋五郎『現代アジア教育史研究』多賀出版、1983年2月、p.70。初出：70年代月刊社編印『周恩来記念集』、p.429。

6)「四清運動」は、はじめは「経理・在庫・財産・労働に基づく配分」の4項目の点検による集団経済の強化を目的とするといわれたが、のち「政治・経済・組織・思想」の点検と改められた。「五反運動」は「汚職・投機・浪費・分散主義・官僚主義」に反対する運動だったが、ごく一部でしか行われなかった。1963年春、農村社会主義教育運動が始まった。この運動は「人間の再教育の運動であり、革命隊列の再組織の運動である」というが、要するに、社会主義とは何かを、大衆的規模で底辺から問い直そうとしたのである。

7) 中国共産党中央委員会は1963年9月から1964年7月にかけて、『人民日報』編輯部と『紅旗』雑誌編輯部の名義で引き続き9篇に及ぶソ連共産党中央を評論する公開書簡式文章を発表し、国際共産主義運動に関する公開論戦を行った。1964年7月に発表したのは『関於赫魯暁夫的假共産主義及其在世界歴史上的教訓』というものである。

8) 毛沢東「関於培養接班人的談話」何東昌主編、前掲書、p.1291。

9) 斉藤秋男『中国現代教育史』田畑書店、1973年11月、pp.166, 167。

10) 毛沢東「在春節座談会上的講話（1964年2月13日）」何東昌主編、前掲書、pp.1249, 1250。

11) 1964年2月6日、中国共産党中央の決定によって学制問題研究小組が結成された。同小組は、国務院文教弁公室主任の林楓を組長とし、メンバーには蒋南翔、張勁夫、張磐石、劉季平などの人々が名前を連ねている。中央教育科学研究所編『中華人民共和国教育大事記（1949～1982）』北京・教育科学出版社、1984年、p.353。

12) 世良正浩「社会主義の中国化と学制改革」『国際教育』通号3、1996年11月、p.42。

13) 例えば、企業労働者業務余暇教育における経費不足の問題を解決するために、財政部と全国総工会の連名で出された『企業労働者業務余暇教育経費の問題に関する通知』で、以下の意見が打ち出された。①各基層にある工会は業務余暇教育の企画と経費予算を制定すべきであること。②教職員を合理的に配置し、支出を節約する。③支出の範囲をはっきりさせる。④教育経費の管理を強化する。「財政部、全国総工会関於職工業余教育経費開支問題的通知」何東昌主編、前掲書、pp.1103, 1104。

農村経済の好転に伴い、農村の非識字一掃と業務余暇教育についても教育部により、以下のような意見が出された。①農村業務余暇教育を展開する際には、所在地の状況に基づいて農業生産、技術改革と農民の要求と結び付けなければならない。②各種業務余暇文化学校、技術学校と各種専門訓練班を開設し、青・壮年、とくに青年の中の非識字者を一掃する。③業務余暇学校は農村における中心的な任務と結びつけ、社会主義教育を強化する。同時に、

愛国主義と国際主義教育を行う、などが挙げられる。「教育部関於農村業余教育工作的通知」何東昌主編、前掲書、pp.1132, 1133。
14) 「教育部関於中小学校教育和職業教育7年（1964〜1970）規劃要点」（1964年1月5日）何東昌主編、前掲書、pp.1239-1242。
15) 「教育部関於視察東北師範大学函授教育報告的通報（1954年11月6日）」何東昌主編、前掲書、pp.394-396。
16) 「教育部関於在北京師範大学弁理高等師範函数部的指示（1955年5月4日）」何東昌主編、前掲書、p.460。
17) 「高等教育部関於総合大学開弁函授教育的通知」何東昌主編、前掲書、pp.633, 634。
18) 「高等教育部関於業余高等学校的学習時間与整頓巩固提高教学質量的通知」何東昌主編、前掲書、pp.721-723。
19) 『中国教育年鑑』編輯部編『中国教育年鑑（1949〜1981）』中国大百科全書出版社、1984年9月、p.605。
20) 横山宏『各年史 中国戦後教育の展開』エムティ出版、1991年10月、pp.36, 37。
21) 『中国教育年鑑』編輯部編、前掲書、p.163。
22) 「中華人民共和国教育部直属高等学校暫行工作条例（草案）」何東昌主編、前掲書、pp.1060-1066。
23) 『中国教育年鑑』編輯部編、前掲書、p.605。
24) 欧陽璋主編『成人教育大事記』北京出版社、1987年12月、pp.241, 242。
25) 「教育部関於加強全日制高等学校和中等専業学校函授、夜校教育工作的通知（草案、1963年1月19日）」何東昌主編、前掲書、pp.1141, 1142。
26) 横山宏、前掲書、p.37。
27) 「蔣南翔同志在高等函授教育会議上的講話（1965年11月19日）」何東昌主編、前掲書、pp.1374, 1375。
28) 金鉄寛主編『中華人民共和国教育大事記』済南・山東教育出版社、1995年、p.806。
29) 中国研究所編『新中国年鑑（1966年）』極東書店、1967年、p.295。
30) 梅根悟監修 世界教育史研究会編『世界教育史大系37 社会教育史Ⅱ』講談社、1975年7月、pp.244, 245。
31) 何東昌主編、前掲書、p.1317。
32) 中国語では「大力発展民辦農業中学」『人民日報』、1958年4月21日。
33) 上部構造は経済的土台に適合するものである。文化の高揚は経済の発展に基礎をおいている。そう考えると、農業の機械化と電化は大々的に人間労働力を節約し、文化の高揚をもたらすであろう。しかも、やがてわが国が6時間労働制を実行するようになったならば、さらに大きな文化の高揚が出現するであろう。そのときには、農業中学はしだいに「死滅していく」であろう。つまり、段階を追って、適切な指導のもとに、少しずつ、教育と労働を結び

つけた全日制の初級中学の教育を受けるようになる。陸定一『中国の教育改革』明治図書、1965 年 4 月、p.104。
34) 江西共産主義労働大学を例として言えば、1961 年に 12 分校を閉鎖するとの措置をとり、2 万人余りの学生が学校から追い出された。
35) 北京師範大学教育学部 3 年生教育考察グループ「天津市工場挙辦半工半読学校的考察報告」『北京師範大学学報　哲学社会科学版』第 1 号、1959 年。
36) 周恩来「重視中小学教育和職業教育」周恩来著中央教育科学研究所編『周恩来教育文選』教育科学出版社、1984 年、p.258。
37) 劉少奇「半工半農、亦工亦農」何東昌主編、前掲書、p.1296。
38) 中国研究所編『現代中国の基本問題』前掲書、pp.148, 149。
39) 『中国教育年鑑』編輯部編、前掲書、p.181。
40) 中国研究所編『現代中国の基本問題』前掲書、p.149。
41) 斉藤秋男『世界教育史大系 4　中国教育史』講談社、1975 年 11 月、p.266。
42) 「教育部党組関於全国農村半農半読教育会議の報告」何東昌主編、前掲書、pp.1357-1359。
43) 中国研究所編『現代中国の基本問題』前掲書、p.149。
44) 「何偉同志在全国城市半工半読教育会議上的総結報告」何東昌主編、前掲書、p.1376。
45) 「商学院でも半労半学」『北京週報』第 4 巻第 11 号、1966 年 3 月 15 日号、p.38。
46) 「教育部、冶金工業部関於在北京鋼鉄学院試弁産業工人班的通知（1964 年 7 月 12 日）」何東昌主編、前掲書、p.1294。
47) 学業を修了した後に、元の職場に戻るという意味である。
48) 中国研究所編『新中国年鑑（1967 年版）』極東書店、1968 年、p.212。
49) 「中央文教小組関於 1961 年和今後一個時期文化教育工作安排的報告（1961 年 2 月 7 日中共中央批転）」何東昌主編、前掲書、pp.1027-1029。
50) 同上。
51) 「関於調整初級中学和加強農業、工業技術教育的初歩意見（草稿）」『中国教育年鑑』編輯部編、前掲書、p.180。
52) 徐健「建国初期農業中学発展的回顧」『教育与職業』1999 年 10 月号、p.56。
53) 学習サークルとは、通学生の所属する生産隊ごとに 20〜30 人を一グループとして、隔日ないしは 3 日ごとに生徒同志の相互学習を行うもので、主として復習と生産技術面の討議が行われる。教師は交代で週 1〜2 回夜間に各サークルを訪問し、一般の授業を行い、必ず宿題、研究課題を与えるのである。
54) 葉国英「堅持半農半読的方向、弁好農業中学」『江蘇教育』第 22 号、1964 年、pp.12-14。

終　章

中国の労農教育政策の展開における特質と残された課題

　本章では、第1節で本書における分析を踏まえて中国の労農教育政策の展開における特質を総括するとともに、第2節で今後に残された課題について論じ、最後に、中国の成人教育の展開における今後の課題について述べたい。

第1節　中国の労農教育政策の展開における特質

　本節では、本書の分析に依拠しながら、序章において設定した3つの課題に即して社会主義建設の各段階の労農教育理念の形成・展開過程における特質を明らかにしていきたい。

　1949年に社会主義国家として出発した中国は、すべての労農大衆に教育機会を提供するための量的「普及」と、国家建設に必要な専門技術人材を育成するための教育の質的「向上」という2つの課題を抱えていた。これらの問題をいかに解決すべきか、という問いに対処する目的で建国直後の1949年12月には、第一次全国教育工作会議が開かれた。この会議で、『共同綱領』の規定に基づいて、「教育は国家建設に奉仕し、学校は労農の子弟と労農青年に対して、門戸を開かねばならない」と提唱され、新中国成立までほとんど顧みられなかった労農および労農子弟の教育を受ける権利が保障され、「二本足で歩く」という教育体制が確立された。このように、普通教育と並行した労働者・農民のための業務余暇学校と速成学校を学校制度に組み込んだ労農教育が進められるようになった。つまり、その「普及」と「向上」策の実施の過程において、学校教育の普及と並行しながら労農教育の導入が行われたといえる。労農

終　章　中国の労農教育政策の展開における特質と残された課題　*223*

教育政策はこうした「普及」と「向上」の2つの課題に直面し、展開されてきたといえよう。以下では、こうした労農教育の方針に基づいて、中国労農教育政策の構造の特質を以下の3点から明らかにする。

1. 中国の労農教育政策の展開過程に示す「人材像」と国家目的との関係

　既述したように、中国においては、国家意思による労農教育への統治的性格が強く、中国の労農教育政策は基本的には中国共産党の国策に従属するような展開になっており、経済成長と政治的安定を同時に実現するものとして労農教育による人材の育成が求められていたことがわかる。これに関して、本書の目的と時期区分に即して論じるなら以下のようである。

　第1期の人民民主専制政権の強化と経済の復興期においては、「新民主主義」[1)]体制がうたわれ、共産党が実質的に政策をコントロールすることに力を注いだ。そして、教育に国家建設に資する人材を養成すると同時に、封建的、買弁的、ファシズム的思想を一掃することも重視すると要求されていた。そして人民民主専制政権を強固にする人材を養成するために、その政権の基礎である労働者・農民大衆に教育機会を提供するための教育普及策である識字教育運動は都市と農村において第1次の高まりを見せた。これは識字教育を通して労働者・農民の文化レベルを向上させることによって政治理論の学習、生産技術の向上が可能になるからである。つまり、経済の復興期における労農教育の「人材像」としては、人民民主専制政権の強化と経済の復興に奉仕できる人間の育成が目指された。とくに労農階層に教育の門戸を開くような量的拡大を目標とした教育の普及が重視された。

　第2期の1953年からの第1次5カ年計画期においては、教育は、ソ連の経験を直輸入した重工業優先の計画経済であったことと歩調を合せたものであった。そして、労農教育の展開が第1期の識字教育を中心とした「普及」を重視する政策から教育の質の重視と正規化の方向を示した。産業労働者と労働模範の労農速成中学への入学を積極的に促進することがその現れであった。それは、中国の国家建設の方針が旧ソ連の影響を受け、重工業重視であり、そのた

めの人材の速成が中心的課題となったためであった。一方、その質の向上の方策の展開は、この時期における労働者業務余暇教育の全面計画の制定と指導の強化にも現れた。これは、労働者業務余暇学校の教育目標は同レベルの普通学校と基本的に同様であるべきことが指摘されていることからもみられる。つまり、社会主義的改造期における労農教育の「人材像」としては、第1次5カ年計画の実施に伴い、重工業建設に必要な基幹要員を養成することを目標とした質的向上が重視された。

　第3期の1957年からの中国型社会主義建設期において、「教育を受けるものを徳育、知育、体育のそれぞれの面で発達し、社会主義的自覚をもち、教養を備えた勤労者に養成する」という教育方針の提出に伴い、学生の政治涵養、すなわち社会主義者としての自覚の育成が強調された。その後の整風運動、反右派闘争、とくに1958年からの「大躍進」方策の実施に伴い、民衆の政治的動員による国家建設が試みられた。教育においては、再び教育の普及策が講じられた。同時に、民衆の政治意識の覚醒が図られた。つまり、中国型の社会主義建設期における労農教育の「人材像」としては、社会主義事業とプロレタリア階級の政治に奉仕できる人材の育成が必要とされているため、労農大衆の知識化を目指した教育の普及が再び重視された。それは第1次5カ年計画期における「質の向上」の知識重視の教育に対する反省の中から引き起こされたものであるといえる。このように、社会主義建設期における教育の理念は、整風と思想改造の旧解放区の観点に立ち返っていったのである[2]。

　第4期の1961〜1966年の文化大革命までの「労農教育体系の調整期」においては、大躍進期の民衆動員による極端な政治運動の方針が是正されたのに伴い、国家建設の課題は再び経済建設を中心とする軌道に乗せられた。教育は「調整・強化・充実・向上」といういわゆる「八字方針」の下で調整されたとともに、教育の質の向上が図られた。教育政策方針は「経済建設第一、政治革命第二」という政治路線にあわせて、「専門知識志向」型教育が再度導入された。政府は知識人・専門家の国家建設における役割を強調し、政策決定への専門家の参加を求めた。これはいわゆる「大衆路線」に対する「専門家路線」の登場であった。そして、1962年9月に開かれた中国共産党第8期第10回全体

終　章　中国の労農教育政策の展開における特質と残された課題　*225*

会議で 1957 年の「人民内部の矛盾」の論点を発展させ、階級闘争の理論を定式化したのである。これは毛沢東と劉少奇・鄧小平との間の確執の現れであるといわれている。こうした階級闘争論はその後の人材観と密接な関わりがある。それは、この頃から、労農教育はもとより教育事業全般にわたって階級教育強化の方向がはっきり打ち出されたことであった。

　上述した労農教育における政治主導から経済主導まで、そして再び政治主導から経済主導まで、といった転換から見ると、いずれも労農教育政策の展開が基本的には国家目的に沿ったものであることが明らかとなった。このように中央集権制の中国において、労農教育の発展は国家目的の実現に奉仕する方向性で規定される性格が強く、または国家目的に強く制約されたものであるといってよい。それは、労農教育が、1951 年に公布された『決定』と 1958 年に公布された『指示』に明文化され、制度的に保障されたことからもわかる。そして、安定した人民民主専制政権の確立と経済の復興および発展が国家の至上目的とされ、そのための人材育成が急務であったわけである。つまり、中国において労農教育政策の展開に示す「人材像」は、その国家建設の当時から国家目的に規定されたが、その内実は固定的なものではなく、「普及」と「向上」の両立を目指しながらも「普及」か、「向上」かに軸足を相互に移動しつつ、しかも「経済」か、「政治」かに内容の重点も左右にぶれていたことがわかる。

　ここで国家目的に左右される労農教育の展開における問題点を検討してみる。

　第 1 に、国家統制による上から下までの教育政策運営体制における問題に注目しなければならない。法的な価値や原理、ルールなどがまだ完全に社会に定着していないこの時期の労農教育の展開は、中央から社会の末端にまで行き渡った党組織を通じて、政策が優先的に実施されるという状況であった。つまり政策の浸透を家父長制の「人治」を通して末端にまで貫徹させていたのである。このような「上意下達」の政策的展開においては、往々にして指導者の言動が政策の制定に大きな影響をもたらしてくる。朱永新は建国後の中国の教育を顧みて国家指導者の教育に関する言論と教育実践の関係を統計学の視点で見れば、2 者の相互関連がかなり高い[3]と指摘している。これは教育自身の発展

を無視するものであり、建国後の労農教育の展開から見ても教育の発展を妨げたといえよう。

　第2に、1949年に成立した中国は経済発展の遅れた社会主義国として、国を挙げて経済発展を推進すると同時に、資本主義的なものの浸透を阻止する必要があった。この2つの課題を抱えて、当時の中国では、2つの意見が対立していた。この対立は社会主義国家の発展とそのための政治意識改革を最優先する毛沢東派と、経済発展を最優先する劉少奇派との対立であった。階級闘争の拡大化＝権力闘争の拡大化によって、最終的に、文化大革命が起こった。そして、このような対立が教育政策にも現れた。つまり、一方は教育の質的・専門的水準の向上を図るべき「専門知識志向」型教育であった。もう一つは、教育と政治との緊密な関係を維持し、教育と社会実践との結合を図るために、大衆教育を充実すべき「政治意識志向」型教育であった。既述したように、労農教育の展開においてもこうした教育理念の変化に深く左右されてきた。

2. 中国の労農教育政策の展開過程に示す「人材像」とその基本的教育内容

　ここで、中国労農教育政策の展開過程に示す「人材像」に基づいてその人材観を具体化するために、労農教育の基本的教育内容からその教育制度はいかに構築されてきたか、を明らかにする。そして、基本的教育内容から労農教育と学校教育の関係を明らかにしたい。

　本書の時期区分に基づいて論じるなら以下のようである。

　第1期の経済復興期においては、人民民主専制政権の強固と経済の復興に奉仕できる人間の育成が要求された。とくに労農階層に教育の門戸を開くような量的拡大を目標とした教育の普及が重視された。その教育は労農業務余暇学校、夜学、各種訓練班などを通して、識字教育に重点がおかれる形で展開された。また、幹部教育などを強化するために労農速成中学、人民大学、夜間大学、職工業務余暇大学などの各種形式も講じられていた。この時期には、人民民主専制政権を強化し、さらに経済建設の復興に伴い、読み書きの基礎教育が主として展開された。

終　章　中国の労農教育政策の展開における特質と残された課題　*227*

　第2期の社会主義的改造期においては、第1次5カ年計画の実行に伴い、重工業建設に必要な基幹要員を養成することが目標とされた。教育の質の重視と正規化の方向を示したと同時に、技術教育が重視されるようになった。つまり、この段階では、文化教育と政治教育、生産教育がともに重視されるようになった。

　第3期の中国型の社会主義建設期においては、社会主義事業とプロレタリア階級の政治に奉仕できる人材の育成が目標とされていたため、労農大衆の知識化を目指した教育の普及が再び重視された。とくに、建国初期に行われてきた「正規化」の方策に代わって、中国型社会主義建設期においては、「大衆路線」によって半労半学制度が展開された。つまり、この第三段階では、労農教育は政治・生産のために奉仕すべきものとして提唱されたが、「大躍進」の下で実情とは異なる誇大な成果がうたわれていた。

　第4期の「大躍進」後の調整期においては、経済政策・教育政策の調整が進められた。その中で、再び経済発展に奉仕できる人材の養成が行われ、質的向上が重視されるようになった。教育の正規化と質的向上を促進するために、学校教育と同じく、成人教育もこれまでの教育機関の統廃合や整理・整頓が進められた。そして、全国の各部門と各地区は「調整・強固・充実・向上」の下で、需要と現有の条件に基づいて、通信と夜間大学教育を積極的に着実に発展するように呼びかけた。さらに、建国時から抱えていた高度な専門人材の育成と大衆教育の普及という教育課題を達成するために、再び半労半学制度の導入が主張された。つまり、この段階では、第3期における実際から離れる過渡的発展が是正されるに伴い、労農教育の展開は工農業生産の実際の要求に見合うようになった。ただし、政治路線闘争の激化のため、階級闘争教育も強化された。

　上記のような4つの時期における労農教育の基本的教育内容から見ると、これらの時期における労働者教育政策の特徴は、速成的で実用性が強いということと、識字教育に重点をおき、学力に応じて技術教育が進められたということである。また、修業年限は不定期で、学習の組織形式と方法に関しては、労働者の実際の労働や生活の実情によって調整できるものであったといえよう。つ

まり、労農教育は、学校教育を補完する性格が強かったのである。中国の教育は、「二本足で歩く」という方針に現れているように、定型の学校教育と非定型の成人教育の二本立てで行われた。都市部においては国家の経済建設および労働者としての生計を担い得る職業教育として労農教育が展開され、学校の補足という性格から学校の延長としての新たな性格も生じたことがわかる。一方、経済的に遅れている農村地域においては学校教育の普及が遅れており、実質的な基礎教育は主に労農教育によって施されたといえる[4]。

3. 国家政策の展開と民衆の教育要求との関係

ピーター・ジャービスは『国家・市民社会と成人教育』という著書の中で、フランス、イギリス、中国の事例を挙げながら「危機の後で、一なににもまして、あらたな国家を建設しようという訴えが示されているのである。そして、新たな国家を作る方法について多くの案が提示されており、そこには教育を盛んにする約束がふくまれ、また成人の教育がとくに言及されている」と述べた。そして中国の場合において、「文化大革命による停止までの間、教育をとおして人々の生活を豊かにしようとする国家の壮大な試みがあった」と論じている[5]。

ピーター・ジャービスの指摘は、本書で見てきたとおり、確かに開発途上国であると同時に社会主義国家でもあり、国家の建設という開発途上国に共通の国家目的に加えて、国家の主人公である労働者・農民大衆に教育機会を保障しなければならないというもう一つの目標を、教育政策上掲げてきた。つまり、当時の中国社会の諸要因に規定されながら政策化され実践された各時期における労農教育の展開は、当時の共産党政権の強制的支配下にあっても、労農教育政策が一面的に強制によって行われていたのではなく、民衆の生活上の利益との接点を国家政権と民衆双方が探るような形で、実施されていたという構造をとらえることができる。既述したように、労農教育は問題を抱え、試行錯誤を重ねつつ、国家建設の進展および民衆の要求の変化に応じて対応策を講じてきたという構造をもつものであった。この対応と変容の過程で、労農教育は、各地方における人々の日常生活、生産活動などと緊密に結びつけられる形で政策

終　章　中国の労農教育政策の展開における特質と残された課題　*229*

的に進められた。つまり、国家が政策的に民衆利益の誘導をし、社会体制の中に民衆を取り込もうとする一方で、一般の労働者は業務余暇教育に参加することで、自らの生活および生産能力の向上、階層上昇につながるという認識を獲得し、学習意欲を向上させていくという構造をこの労農教育は有していたのである。それは前2項で見てきた中国労農教育政策の展開過程に示す「人材像」と国家目的との関係、および中国労農教育政策の展開過程に示す「人材像」とその基本的教育内容の変化にも反映されている。

　歴史上の科挙制度を有する中国では、教育を社会的上昇の手段とみなす認識が古くから存在している。したがって、教育における「普及」と「向上」のメカニズムは国家目的と民衆側の要求の相互作用のプロセスに見ることが可能ではないだろうか。ここではまず、第1に、半労半学教育制度の形成と発展から考察してみる。

　半労半学とは、生産労働と教育を結びつけ、頭脳労働と肉体労働の両方に対応できる新しい人材養成のあり方を意味している。政府側の立場に立ってみると、第1次5カ年計画期においては労働者資質の向上、および社会生産力の発展の必要、とくに、1956年においては、社会主義改造が達成され、社会主義建設が開始されたのに伴い、「全国民の主要任務は力を集中し、社会主義生産力を発展し、国家の工業化を実現して、国民の増大する物質と文化に対する需要を徐々に満足すること」[6]が国家の発展の目標となった。教育の普及・向上、つまり、労働人民を知識化することが要求されたのである。しかし、当時の政府には全日制教育をすべての児童に保証するだけの財政的余裕はなく、また労働大衆、とくに労働者や中下層農民も子女教育の負担に耐えられなかった。そこで政府は教育と生産労働を結びつける方策を取り入れ、いわゆる半労半学制度の採用と実施が具体的に展開されたのである。

　そして、民衆側の立場に立ってみると、半労半学制度は民衆の教育要求に応えた措置でもあった。本書の第3章と第4章で見てきたように、第1次5カ年計画を遂行するために、中国政府は傾斜した教育施策をとり、基幹要員の養成に力を注いだ。そのことが、初・中等教育、とくに中等教育の発展の遅れを招き、要員養成計画を妨げる要因となった。政府は普通教育が経済の進展に見

合って自発的に普及するものと考えていたからである。そのため、普通教育の普及、とくに農村部での展開を積極的に推進しなかったことから、農村部では進学と就業の矛盾が存在することになった。しかも、小・中学生が大量に中途退学・休学をするなどの現象も見られた。そんな情勢の中で農民は農民自身の力による矛盾克服の方策を探求したのである。1955年以来、農村地区の小学校の新設は民営を原則としていた[7]。具体的には、ヤミ学校、ヤミ中学の建設によるものであった。ところが、民衆の教育に対する関心が高まり、民営小学校が発展してくると中等学校の不足が問題となった。また、中学校は大学への進学のためであるという生徒や父兄の偏見により、進学できなかった卒業生を不安にさせた。大量の適齢の青少年は入学や進学ができない状態であったため、社会暴動を起こすという騒ぎも起こった。つまり、建国初期に実施された中央集権的な教育行政方策の不備、およびその方策の実施を急ぐあまり、前述のような矛盾が生じてきて、計画的な養成は必ずしも円滑に行われなかったのである。

　このように、建国初期における初等・中等教育の展開と父兄の進学教育重視は、学校卒業後の進路と重大な矛盾を生み出すことになった。こうした状況の中で、これまで教育に恵まれなかった労働者・農民階級も政治的主導権の獲得によって自らの生活の向上のために文化レベルの向上に対する要求もますます強くなってきた。一方で、当時の中国では国家が全日制教育をすべての児童に保証するだけの財政的余裕はなかった。また労働人民、とくに労働者、中下層農民の家庭も学費の負担に耐えられなかった。こうして社会の要求した各種各レベルの人材と合致した労働者は、単なる全日制の普通教育だけでは十分に養成することができなかった。さらに、矛盾の解決策として、教育の統一管理による画一性を打破するため、民衆の積極性、いわゆる「大衆路線」を生かすような方策がとられるようになった。社会主義生産力を発展し、国家の工業化を実現して、国民の増大する物質と文化に対する需要を徐々に満たすために、元来基礎文化知識の向上は普通教育で果たすべき役割であるが、労農教育にもその補足的役割が求められた。このような状況の下で、正規の普通学校教育の補足として、半労半学教育が重視されるようになった。つまり、国家と民衆の利

害が一致した結節点に半労半学が位置づいたといえよう。

　前述のような半労半学教育展開のプロセスにおいて、政府と民衆はそれぞれに役割を果たし、労農教育の普及に貢献したといえよう。そして、教育における地方分権の提唱によって、政府と民衆双方の相互作用の場として提供された。都市部の各機関・企業、農村部の人民公社、といった国家の末端機構は相互作用の場として積極的に役割を担ってきた。つまり、地方分権によって労農教育展開のメカニズムは、政府と民衆側そして両者を結びつける媒介項と、3者の相互関係からとらえられる。詳しく言えば、従来の教育運営方針は、中央集権制の下で、国家管理による高等教育に重点をおく傾斜したものであった。地方分権に変更されてから、実際の労農教育の展開は地方の管理下におかれることになった。地方政府は、国家の末端機構であるために、地方による労農教育管理は最終的には国家につながるという構造をもっていた。その一方で、地方におかれた教育管理体制は、一律的なものから地方の実際に結びつけた比較的柔軟性のあるものとなり、民衆の要求と積極性をより生かすような大衆路線を取っていた。地方分権下における労農教育の実施がより民衆の近い立場から行われたことで、民衆の要求をより確かなものにしたといえよう。

　第2に、社会における階層移動の視点から見ていきたい。

　1970年代末までの中国社会には、戸籍制度と幹部制度に基づく幹部・労働者・農民という職業的な身分制が存在していた[8]。この身分の変更、すなわち農民から都市労働者または幹部や、都市労働者から幹部への上昇移動は、基本的には学歴を獲得することで可能であった。1951年の学制に見られるように、労働者・農民に教育機会を保障するために、労農速成中学や労農業務余暇学校が学校システムの中に組み込まれ、高等教育機関への進学の道が開かれることになった。しかし、もう一方で教育傾斜政策がとられていたため、実際には教育機会は、労農層にとって必ずしも平等なものではなかった。しかし、その解決策として、労農速成中学の大学とのつながりの強化、通信教育と夜間大学における労働者・農民の入学への緩和、大学における労働者向けの専門クラスの設置、といった措置がとられていた。これは、わずかではあるものの、労農の階級上昇への動機づけと機会の保障を示す措置であった。

教育大躍進の実施はさまざまな要因が含まれていると思われるが、その一つとしては、それまでは人々の教育ニーズを満足できなかったことである。既述した1957年の騒ぎの主体は進学できなかった初級中学卒業生であった。大躍進時期の教育規模の拡大は社会流動様式の変化に左右されていると考えられる。李は1949年以降、中国大陸の社会流動様式において根本的な転換が起こったとし、社会流動の主要様式は、家庭出自＋本人の政治表現＋上司の抜擢である[9]と論じている。この様式の3つの要素の中で、家庭出自は、個人が選べないことである。その他の2つの要素が個人の能力に関わることである。大躍進の背景の下では、「赤」しかも「専」という表現で示されるものが個人能力を表す明確な「政治表現」であった。「赤」とは、共産主義の高い自覚を意味し、「専」とは、高度の専門的知識や技術の水準を意味する。「赤」の要求を達成するためには、成功者を手本にして指導者や上司の意図を汲みとることが要求される。「専」の要求を達成するためには、専門的な訓練を受けなければならず、この訓練は教育によってこそ実現できるものである。したがって、この意味で民衆自らの階級上昇を果たすために、教育を受けることは必須であり、中でも高等教育は民衆の社会流動の一つの重要な手段であると見なされた。「大躍進」の一時期に見られた「紅専大学」でしばらく勉強するだけでも上昇移動に役立つことがあった。例えば、四川省蓬溪県の「農業革命大学」の停止後の400名の学員の進路から見ると、県以上の党政部門に就職する人は35％、軍隊に入隊し、幹部に抜擢された人は4％であった。所在県の県下の基層幹部になった人は41％、工業・商業に従事するものは12％、就学前と変わらず農業に従事する者はわずか4％しか占めていなかった[10]。

また、本書で見てきたように、都市部では、工場業務余暇学校の勉強を経て、管理者や技術幹部や技術者になることは、労働者の業務余暇学習に参加する動機にもなったといえよう。農村部では、識字教育に参加する農民、とくに青・壮年農民層は識字教育と文化レベルの向上を通して、幹部になる、あるいは都市に行くための手段になることも考えられた。

このように、労農教育は試行錯誤を重ねつつも、国家建設の進展および民衆の要求の変化に応じて対応策を講じてきたのであり、そして、労農教育は各地

終　章　中国の労農教育政策の展開における特質と残された課題　*233*

方における人々の日常生活、生産活動などと緊密に結びつけられる形で政策的に進められた。つまり、国家が政策的に民衆利益の誘導をし、社会体制の中に民衆を取り込もうとする一方で、一般の労働者は労農教育に参加することで、自らの生活および生産能力の向上、階層上昇につながるという認識を獲得し、学習意欲を向上させていった。こうした労農者自身が自らを高めていく構造をこの労農教育は有していたのである。つまり、共産党政権の強制的支配下にあっても、労農教育政策が一面的に強制によって行われていたのではなく、民衆の生活上の利益との接点を国家政権と民衆双方が探るような形で、実施されていたであろうという構造をとらえることができる。このような観点はまた共産党政権の教育政策の性格分析に新たな一頁を加えるものといえよう。

第2節　残された課題

本研究は中国の労農教育政策の展開における国家目的およびそこから導かれる労農教育の位置づけを検討した。そして、国家目的に左右される教育方針、内容に関する政策の変容および地方の動きから、労農教育と学校教育の関係、民衆の教育要求との関係に見られる特質を析出した。

ここで最後に、本研究で得られた成果を踏まえつつも、中国労農教育の理論を構築するために、今後取り組むべき研究課題として、以下の3点を指摘しておきたい。

第1に、本書においては、中央政府の施策と地方の動きを中心に分析を行ってきた。しかし、各地方の動きに対する検討が不十分であった。結果的に中央と地方との相互関係構造の解明や全体像の把握が不十分なままにとどまっていることである。より地方政府の動向を示した関連資料の発掘を通して、中国の労農教育展開における地方と中央との関係を明らかにする必要がある。各地方では各地の実際に基づいてかなりの実践が試みられてきた。その地方における実態をミクロな視点から検討する必要がある。本書では当時の労農教育関係者へのインタビューを行ったが、今後ともこのような事実関係を掘り起こす作業を継続的に行う必要がある。何よりも当時の経験者はすでに高齢になっている

ため、各地方での実践事例を、記録として蓄積していくためにも緊急に幅広い対象に対するインタビューが必要である。

第2に、本書では、1950年代の中国における国家建設のあり方と教育の関係性について、労農教育に着目し、政府側の施策や地方の動きを中心に、その政策的展開をあとづけることで考察した。そこにおける国家建設の進展および民衆の要求の変化に応じて対応策を講じてきた構造の一端を指摘したが、民衆側の生活実態や民衆の教育欲求と労農教育との関係などについては今後さらに明らかにしていく必要がある。

第3に、本書では建国初期から文化大革命までを対象時期として分析してきた。その前史については共産党統治地域である解放区における展開を視野にいれ、その教育理念から見られる歴史的連続性を見いだした。しかし、同じ時期の国民党統治地域における社会教育との関連性についても検討する必要があろう。さらに文化大革命時期における労農教育史研究を進めることも必要であろう。解放区から改革開放までの展開を見通すことで、国家目的の達成に労農教育が果たした役割、そして教育と国家建設のあり方との関係、という本書の課題がより明確なものとなり、中国における労農教育の全体像が明らかになると考えられるからである。

第3節　労農教育から成人教育へと今後の課題

中国では「教育は社会主義現代化の建設に奉仕しなければならず、教育は生産労働と結合しなければならず、徳育、知育、体育などのそれぞれの面での全面的発達の社会主義事業の建設者と後継者の養成に努めなければならない」と規定されたことによって、教育は国家の政治、経済などに強く左右されていることが看取される。新中国成立後、中国共産党中央委員会、国務院および教育行政機関などによって公布された政策法規の中には、成人教育の役割と位置づけに関しても規定された。それゆえ、社会の発展と成人教育の実践の発展に伴って、成人教育への認識も深化し、成人教育の役割や位置づけに関する規定も変化している。

とくに「改革開放」期には、中国は政治、経済、教育文化などの各分野で大きな変化が生じた。その中で、階級概念を帯びた労農教育は所属する社会に認められた成人に対して行われる教育活動に組み換えられた。さらに、成人教育はより重要な位置づけが求められるようになった。すなわち、成人教育領域においても、政府によって指導性と規範性のある方針政策が相次いで制定された。成人教育は従来のような学校教育の補足という位置づけから生涯教育体制を形成する基本制度として位置づけられることとなった。それゆえ、中国の成人教育は、規模の拡大および内容の変化など急速な展開を示すこととなる。とくに近年、国民の生活水準の向上、余暇の時間の増加などに伴って、生涯学習（[終身教育]）のニーズ（とくに北京、上海などの経済発達地区）が高まっている。例えば　それは企業内、地域、「社区」[11]など広範囲にわたって、生涯学習システムの構築および実践が試みられている。

　また、序章で見てきたように、近年の中国における都市と農村の間の所得の格差が拡大している。他方、農村からの臨時就労者（[農民工]）はすでに中国の工業化の発展を支える重要な労働力になった。彼らは第2次と第3次産業の発展のために持続的にローコストの労働力を提供して、製造業、建築業、飲食サービス業などの労働密集型産業の従業員の不足を埋めた。しかし、労働者に関する課題は量的な点にとどまらず、こうした農村からの臨時就労者に対する知識・技能の普及と向上という意味では、教育において大きな役割が期待されている。これらの社会問題とくに教育の諸問題をいかに解決すべきか、このような問いに目を向けるとき、9年制の義務教育がまだ完全に普及していない中国では、教育普及の目標の実現に当たっては学校教育とともに成人教育をも重視する「2本足で歩く」という方針を貫徹しなければならないと考える。なぜなら、成人教育はすでに就労している人々を対象とし、人々の生活向上と国家の経済発展に直接的な役割を果たしているからである。

　このような現実の状況に照らしながら、本書で見てきた建国後から文化大革命までの労農教育体系の展開における諸理念の現実意義を成人教育の発展方式と方針内容の2つの面から整理しておきたい。

　第1に、「2本足で歩く」方針の下で、学校教育を中心とする教育体系を改

革する。さらに、学校教育と成人教育を相互に連携と融合ができる新たな教育体系をつくり上げる。本書で見てきたように、新中国成立の直後においては、中国の非識字人口は人口総数の80%とも90%ともいわれていた状態であり、学校の在校生数は就学年齢者の5%しか占めていなかった。新中国の国家建設、政権の強化などの現状に応じて、普通学校教育を発展すると同時に、労農教育は国家緊急の課題として、発展しなければならないことが十分に認識された。「改革開放」期に入ってから、中国政府は成人教育に配慮したが、学校教育を中心にした教育改革を行ってきた。そこで、「2本足で歩く」の方針の下で、学校教育を中心とする教育体系を改革する必要があると考えられる。それは、中国において、学校教育と成人教育を並行して展開することは、経済発展の水準が低い状況の下で、発展途上国の教育を興す必然的な要求であるばかりではなく、生涯学習社会における生涯学習システムの構築、民衆の高まる物質的、文化的向上の要求に応えるからである。とくに注目すべきことは、社会の急激な構造転換に伴って、民衆が従来の「単位人」から「社会人」への転換に伴い、従来の学校教育では担えないさまざまな新しい形態の教育機会の提供と普及が、成人教育の分野を中心にして、社会的に要請されることとなってきたのである。このように、成人教育はコミュニティ教育を展開する際の重要な部分であるばかりではなく、コミュニティと社会全体の調和が取れた目標の実現における重要な鍵である。コミュニティ教育の健全な発展を促進するために、コミュニティ内における各種教育資源を十分に利用すべきである。各種条件を利用し、コミュニティ学校、市民学校、図書館、読書会を創設し、コミュニティ住民の文化教育の要求に応える。とくに現有の学校教育資源を十分に利用すべきで、学校教育とコミュニティ教育との融合と発展を促進する。現段階で、コミュニティ内における大学、科学研究機構、図書館、博物館、小・中学校における人材資源と設備が十分に活用されていないので、教育資源の浪費であるといえよう。

　第2に、「2本足で歩く」の方針を貫徹して、民衆に文化科学知識の基礎を普及するばかりでなく、民衆の自己教育と相互教育を通して、民衆の社会生活に参画する能力を向上する。本書で見てきたように、建国後の労農教育は、民

衆の生活上の利益との接点を探りながらも、基本的には政府によって上からの啓蒙と教化として進められてきた。労農教育は国策遂行のための手段としての性格を、色濃くもっていた。そこで、今までの中国における成人教育は、民衆の基礎の文化水準と労働技能を中心に展開された。民衆の社会生活に参画する能力の養成と民主資質の向上が見落とされた。したがって、「2本足で歩く」の方針を貫徹し、基礎の文化知識の勉強を強化すると同時に、民衆の民主資質の向上を重視し、民衆の社会生活に参画する積極性を引き出す。

　また、建国から現在まで、中国における成人教育の展開は上から下まで、政府の主導の下で展開された。したがって、下から上までの民衆側からの自発的な活動はまだ少ない現状にある。そこで、成人教育によって自立した個人を育て、民衆の民主の意識と資質を養成することが必要であろう。

〈注〉
1）　1940年毛沢東が提唱した革命理論であり、中国共産党の指導原理である。半封建的・半植民地的な中国社会を改革するためには、旧来のブルジョア民主主義革命と異なる新しい型の民主主義革命、すなわち労働者階級に指導される労働人民連合によって新民主主義革命を行なわなければならないとするものである。
2）　旧解放区においては、共産党政権が労農教育を重要政策に掲げ、その特殊な条件下で、現実的な課題と結びつけ、生産労働と結合させて、教育活動を展開した。解放区における教育は、今まで教育の機会に恵まれなかった広汎な人々に教育を受ける機会を与えた。しかし、戦時下にあって、戦争の勝利、共産党政権の拡大・強化、労農大衆の組織動員などを至上命題とし、そのための人材育成を労農教育に求めたのであり、解放区の政治思潮を色濃く反映したものとなった。とくに整風運動に際して、大衆の実際から出発し、組織動員と大衆の必要と自発を結びつけ、大衆の積極性と創造性に依拠する大衆路線を堅持することが強調された。日中戦争期と開放戦争期を通じて中国共産党の一貫した政策となったのである。
3）　朱永新『困境与超越－当代中国教育述評』広西人民出版社、1990年、p.66。
4）　本書の記述によれば、中国における建国初期から学校教育を受ける機会が恵まれなかった人々を対象に展開されてきた労農教育は基本的に「学校教育の補足」としての性格を有しているといえよう。また日本の社会教育研究においては、宮原誠一による「社会教育の運動が、近代的学校制度に相対するものとしておこった」との指摘がある。そこでは、「相対する関連」が「①学校教育の補足として、②学校教育の拡張として、③学校教育以外の教育的要求として」（宮原誠一著『社会教育論』国土社、1990年11月）という3つの意味において理解

されている。このように、日本の社会教育もまた学校教育と深い関わりをもっていることがわかった。しかし、中国においては、その意味は日本とは少し異なることが見逃せない。それは、中国においてその学校教育がまだ完全に機能していないという状況下の成人教育発展である。

5) ピーター・ジャービス著　黒沢惟昭、永井健夫監訳『国家・市民社会と成人教育』明石書店、2001年6月、p.157。

6) 何東昌主編『中華人民共和国重要教育文献 (1949-1975年)』海南出版社、1997年10月、p.689。

7) 第3章の表3-2に示しているように、1950～1952年にかけて、当時の経済の目覚しい復興に裏づけられ、公立学校方式、民営学校方式の両者によって発展していった。しかし、1953年になると、民営学校の生徒数は明らかに減っていく。1953年11月、教育部によって公布された「小学教育の整備と改善に関する指示」は教育の質的向上と量的発展の問題を論じ、小学校5年一貫制は早くも挫折し、もとの4・2の小学教育に後退させざるを得なくなった。それは、教育行政の中に現れた「正規化」思想のためであった。ここでいわゆる「正規化」とは公式学校方式による教育建設のことである。小・中学生の進学の問題も存在している。とくに、全国各地の農村に進学の問題をめぐって親たち・青少年の不満をおこしていた。こうした中で農業協同化運動の高揚に伴い、1955年下半期から農村部にヤミ学校といわれる学校の建設が民衆の手によって自主的に行われた。

8) いったん獲得すれば生涯変わらないため、身分制と呼ばれている。李銀河はそれを準身分制と名づけたが、近年中国国内の研究では身分制を使うのがほとんどである。

9) 李若建「社会流動模式的改変与大躍進」『中山大学学報』第5号、2002年、p.142。

10) 李若建「社会流動模式改変対大躍進時期教育的影響」『中山大学学報（社会科学版）』第2号、2004年、p.84。

11) 「社区」とはコミュニティを意味する言葉だが、中国の場合、末端の行政機構（区－街道、鎮－村）が組み込まれている組織体であるところに特色がある。

補論

「改革開放」期の中国における成人教育政策の展開とその特質

はじめに

　本論では、「改革開放」期の中国における成人教育政策の展開過程を概観した上で、中国の成人教育政策の構造とその特質を明らかにしようとするものである。本論において「改革開放」期とは、1978年12月中国共産党第11期中央委員会第3回全体会議から21世紀はじめまでの時期とする。

　現在、中国政府は国内の各階層所得格差の拡大、各地区経済発展格差の拡大などの社会問題を解決するために、さまざまな措置を講じているが、それと同時に、教育を重視し、学校教育を中心にした教育改革を行なってきた。しかし、学校教育整備の都市―農村間格差が新たな貧富の格差を生み出すなど、問題を生んでおり、かつ経済発展にとって鍵となる労働力の学歴水準の向上にも効果的な作用を及ぼしているとはいえない状況にある。これらの社会問題とくに教育の諸問題をいかに解決すべきか、このような問いに目を向けるとき、9年制の義務教育がまだ完全に普及していない中国では、教育の普及の目標の実現に当たっては学校教育とともに、成人教育をも重視する「2本足で歩く」[1]という国家の教育経営の方針を貫徹しなければならないと考える。なぜなら成人教育はすでに就労している人々を対象とし、人々の生活向上と国家の経済発展に直接的な作用を及ぼすことになると考えられるからである。

　「改革開放」期の中国は政治、経済、教育文化などの各分野で大きな変化を生じ、その中で、成人教育はより重要な政治的、経済的な位置づけが与えられるようになった。政府からも成人教育重視の方針が出されている。成人教育は

従来のような学校教育の補足という位置づけから生涯教育体制を形成する基本制度として位置づけられ、規模の拡大および内容の変化など急速な展開を示している。とくに政治、経済体制の転換、経済の高度化や国際化の進展に伴って、中国成人教育政策の環境も大きく変わるようになった。例えば、民間活力の教育への参入、教育行政部門の職能の変化などである。それに伴って、成人教育政策そのものも改めて環境の変化に応じて位置づけ直さなければならないし、その内容も改めて構築されなければならない。また、現実の諸政策、諸課題の解決のため、いっそう合理的、計画的な成人教育政策の作成、決定、執行を迫られるようになった。したがって「改革開放」期の成人教育政策形成過程の解明なども求められることとなる。しかし、中国成人教育政策の形成と展開に関する先行研究は少なく、「改革開放」期の成人教育政策についての研究はほぼ未着手の段階である[2]。

　以上の課題意識のもとに、本論では、中国成人教育の形成と展開の研究の一環として、「改革開放」期における成人教育政策の展開過程を概観した上で、その展開過程に見る中国の成人教育政策の特質の析出を課題とする。とくに成人教育は国家目的、学校教育および生涯教育との関わりから明らかにしたい。

　なお本論に入る前に、中国成人教育政策に関する範囲限定と時期区分について付言しておきたい。「成人教育政策」とは、国家権力（政権）によって、支持された成人教育に関する理念や思想、そしてそこから導かれる方針であると定義する。また本研究においては、とくに、1980年代の中国国家教育委員会の『成人教育の改革と発展に関する決定』（1987年、以下は略称『成人教育決定』）[3]、1990年代末までの成人教育の方針などを規定した『中国教育改革と発展に関する要綱』（1992年、以下は略称『要綱』）[4]、21世紀に向けた成人教育の方針などを規定した『21世紀へ向けた教育振興行動計画』（1999年、以下は略称『行動計画』）[5]の3つの重要文書に着目することにしたい。この3つの文書は異なる発展段階の中国の成人教育の方針、本質を規定しているからである。

　時期区分については、「改革開放」期の中国社会主義現代化建設の進行に伴って、とくに90年代以後の社会主義市場経済[6]の進展によって、経済発展

に資する人材への需要がこれまで以上に求められた。そのため「改革開放」期の中国の成人教育政策は、中国社会経済の発展段階に応じてその策定した成人教育内容が変化しており、この策定した成人教育内容の変化をメルクマールとして時期区分する。そこで、「改革開放」期の中国の成人教育政策の展開を以下の3つの時期に区分できる。

第1期（1978～1991年）：成人教育の確立期である。この時期の成人教育政策展開の特徴は、『成人教育の改革と発展に関する決定』の公布に伴って、成人教育の位置が確立され、その5つの任務（後述する）が展開されてきたが、基礎文化教育と成人学歴教育を重点に進められてきたことである。同時に、この時期においては、在職者に対する在職職業訓練（［崗位培訓］）も提唱され、試みられた。

第2期（1992～1998年）は生涯教育体系構築の基本制度としての成人教育発展期である。この時期の成人教育政策展開の特徴は、1990年代の中国教育の発展方向を規定した『中国教育改革と発展に関する要綱』の公布に伴って、成人教育が制度として提起され、成人高等学歴教育が加速、発展するとともに在職職業訓練と継続教育に重点がおかれて、市場経済移行期に応える成人教育制度構築が整備されたことである。

第3期（1999年～21世紀はじめ）：生涯学習体系構築の基本制度としての成人教育展開期である。この時期は経済発展の区域化と社会成員の多様化に伴って、『21世紀へ向けた教育振興行動計画』が公布され、在職職業訓練と継続教育を継続して推進すると同時に、成人に対する社会文化生活における教育および農村における成人教育が進められてきたことである。また21世紀の成人教育像も描かれ、成人教育が生涯学習および学習社会の目標を実現する重要方策として進められてきた。

第1節　「改革開放」期の中国における成人教育政策の展開過程

1. 成人教育の確立期における成人教育政策

（1）鄧小平指導下における「2本足で歩く」方針の再提起

　文化大革命後、「中国を社会主義の現代化した強国にする」という課題の実現および各民族の科学文化水準の向上が当時の中国において最大の問題であった。科学と教育の重視は鄧小平をはじめとする当時の指導者たちの共通認識であり、成人教育もこの時期において、1980年代前半の事業の回復、中期からの改革の展開、後期の整備、整頓の段階を経て、発展の新たな段階をたどる。

　1977年5月24日鄧小平は談話の中で、「現代化を実現するには科学技術が鍵である。科学技術の発展に当たって、教育の発展がなければ実現できない。空論では現代化の実現ができない。知識と人材を養成しなければならない」[7]と述べた。また、教育をどうすればよいのかという問題に対して、鄧小平は「教育は、『2本足で歩かなければならない』、普及にも注意するし、向上にも注意しなければならない」[8]と指摘した。これは、文化大革命期における大量の非識字者の出現および青年職工[9]の低い文化、技術レベルの現実に基づいて、表明された認識であるといえよう。さらに同年の9月に鄧小平は、科学と教育活動座談会における講話の中で「教育はやはり2本足で歩かなければならない。高等教育の場合からいえば、大学および専科学校は1本の足であり、各種の半労半学と業務余暇（[業余]）大学はもう1本の足であり、2本足で歩かなければならない」[10]と再び指摘した。こうした「2本足で歩く」、多形式、多ルートで教育事業を発展させる思想の指導の下で成人教育は迅速に回復すると同時に大きく発展し、人々とくに中国政府の成人教育への認識が向上し、その位置づけも明確にされてきたといえる。しかし、当時の中国において、人口の教育を受ける現状が楽観視できない。1990年に至っても、初級中学文化レベルの人口は2.6億人であり、小学文化レベルの人口は4.2億人であり、非識字者は1.8億人である。「改革開放」初期の1980年と比べて、中国人口の文化レベルは多少向上したが、やはり低いレベルにとどまっている。とくに識字教

育はかなり困難な局面に直面している。したがって、この時期の「普及」と言えば、主として、農村部の識字教育および都市部における青壮年職工の基本的な文化知識、技能の向上のための「双補」教育が行われてきたことを言う。「双補」教育とは、文化大革命後の全国職工の学歴水準、技術状況がかなり低いレベルに止まっているという現実に直面して、青壮年職工に対する初級中学文化の補習と初級技術の補習を職工教育の重点にするということである。

また、成人高等教育に関する政策的展開も見過ごせない。この時期において、文化大革命前に設立された職工大学、職工業務余暇大学、通信（[函授]）学院、夜間大学、教育学院などを再建する一方、「文化大革命」中に創設された「7・21」大学に[11]対して、整頓を行って、経営条件を備えている学校を職工大学または職工業務余暇大学に再編した。また労働者、農民、幹部、教師などに対して高等教育のニーズを満たすような成人高等教育の新たな方式も創設された。例えばラジオ・テレビ大学の再開、管理幹部学院の創設、独学試験制度の創設が挙げられる[12]。

文化大革命後、高等教育機関学生募集制度の再開と上述のような成人高等教育機関の回復、新設によって、民衆とくに「文化大革命」で教育機会を奪われた青年たちの教育要求を引き出すことになった。こうした成人教育が急速な展開を示すこととなったのは「国家経営の主導面が政治運動から経済建設へと全面的移行を見せ、政府が政治的安定の確保に努め、民衆生活の向上と国家建設の方向が一致しはじめた」[13]からであった。

（2）市場経済への移行と成人教育

1982年9月、中国共産党の第12期党大会で党と政府は教育を経済建設の重要戦略として位置づけ、教育の経済建設に向けての国民資質と人材資源の開発における重要な役割を新たに認識した。さらに1984年10月10日、中国共産党の第12期中央委員会第3回全体会議に打ち出された『中共中央の経済体制の改革に関する決定』で、市場による調整をして、中国の目標とするシステム「計画的商品経済」というスローガンを確立し、都市経済部門の改革がスタートした。中国経済は市場経済化に移行し、経済改革は後戻りできない「臨界

点」に達した。また、経済特区、沿岸開放都市、開放地帯の設置[14]は成熟した国際市場の競争メカニズムを国内にもち込むことができた。こうした経済発展によってもたらされてきた産業構造と就業構造の変革および対外開放による各種中高級人材への要請はいっそう強くなり、成人教育は経済発展の達成に必要な人材を養成するという意味で経済発展の戦略的位置づけがなされたと考えられる。例えば、「改革開放」期の経済建設の重点を既存企業の技術革新と改造、更新におくなどの経済発展の状況に合わせて、教育、とくに高等教育、中等専門教育、職業技術教育、企業職工訓練などにおける教育方式、内容への影響は極めて大きい。成人教育の場合、基本的な文化知識、技能などの普及と向上を継続して重視すると同時に、企業訓練と再就職訓練は制度化を進め、多様化させなければならない。また、経済改革の進展に伴って、とくに1980年代後半以降、企業と従業員の関係を契約的なものにすることを狙った制度改革が実施され、人材の流動化を促す政策もとられた。しかし、1980年代は、企業の需要を反映した雇用量の調節は行われず、必要な人材は依然として企業が内部で養成した。こうした人事のあり方は成人教育の方向にも影響を与えた。

　1985年の『教育体制改革に関する決定』（以下は『決定』を略称）では、「教育は社会主義の建設に奉仕すること、社会主義建設は教育に依拠すること」と明示して、教育事業の回復、発展が目指された。これは「経済的必要から導かれた教育体制改革の基本方針であるといえる。……教育政策のあり方が、政策的に政治主導の教育から経済主導の教育へと明確に転換された」[15]ととらえられる。この『決定』はその後の教育政策のあり方に対して、まさに決定的な影響を与えることになり、その内容は正規学校教育の整備と改革を重点とした。しかし、最後の部分では、「この決定において、学校教育体制改革の問題について検討してきたが幹部、職工、農民に関する成人教育とラジオ・テレビ教育はわが国の教育事業の主要な構成部分であり、国家教育委員会がこれに関して、あらためて検討しなければならない」[16]と指摘されている。確かに文化大革命以後、中国の現実に基づくならば、教育を受けられなかった就労者への教育および経済発展における多くの人材養成の要求は、単なる学校教育の普及の問題ではなく、成人教育も経済発展における各種人材の養成に努めなければ

ならなかったことである。そこで中国の国情に合わせて、「2本足で歩く」という方針を徹底的に実行しなければならなかったため、成人教育に関する政策立案が求められるようになってくる。当時の人材の状況に基づいて、多くの青壮年の文化技術の向上と識字教育は、依然として、重要な任務になっていったと同時に、経済発展に必要な各種中、高級の人材も養成しなければならなかった。

(3)『成人教育の改革と発展に関する決定』に見る成人教育

1986年12月、全国第1回成人教育活動会議が山東省で開かれ、成人教育の改革と発展の問題が検討され、その重要性が国家の発展戦略上、強調された。1987年6月、国務院は国家教育委員会の『成人教育の改革と発展に関する決定』(以下は『成人教育決定』と略称) を批准、公布した。この『成人教育決定』は、次の6つの柱、①成人教育の社会主義現代化建設における重要な地位と役割についての社会全体の認識を高める、②在職教育を成人教育の重点とする、③成人学校教育を改革し、学校経営の効率と質を高める、④大学後継続教育、専門訓練および実地研修を積極的に推進する、⑤地方と企業が相互に協力し合える政策を策定し、成人教育に対して、積極的に参入を求める、⑥マクロ管理を強化し、積極的に下部の組織に奉仕する、からなっている。

『成人教育決定』における成人教育の位置づけを以下にまとめる。

第1に、『成人教育決定』の公布は「改革開放」期の中国で初めての成人教育に関する政策である。成人教育の地位と役割は「社会経済発展と科学進歩の必要な条件である」と位置づけられ、普通教育、職業技術教育、高等教育とならんで教育事業の重要要素とされている。それに新しい時代における成人教育の5大任務、①在職職務訓練②基礎教育の補足③学歴教育④継続教育⑤文化・教養教育および「一は改革すること、二は発展すること」という発展の基本方針などを確立した。

第2に、『成人教育決定』では中国の経済建設における成人教育の役割を強調して、さらにその方法も指摘した。『成人教育決定』では、「成人教育はわが国の国情から出発し、社会主義建設に奉仕するという方向を堅持し、労働者の

資質の全面的な向上を根本的目的とする」と主張している。これは成人教育が文化教育の「補足」としての役割りから、在職労働者の資質の向上を目的とする独立的な教育体系に転換して、中国の教育体系の重要な構成要素として重視されたことを意味している。さらに在職訓練を重点とする方針は最も大きな進展である。なぜならそれはいかにして成人教育を通じて、在職労働者の資質を向上させるかという問題解決の方向性を示したからである。在職教育は中国成人教育の経済発展に向けた一つの新たな道を開いて、学歴教育へ偏った傾向の克服および経済建設に直接に奉仕する意義がある。

第3に、教育体系の中における成人教育の独自性を明らかにした。その構成は『成人教育決定』にまとめられた5大任務であり、これは成人教育に内包する多元性を確立し、豊富多彩な内容を含んだ。

第4に、『決定』の指導の下で、成人教育に関わる各種教育行政法規が続々と公布され、成人教育の制度化[17]に対して、一定の役割を果たした。重点として成人教育における学歴教育が整理整頓され、学歴教育へ偏った成人教育の傾向が是正され、学歴教育と職業訓練の関係を整理し始めたのである。

第5に、国家と社会各方面による成人教育運営に参与する新たな局面ができた。国家が成人教育を経営するほか社会各方面(各地方、各部門、さらに個人)も成人教育を経営することができるようになった。

2. 成人教育の発展期における成人教育政策

(1) 市場経済の確立と成人教育政策

1980年代の鄧小平時代において、政治体制改革は何度も提唱されていたが、大きな変化は見られなかった。しかし、1989年の「天安門事件」、1991年のソ連、東欧社会主義諸国の崩壊を経験する中で、繁栄した強大な社会主義の近代国家を打ち立てるために、政治的安定、政治的統合の確保は必須の課題と認識された。同時に1987年10月に中国共産党の第13回全国代表大会で確立した「一つの中心、二つの基本点」[18]の基本路線も依然として強調された。さらに中国共産党の第14回全国代表大会と前後してキャンペーンが行われた「改革開放の路線は百年でも変えない」との方針も大きく宣伝された。また鄧小平

の「南巡講話」[19]（1992年）では、「生産力の発展、総合国力の発展、人民生活の向上の三つに有利であるかどうか、物事の是非の判断基準である」として、「姓社姓資論争」[20]の決着をつけたことも基本路線の定着に大きな意味をもっている。ソ連、東欧の社会主義体制が崩壊して以後、中国共産党の政策の実質を見ると、政治的安定や統合を図るために根本的な政治の体制改革を行うのではなく、経済発展の重視と推進による経済中心の政策がとられたといえる。それは1992年10月第14回全国代表大会で、社会主義市場経済の確立を提起し、何よりも中国の経済発展を第一にする政策で明確になった。1990年代にはいると、市場原理に基づいた国有企業の改革が進められ、企業が市場経済に適応するために必要な「政企分離」（行政管理と企業経営の分離）など企業の権利と責任の明確化、法人としての地位や企業制度の模索が始まった。

　こうした社会主義市場経済の実施、経済の発展という最大の政治目標、経済の変革と発展によってもたらされてきた産業構造と就業構造の再調整および人々の自らの教育への要請によって、教育も改革と発展の新たな時期を迎えた。現実から見ても国営企業はもちろん、1980年代中後期に台頭した郷鎮企業も市場競争力を高めるための人材と技術の高度化という課題があった。経済発展と密接な関係をもつ成人教育も社会主義市場経済の発展に伴って、労働力市場の発展に貢献しなければならず、その発展の方向性が明らかにされたといえよう。

　また経済体制改革に伴う政治体制改革は緩慢であるが、民主化、法制化の促進を主とする政治体制改革は人々の資質の向上も要求している。例えば、国家公務員の競争採用制度の実施が管理人員の継続教育を促進している、などが挙げられる。

（2）『要綱』における成人教育の位置づけ、意義

　中国共産党中央委員会は1992年12月28日『中国教育改革と発展に関する要綱』を採択し、1993年2月13日、中共中央、国務院によって全国に公布した。この『要綱』では、「必ず教育を優先的に発展させる戦略的地位におき、全民族の思想道徳と科学文化水準を高めることに努力する。それはわが国の現

代化の根本的な大計画である」と規定し、中国の教育の直面する社会情勢および教育自体の情勢と任務を分析し、1990年代から来世紀初めに至る時期に向けての教育発展の目標、方針、戦略など教育改革の全体的な構想つまり教育のあり方を政治、経済という国家目標と密接に関わる教育政策の面で明示したものである。

『要綱』は、成人教育の位置づけと役割を確定した上で、成人教育の今後の改革発展の方向を明らかにした。

まず位置づけについて、「成人教育は伝統的な学校教育から生涯教育へ発展する一種の新型の教育制度である」と明示し、初めて成人教育を明確に一種の教育制度として規定した。さらに、「国家は在職訓練制度、証書制度、資格試験と評価制度、継続教育制度などを構築し、整備する」ことを明らかにした。例えば、1993年には当時の中央行政機構にある40の部、委のうち30近くが本系統内の職位規範を制定し、在職訓練を制度化する方向へ進んできた[21]。また学歴証書、技術等級証書、職位資格証書などをともに重視する制度の推進が提起されたことにより、1997年までに展開された資格証書は以下のようである[22]。

 従業資格証書：営業許可を取得しなかったものは、該当の仕事に従事することができない。

 専門技術資格証書：規則は業種によって決まり、ある仕事に従事する資格証明と昇進の必須条件である。

 職位資格証書：各企業、事業部門によって、制定する。

 能力資格証書：各種社会試験と評価機構によって、幅広く展開されている。

これは1987年の『決定』に出された5つの任務によって初歩的な成人教育体系が構築されたのに加え、成人教育制度の構築をいっそう加速させたものといえよう。

次に成人教育の役割について、「たえず全民族の資質の向上、経済と社会発展の促進に対して、重要な役割をはたすべきである」と規定した。なぜなら「わが国の企業経済の効率は低く、商品は競争能力を欠く状況が長期にわたり、

改善されていない。また農業科学技術は普遍的に拡大するに至っておらず、豊富な資源の利用と生態環境の保護は十分ではない。人口の増加についても、有効な規制ができておらず、いくつかの不良な社会風紀が改善されていない。その原因は非常に多いが、一つの重要な原因は労働者の資質が低いことにある。教育事業を発展させ、全民族の資質を高め、荷重な人口負担を有利な人力資源に転化させることが社会主義の現代化を実現するための一つの必然的な道である」からである。労働力の質の向上には、経済発展と密接な関係をもつ成人教育がその役割を果たすと考えられる。

　さらに成人教育の今後の改革と発展の方向については、『要綱』から、以下のように整理できる。①在職訓練と継続教育を重点とする成人教育に力を注いで、発展させる、②成人の職業教育を積極的に推進し、初級、中級の人材養成を重点とし、一般労働者の資質の向上を加速する、③各職種の資格試験と資格証書制度を実施すると同時に、学歴証書や職業資格証書との同等の効力をもつ制度を構築する、④成人教育の運営体制を改革し、民間活力を生かした学校の運営を奨励する、⑤管理制度に対する改革を実施し、管理部門の職責を明確化する、⑥成人教育経費に対する改革を行う。

　上述から見て、『要綱』は1990年代から21世紀初めまでの成人教育活動の主な任務と要求を具体化し、成人教育の位置づけをさらに明らかにしたと考えられる。

3. 21世紀へ向けた成人教育の展開期における成人教育政策

（1）市場経済の進展および生涯教育理念に基づく成人教育政策

　1998年3月第9期全国人民代表大会第1回会議によって誕生した朱鎔基をはじめとする政府は、党の「15大」精神に基づき、教育面においては、「教育と科学を発展させることは文化建設の基礎的事業である。近代化の要請に応える資質の高い労働者と専門技術者を大量に養成し、中国の膨大な人的資源の優越性を発揮させることは、21世紀の社会主義事業の大局にかかわるものである。教育を優先的に発展させる戦略的な位置におかなければならない」と、市場経済体制のもとでの「科（学）教（育）興国」という中国の基本的な国策を

強調した。こうした「科（学）教（育）興国」戦略の実施の任務にあたり、国務院に所属する科学教育指導組織[23]を創設した。このような背景の下で、教育活動に「15大」精神をいかに貫徹させ、教育の発展に貢献させるかということが、政府教育部の応えなければならない問題になった。こうして教育部門において、これらの変化を踏まえた21世紀に向けての教育のあり方を策定することが課題となった。

そして経済発展に伴う産業構造、就業構造の調整上の問題があり、失業・一時帰休者が急増したことにより、市場経済の移行に伴う国有企業の潜在的な失業問題も存在していた。さらに労働者の再就職問題が政府部門でも検討された。都市部登録失業者については、各地区の就業サービス機構[24]に登録すると、同機構が職業訓練や再就職斡旋などを行い、サービスを受けることができる。一時帰休者については、「再就職センター」の管理下に移されることになっている。しかしこれらの対策は膨大な失業者と一時帰休者にとっては、焼け石に水であった。大多数の失業者は第3次産業部門への自助努力による転職、もしくは個人営業を始めることを奨励されるだけである。第3次産業部門も現実には競争が激しく、仮に転職してもそれだけで生活を維持することは難しい。最終的な方法について江沢民は「15大」の報告の中に「一時帰休者に知識を補充し、更新させ、ある社会労働力市場における必要な知識と技能を身に付けさせ、新たな就職機会を探すこと」、さらに「再就職プロジェクトは便宜上の措置ではなくて、長期の任務としなければならない」[25]と指摘している。したがって成人教育の担う役割も重視されると考えられる。

また高齢化の進展、人々の余暇時間の増加、生活方式と生活環境の変化および農村人口の都市への流動などにともなって、異なる地域、職業、階層から構成されるコミュニティの再構築も課題である。中国の地方行政区の末端に当たる社区では人々の文化の融合、文化衝突の解決、文化の承認および地区の現代化を促進するために、教育とくに成人教育にも新たな課題を提出している。

（2）『行動計画』に見る成人教育政策

　1999年1月13日国務院が教育部の『21世紀へ向けた教育振興行動計画』（以下は『行動計画』を略称）を公布した。『行動計画』は『教育法』および『要綱』を貫徹するために提出した来世紀の教育改革と発展の構想である。『行動計画』では、現今の教育発展の趨勢を明らかにした上で、中国における教育発展の現実状況を分析し、2000年までの目標の確定および2010年までの教育事業の発展の計画を立てた。この中で21世紀に向けた成人教育の発展方向も明らかにされた。

　総論では、教育全体の目標を定めた上で、成人教育の目標も明らかにしている。2000年までに、「青年、壮年層の非識字者一掃の任務を完成させ」「職業訓練と継続教育制度を整え、都市と農村における新たな労働力と在職者に対して、すべて各種レベル、各種形式の教育と訓練を受けることができるようにする」。成人高等教育としては、「国家『創新』[26]体系の目標を目指して、高い水準の創造力を備えた人材を多く養成する」「成人教育の改革を深化し、新たな教育体制の基本的な枠組みを構築し、積極的に経済社会の発展に適応させる」。そして2010年までに、「生涯学習システムを基本的に構築し、国家の知識『創新』体系および現代化建設のために十分な人的資源と知識の貢献を提供する」という。とくにここで「生涯学習システムを基本的に構築」するという目標を初めて明確に打ち出し、成人教育の位置づけも明らかにされたと思われる。

　次に『行動計画』のいくつかの柱を通して、成人教育の今後の改革発展の方向が以下のように整理できる。

① 　生涯学習システムの構築が明確に提出されると同時に、成人教育を生涯学習体系の構築に不可欠な重要な要素と見なしている。『行動計画』では、初めて生涯学習システムの構築が国家戦略に位置づけられた。同時に第6の柱において、「現代遠隔教育は現代の情報技術の発展にともなって現れた一種の新教育方式であり、『知識経済』時代における人々の生涯学習体系構築の主な手段である」「継続教育制度を構築・整備し、生涯学習と知識更新の必要に適応させる」「高等教育と中等教育の独学試験制度の利点を生かし、社会成員の教育機会を絶えず拡大しなければならない」など、

生涯学習を実現するためのルートまたは成人教育の果たさなければならない役割を明確に指摘した。

② 多数の高いレベルの労働者と初、中級レベルの人材を養成するために、在職訓練と継続教育を主とする成人教育が継続的に重視され、積極的に発展できるようにする。『行動計画』でとくに強調されたのは、ア．中国における実状に合わせた就業前と就業後教育訓練を一貫した体系に構築するよう努力し、初、中、高等職業教育と訓練を相互に連携させ、同時に普通教育と成人教育とも相互に交流し、これらと協調して発展させなければならない。イ．初級中学後の複線化（[分流]）を継続して実施し、各地の実際状況から中等職業教育を積極的に発展する。（中略）中等職業教育の社会的需要を科学的に予測し、「先に訓練、後に就業」の原則に従って、さまざまな新社員に対して、期間と形式の異なる職業教育と訓練を行う。ウ．成人教育は在職訓練と継続教育を重点におき、現代中国の企業教育制度と職業資格証書制度の構築を通して、活発で多様な経営方式を採用する。多数の失業者・一時帰休者と転職者をレベルごとや期間ごとに職業訓練あるいは正規教育を受けさせ、再就職活動に役立てると同時に、制度化させる。エ．社会主義市場経済体制の構築と発展に適応し、職業教育と成人教育の経営体制、管理体制、実施メカニズムおよび学生募集と就業制度の改革を強化するなどである。

③ 高等職業教育を積極的に発展できるようにする。国民の科学技術文化資質の向上、就業の延期、国民経済の発展などのために、高等職業教育の発展が重視されてきた。学歴と非学歴高等職業教育について、「学歴認定される高等職業教育は既存の高等専科学校、職業大学、独立して設置された成人高等教育機関に対して、整理・整頓を行うと同時に、条件に合致した一部の中等専門学校を選択し、高等職業教育に発展的に昇格させる」「非学歴性の高等職業教育の発展は主に職業資格証書取得の教育を行う」と、論じられている。これは地区経済の建設と社会発展へ向けて、就業市場の実際の需要に適応し、生産、サービス、管理の最前線で必要な実用的人材の養成に役立つ。

④　農村における成人教育が重視できるようにする。具体策として、「識字活動は農村の実用技術訓練と相互に結合させ、識字化の成果を確実に強固なものとし、識字化と脱貧困化をつなげる。今後3～5年で全国の大多数を占める農村地区の義務教育段階の卒業生あるいは中途退学者に対して、就職前後に一定の方式の職業技術訓練を受けさせ、一部の人に有用な、実用的な生産技術を身につけさせることで、農村の経済と社会の発展および農民を豊かにさせる要求に適応させ、特に多様な教育と訓練の方式を採用し、郷・鎮企業と農村の産業のレベルアップのために充分かつ適合した技術と管理の能力を持つ人材を提供しなければならない」と指摘した。

⑤　生涯教育体系の構築に向けた社区教育が展開できるようにする。「企業、学校と政府その他の業務部門で相互に連携を促進する。社区教育の実験活動を展開し、徐々に生涯教育体系を構築、充実させていき、人々の資質と素養の向上に努めなければならない」と規定した。

⑥　成人教育を基礎性投資として、改めて認識する。『行動計画』の中で、「『科（学）教（育）興国』の戦略を着実にし、教育投資を消費性投資とする観念を確実に変え、教育投資を基礎性の投資として、教育への投入を増加する」と論じていた。これは明確には語られていないが、産業としての教育への趨勢は見いだせよう。

また、成人教育が経済社会の発展に積極的に適応するために、成人教育の経営体制、行政部門の管理体制などの改革も展開されるようになる。

第2節　中国の成人教育政策の展開における特質

ここにおいて、上述のような「改革開放」期の成人教育の展開状況に即して、中国成人教育政策の構造の特質を明らかにする。

1. 成人教育と国家目的との関係

マルクス主義基本的理論の指導の下で、中国における成人教育政策の展開は国家需要の反映であり、単なる政治または経済の発達の需要に応えた手段になりかねない。そこでは人間自身の発展の要求を見失うことがある。『教育法』の中における「教育は社会主義現代化の建設に奉仕しなければならず、教育は生産労働と結合しなければならず、徳育、知育、体育などのそれぞれの面での全面的発達の社会主義事業の建設者と後継者の養成に努めなければならない」[27]という教育方針に関する規定からも上述の特徴が見られる。形式上、教育は社会発展の需要に適応することを目的とすること、および教育は人々の自身発展の需要に満足することを目的とすることを同時に提出したが、「人間発展における要求と社会発展の現実的必要を整合させ、統一することが社会主義の教育目的観の特徴である。そのため社会発展の必要を決定するのは人間発達の要求であり、人間発達の要求は社会発展の必要に規定されることが強調される。したがってこれら形式上の二元論による教育目的はむしろ実質的には社会本位の傾向を備えた一元論になってしまう」[28]と考えられる。以下は、中国成人教育の展開状況に即してこの特徴を分析していく。

中央集権制の中国において、成人教育の発展が国家目的の実現に奉仕する性格が強く、中国共産党の国策に従属するような成人教育政策がとられるようになった。それゆえ、成人教育は、一貫して中国における国家目的に規定され、政権を強固にする人材養成または経済発展に資する人材養成が主として進められたといえる。これに関して、牧野篤は「成人教育が、新中国の国家経営における政治運動志向か、経済建設志向かという二者択一的な性格、動揺を反映して、民衆の政治意識の涵養と経済建設に資する人材の養成という二つの目的をもつ」[29]と指摘している。

周知のように解放後の中国は政治的に路線の大きな曲折を経て、それとともに経済的にも激しい浮沈を繰り返してきた。「文化大革命」終息後の20余年の間は政治も経済も比較的安定した発展を遂げてきた。このような政治的、経済的変動は直接教育に影響を及ぼしているといえる。

「改革開放」期前、周知のように、教育は政治闘争の道具とされてきた。そこでの成人教育政策は、新しい社会主義建設のための基礎造りを行うもので、往々として政治的に決定され、政策の策定は国情とくに社会経済発展の現実状況から離れる教育政策であった。

しかし、1978年からの「改革開放」期においては、「階級闘争を主要な任務とする」指導方針を廃棄し、全国の主要任務は経済建設を中心にする軌道へ方針が転換された。とくに1982年の中国共産党の第12期大会で、教育が国家経済建設のための重点戦略の一つにすえられ、経済発展に資する人材養成が重視された。このような「人材観」の転換に伴って、普通学校教育を重視すると同時に、政治的、経済的な国情に合わせて、政府によって成人教育も重視の方針が出され、大いに進められてきた。「識字教育・基礎教育の補習と職業知識・技能の伝授から、在職職務訓練とより高度な学歴授与のための教育へ、そしてさらに学校教育の普及・整備とあいまって、継続教育の重視へと展開し、生涯教育体系構築のための基幹制度として位置づけられていった」[30]ということを見て取ることができる。

上述した成人教育における政治運動志向から経済建設志向への転換は、いずれも成人教育政策の展開が中国共産党の国策に沿ったものであることが明らかである。このような国家目的に基づくこれまでの中国の「成人像」は大枠としては①建国初期は、国家の政権の強固と国家経済建設に奉仕できる人間の育成を目指す、②社会主義建設初期は、社会主義事業とプロレタリア階級政治に奉仕できる人材の育成を目指す、③「文化大革命」期は、プロレタリア階級政治に奉仕できる人材の育成を求める、④「改革開放」期は、社会主義現代化建設に奉仕できるようなさまざまな人材の育成を目指す、ととらえられる。つまり、いずれにしても、経済成長と政治的イデオロギーの目標の実現に即した人間の育成が求められている。その人材の育成は、社会主義の物質文明と精神文

明の需要に統合される。

2. 成人教育と学校教育との関係

ここでは中国成人教育政策の展開過程から成人教育と学校教育の関係を明らかにしたい。

1978年からの「改革開放」期の成人教育においては、「文化大革命」期に教育を受けられなかった人々に対する識字教育が主として重視された。また、「文化大革命」期には「1968年から1978年までの10年間に全国で下放した知識青年は約1,623万人」であり、「文革期に養成を怠った大学生は約百万人余り、高校生は200万人以上」とも言われるほど教育水準の低下と格差をもたらした[31]。そこで、「改革開放」初期において、「文化大革命」前に設立された職工大学、職工業務余暇大学、通信学院、夜間大学、教育学院などを回復する一方、「文化大革命」中に創設された「七・二一」大学を整理し、経営条件の備わっている学校を職工大学または職工業務余暇大学に再編した。それと同時に、労働者、農民、幹部、教師などの高等教育を受けるニーズを満足させるために、成人高等教育の新たな方式も創設された。具体的には、ラジオ・テレビ大学の再開、管理幹部学院の創設、独学試験制度の創設などが挙げられる（成人高等教育の在校生数の変化は表補論-1に示した通りである）。同時に各種各レベルの成人中等教育も多数創立された。

したがって、建国初期から上述のような学校教育を受ける機会が恵まれなかった人々を対象に展開されてきた成人教育は、基本的に「学校教育の補足」あるいは「代位」[32]としての性格を有しているといえよう。しかし、それは、学校教育がまだ完全に機能していないという状況下での成人教育発展である。

1987年の『成人教育の改革と発展に関する決定』においては、簡単に言えば、①在職職務訓練、②基礎教育の補足、③学歴教育、④継続教育、⑤文化教養教育という成人教育における「5大」任務の認識により、今後の成人教育政策として、在職訓練の重視、成人学校教育、大学後の継続教育と専門訓練、実践訓練の実施などが進められてきた。この時期において主に強調されたのは学歴教育と在職訓練であった。「改革開放」期の第1期においては、成人教育は、

表補論-1　全国各種成人高等教育機関在校生数状況

(単位：万人)

	1981年	1986年	1992年	1999年
普通高等教育	129.83	197.70	227.86	436.78
成人高等教育（総）	134.63	185.57	147.87	305.47
1 ラジオ・テレビ大学	26.80	60.44	33.55	48.68
2 職工大学		33.94	23.01	32.80
3 農民大学		0.13	0.03	0.10
4 管理幹部学院		5.56	5.68	17.10
5 教育学院	58.73	25.99	17.92	22.73
6 独立通信学院		3.20	1.25	1.22
7 普通高等教育				
通信部		41.47	48.4	106.99
夜間大学		14.84	16.81	40.09

『中国教育年鑑』編集部編『中国教育年鑑』(1981年、1986年、1992年、1999年) により、作成

主として学校教育の「補足」であり、さらに「補足」から「拡張」[33]へと変化してきているといえよう。しかし、実用主義的意図つまり職業生活と密接につながるという現状を見過ごせない。

　1993年の『要綱』では、「成人教育は伝統的な学校教育から生涯教育へ発展する一種の新型の教育制度である」と規定された。ここで初めて成人教育が明確に教育制度の一種として提出されたといえる。『要綱』では、さらに「国家は在職訓練制度、証書制度、資格試験と評価制度、継続教育制度などを構築し、整備する」ことを明らかにし、成人教育制度の発展の目標を確立した。これは1987年の『決定』に示された成人教育の5つの任務および初歩的な成人教育体系を構築した上での、さらなる成人教育制度の構築にとって、大きな役割を果たした。この時期の成人教育の内容の重点としては、在職訓練と学歴教育のほか、継続教育も加えられることになった。成人高等教育の規模の拡大からその一端が見られる。『要綱』の中では、成人高等教育を学歴と非学歴の2つに分けて、どちらも重視されるべきであることを明らかにした。経済、社会の発展に伴って、人々の各種各レベルの教育を受けるニーズはいっそう高まり、『要綱』の精神に基づいて、成人に対する遠隔教育や高等職業教育などが

発展した。1997年の時点で全国の職業大学、一部の高等専門学校、独立に設置した成人高等教育機関の内の210ヵ所、135の専攻で成人高等職業教育が創設されている。在学者総数は3万人に至っており、その主な役割は、製造方面および芸術方面などにおける実用技術人材を養成することである。さらに遠隔教育も発展し、成人の教育を受ける機会が社会に幅広く展開されてきた。1995年からラジオ・テレビ大学の「登録視聴生」[34]の試みが展開され、人気を集めている。また成人高等教育の質と効率を向上するために多様な措置が講じられた。例えば、1996年に①成人高等教育機関への評価を行う、②成人高等教育機関の責任者の資格訓練を行う、③中、高等教育機関の調整を行う。具体的方法として、モデル学校を多く創設し、経営条件の改善を促進し、条件の備っていない学校は合併、改制などにより解決する、などの措置が講じられた[35]。

したがって、第2期においては、成人教育は、「従来のような、学校教育の補足という位置づけから、学校教育の大幅な普及と成人教育事業の発展を受けて、学校教育と連接されながら、生涯教育体系を形成する基幹制度として位置づけられる」[36]と変化し、「学校教育以外の教育的要求として」[37]の性格をもつようになってきたといえよう。

1999年の『行動計画』では、生涯学習システムの構築が明確に打ち出されると同時に、成人教育が生涯学習体系の構築に不可欠な構成要素と見なされている。『行動計画』では2010年までの目標として、「生涯学習システムを基本的に構築させ、国家の知識『創新』体系および現代化建設のために十分な人的資源と知識の貢献を提供する」とされている。そこで、多数の高いレベルの労働者と初、中級レベルの人材を養成するために、在職訓練と継続教育を主とする成人教育は継続して重視され、積極的に発展された。同時に、高等職業教育、農村における成人教育、生涯教育体系の構築に向けた社区成人教育が展開されるようになった。とくに『行動計画』では、「企業、学校、と政府その他の業務部門で相互に連携を促進する。社区教育の実験活動を展開し、徐々に生涯教育体系を構築、充実させていき、人々の資質と素養の向上に努めなければならない」と規定された。したがって、第3期においては、生涯学習の実現に向けた学校教育と成人教育との連携などの新たな関係が試みられてきたといえ

3. 成人教育と生涯教育との関係

中国においては、先述のように成人教育への理解または生涯教育への理解は、政治や経済、社会と密接に関わっているが、「改革開放」期に入ってからユネスコをはじめとする生涯教育理念の導入に伴い、用語として中国で正式に使われるようになった。その後、中国社会の急速な展開の中で両者の間のダイナミックな関係がしだいに明らかにされた。その政策的展開の過程から、成人教育と生涯教育の関係を解明する。

1993年の『要綱』では、成人教育は生涯教育体系形成の基幹制度として位置づけられ、中国の生涯教育体系の構築における成人教育の重要性が明らかにされた。

その後、社会の発展および教育の改革の進展に伴って、成人教育、生涯教育への理解がより高いものとなり、それらは、さらに法律の中にも位置づけられることとなった。例えば、1995年に公布した『中国教育法』（以下は略称『教育法』）においては、「国家は、社会主義市場経済の発展と社会進歩の必要に応じて、教育改革を推進し、各種各レベルの教育の協調と発展を促進し、生涯教育体系を構築、完備する」（第11条）、「国家は、職業教育制度や成人教育制度を実行する。各段階の人民政府、関係する行政部門および企業事業の組織は、公民の職業学校教育あるいは各種の形式の成人教育を奨励し発展させ、公民に対して適当な形式の政治・経済・文化・科学・技術・業務教育や生涯教育を受けさせる」（第19条）と規定された。したがって、第2期の段階で、成人教育は生涯教育体系構築の基幹制度として重要な位置づけを得たことは明らかである。

さらに1999年の『行動計画』において、「生涯教育はまさに教育の発展と社会進歩の両者の要求である」と述べるとともに、2010年までに「生涯学習システムを基本的に構築する」という目標を打ち出した。「生涯学習システムを基本的に構築する」という目標を規定した『行動計画』の中の関連論述から見て、成人教育の位置づけも明らかにされたといえる。例えば、『行動計

画』の6番目の「『現代遠隔教育プロジェクト』を実施し、開放的な教育ネットワークを形成し、生涯学習体系を構築する」という柱では、もっぱら遠隔教育体系の構築と継続教育制度の構築、完備による生涯学習と知識更新の必要に適応することを規定している。また9番目の「職業教育と成人教育を積極的に発展させ、多数の高いレベルの労働者と初、中級レベルの人材を養成し、とくに農業と農村活動に奉仕する教育活動を強化しなければならない」という柱の中では、「社区教育の実験活動を展開し、徐々に生涯教育体系を構築、充実させていき、人々の資質と素養の向上に努めなければならない」と規定されている。このような規定から、第3期においては、成人教育は、生涯教育体系の構築における基幹制度としての重要な位置づけをさらに明確にされたと同時に、その具体策も明確にされたといえよう。

ここで社区教育実験活動の展開からその一端を見る。教育部職業教育と成人教育司は、全国の主要都市の「社区」教育活動を調査研究するため、1999年7月江蘇省で検討会を開催し、中国における社区教育活動の各種問題を検討した。さらに2000年には、北京市朝陽区などの8カ所の主要都市の城区を社区教育モデル区に確定した。1年余りの実験活動の展開を通して、以下のような活動が展開された。①内容が幅広く形式が多様な社区教育訓練活動を展開した。例えば、住民の社会文化生活教育、一時帰休者の再就職訓練などである。②学習型集団の建設を積極的に推進した。③既存の教育施設の役割を十分に発揮させ、新たな教育施設の創設に努力した[38]。例えば北京市の朝陽区の社区学院の成立、上海市閘北区の社区学院の建設などである。同時に、区レベルの学院を建設しただけではなく、街道社区分院、末端組織の居民委員会の社区学校なども建設して、社区教育のネットワークもできた。このような実験の展開に伴って、社区教育への認識が深まり、以下のような共同認識がつくられた。①社区教育は社区の全成員の資質と生活の質の向上および区域経済の建設と発展などに役立つ。②区域内の正規教育の補充と延長として、社区内住民の多様な学習ニーズを満たすことができる。③成人教育における非学歴の各種教育活動が人気を集め、社区教育は成人教育の新たな可能性として注目された[39]。なお、2001年には社区教育モデル区は28カ所に増加した。

おわりに

　補論においては、「改革開放」期における中国成人教育の展開過程を3つの時期区分によって概観した上で、中国の成人教育政策の構造とその特質に分析を加えた。明らかになったのは以下の諸点である。①成人教育と国家目的との関わりから見て、中国の発展途上国としての自己規定と社会主義体制の維持、とくに共産党一党独裁の維持強化のために、経済発展が至上命題とされた。そのための人材の育成は、求められるがゆえに、国家意思による成人教育への統治的性格が強く、中国の成人教育政策は基本的には中国共産党の国策に従属するような展開になった。経済成長と政治的安定を同時に実現するものとして成人教育による人材の育成が求められていたこと。②成人教育と学校教育との関わりから見ると、「改革開放」期の第1期においては、成人教育は、主として学校教育の「補足」あるいは「代位」、さらに「補足」から「拡張」へと変化し、第2期においては、成人教育は「学校教育以外の教育的要求として」の性格をもつようになったと考えられ、さらに第3期においては、生涯学習の実現に向けた学校教育と成人教育との連携などの新たな関係の構築が試みられてきたこと。③成人教育と生涯教育との関わりから見て、成人教育は生涯教育・学習体系の構築の基幹制度としての制度上の位置づけが明らかになったこと。そして、この②と③の成人教育政策展開の特徴は、①の特徴と深く関わりながら、中国社会の経済発展と民衆生活の安定という方向に向かうことで、国家意思と民衆の生活上の要求が重なり合う構造を作り出し、それが共産党の支配をより安定させるように、機能するように見える。

　このように進められてきた中国成人教育政策は、民衆の高まる学習要求の進展と生活の向上による人権意識の高まりに伴い、今後新たな政策的対応が必要になると考えられる。

〈注〉

1) 「二本足で歩く」とは、2つの意味から理解できる。一つは、教育体系としては定型の学校教育体系と非定型の成人教育体系、もう一つは、学校の運営方式として、公立学校と民営の学校を指す。
2) 詳しくは筆者の修士論文（平成15年度名古屋大学教育発達科学研究科に提出した『中国の成人教育政策に関する研究—「改革開放」期における展開過程を中心に—』）に参照する。その理由としては、次の3点が指摘できる。1つ目は、中国の教育政策に関する研究そのものがあまり展開されていない状態であり、その一部としての成人教育政策についての研究もなされていないことである。2つ目は、中国において、いつも実態が先行するばかりで、理論は実践よりもかなり遅れているということである。3つ目は、中国におけるいわゆる理論研究というのは問題のルーツから始まるのではなくて、ほぼ所与の基本理論などをもとにして、観念的になされてきたものが多く、研究者の主観が強いということである。
3) 中国語では『国家教育委員会関于改革和発展成人教育的決定』という。邹淵主編『教育執法全書』中国民主法制出版社、1998年。
4) 中国語では『中国教育改革和発展綱要』という。国家教委政策法規司編『中華人民共和国教育法規実用要覧』広東教育出版社、1996年、pp.365-387。
5) 中国語では『面向21世紀教育振興行動計画』という。『中国教育年鑑』編輯部編『中国教育年鑑（1999年）』中国大百科全書出版社、2000年、pp.107-121。
6) 中国共産党第14期中央委員会第3回総会で採択した『社会主義市場経済体制の確立に関わる諸問題についての決定』によれば、社会主義市場経済体制とは、政府によるマクロコントロールの下、市場メカニズムによる資源配分を基礎とし、公有制をはじめとする多様な所有形態を容認するシステムと規定される。そして当面する経済改革の主要課題は国有企業における自己責任の確立、政府による直接的コントロールの排除、間接的手段によるマクロ経済運営の徹底である。中国研究所編『中国年鑑』大修館書店、1994年、p.100。
7) 『鄧小平文選』(1975～1982年) 北京人民出版社、1983年、p.37。
8) 『中国教育年鑑』編輯部編『中国教育年鑑』(1949～1981年) 中国大百科全書出版社、1984年、p.46。
9) 職工というのは従業員のことであり、現業労働者と管理職、技術職などを含める。
10) 『中国教育年鑑』編輯部編、前掲書（1949～1981年）、p.49。
11) 「7・21」大学とは中国「文化大革命」機関に設立された職工高等学校（大学レベル）のことである。
12) 1978年11月、教育部、中央放送事業局の連名で全国ラジオ・テレビ大学活動会議を開いて、『中央ラジオ・テレビ大学試行方案』を制定した。1979年、国務院はこの会議の報告を批准して、2月に中央ラジオ・テレビ大学が正式に始まる。1979年8月までに全国でチベット自治区のほか、当時の28の自治区にラジオ・テレビ大学を建設した。1980年9月、国務

院が教育部の『高等通信教育および夜間大学の発展に関する意見』を批准、公布した。「われわれは高等教育を積極的に、計画的に発展させるべきだが、全日制の高等教育機関だけでは青年職工と高校卒業した青年の学習要求を充足できず、国家の人材へのニーズにも適応できない。したがって、高等教育の発展も各種の学校経営方式をとって、『2本足で歩く』という方針を貫徹しなければならない。全日制高等教育機関における通信教育と夜間大学が専門人材の養成の有効なルートで、全民族の科学文化水準の向上のための重要対策でもあるので、高等教育事業の構成要素にするべきである」と指摘している。1981年、国務院は教育部の『高等教育独学試験試行方法』の報告を批准し、独学試験を通して規定した科目を修了した者に対して、卒業証書を授けることを決めた。この制度は1981年からモデルケースを行って、後に全国に普た。そして、1983年5月、国務院は教育などの部門の『管理幹部学院の成立に関する指示』を批准、公布した。管理幹部学院が高校卒業以上の文化レベルの在職管理幹部に訓練を行うと規定した。

13) 牧野篤「中国成人高等教育の動向と課題」『名古屋大学教育学部紀要（教育学）』第45巻第1号、1998年度、p.82。
14) 経済特区は深圳、珠海、汕頭、厦門を指し、1980年設立された。沿岸開放都市とは沿海地区にある大連、秦皇島、天津、寧波などの14都市を点としての開放化。開放地帯とは長江デルタ、閩南デルタ、珠江デルタ三デルタ地域の開放化─沿海開放を点から面に拡大。
15) 牧野篤『民は衣食足りて』総合行政出版、1995年、p.167。
16) 国家教委政策法規司編 『中華人民共和国教育法規実用要覧』広東教育出版社、1996年。
17) 成人教育の制度化とは、成人教育を構成する各領域の規範化・法制化および制度としての定着を意味する。
18) 「一つの中心」とは経済建設であり、「二つの基本点」とは「改革と開放」政策および「四つの基本原則」の堅持である。
19) 1992年の春、鄧小平は中国の南部地区とくに武昌、深圳、珠海、上海などを視察し、中国における将来の発展とくに社会主義と資本主義との区別などについて、重要な講話を行った。
20) 社会主義であるか、資本主義であるかに関する論争である。
21) 董伝伝「成人教育応継続高挙改革和発展的旗幟」『中国成人教育』1997年7月号、pp.7、8。
22) 同上。
23) 中国語で「国家科教領導小組」、朱鎔基は組長を担当している。
24) 中国語では「労働服務公司」という。
25) 江沢民「高挙鄧小平理論偉大旗幟、把建設有中国特色社会主義事業推向21世紀」『中華人民共和国年鑑』編輯部編『中華人民共和国年鑑（1997年）』中国年鑑出版社、1998年、p.492。
26) 『創新』とは新しいものを作り出すという意味である。
27) 『中華人民共和国教育法』の第一章総則第五条（1995年3月18日公布）。
28) 袁小鵬「論社会主義教育目的的二元化」『教育学』第12号、2001年、p.12。

29) 牧野篤前掲論文、p.84。
30) 同上。
31) 矢吹晋『文化大革命』講談社現代新書、1989 年、p.122。
32) 日本の社会教育研究においては、宮原誠一による「社会教育の運動が、近代的学校制度に相対するものとして起こった」との指摘がある。そこでは、「相対する関連」が「①学校教育の補足として、②学校教育の拡張として、③学校教育以外の教育要求として」という 3 つの意味において理解されている。このように、日本の社会教育もまた学校教育と深い関わりをもっていることがわかる（宮原誠一著『社会教育論』国土社、1990 年 11 月）。また小川利夫はさらに学校教育に代わる形態として「代位」形態を提起した（小川利夫『社会教育と国民の学習権』勁草書房、1973 年）。
33) 同上。
34) 中国語では、「注冊視聴生」という。「注冊視聴生」とは、既存のラジオ・テレビ大学教育における学生募集、学籍管理、教育管理と異なり、「注冊視聴生」の学生は入学試験を免除され、登録すると入学でき、学生の独学およびラジオ、テレビ、録音、ビデオなどの授業を受けることを主とする。同時に、教育指導を受けることができ、単位をとる。必修科目は全国の統一試験を実施し、規定された単位を取得し、実践教学の試験または評価などに合格する場合に卒業でき、国家から大学専科学歴が認可される。この制度は 1995 年の秋から全国 9 省の 10 カ所にわたるラジオ・テレビ大学でモデルケースを行って、1995 年に登録した学生数は 5.5 万人に達した。『中国教育年鑑』編輯部編『中国教育年鑑（1996 年）』人民教育出版社、1997 年、p.246。
35) 董明伝前掲論文。
36) 牧野篤前掲論文、p.83。
37) 同前注 32。
38) 教育部職業教育与成人教育司編『推動社区教育工作的新発展』人民教育出版社、2002 年、pp.12, 13。
39) 同上、pp.14, 15。

参考文献

―――中国語―――

1. 新聞

　『人民日報』・『光明日報』『解放日報』『晋察冀日報』『東北日報』『中国教育報』『南方週末』

2. 档案資料（保存書類）

　中国国家教育部档案　永久巻

　1950 年巻第 35 号　　　1951 年巻第 30, 31 号　　1952 年巻第 24 ～ 26, 30, 31 号
　1953 年巻第 27, 41 号　 1954 年巻第 21, 27 号　　1955 年巻第 20 号
　1956 年巻第 26 号　　　1857 年巻第 25, 26 号　　1958 年巻第 26 号
　1959 年巻第 21 号　　　1960 年巻第 30 号　　　　1962 年巻第 33 号
　1963 年巻第 47, 49 号　 1964 年巻第 14 号　　　　1965 年巻第 4 号

　中国国家教育部档案　長期巻

　1950 年巻第 67, 68 号　 1951 年巻第 83 号　　　　1952 年巻第 66 号　　　1953 年巻第 37 号
　1954 年巻第 60 号　　　1955 年巻第 52 号　　　　1956 年巻第 61 号　　　1957 年巻第 34 号
　1958 年巻第 62 号　　　1959 年巻第 47 号　　　　1960 年巻第 54 号　　　1961 年巻第 40 号
　1962 年巻第 41 号　　　1963 年巻第 82 号　　　　1964 年巻第 39 号　　　1965 年巻第 3, 6 号

3. 年鑑・雑誌

　『中国教育年鑑』編輯部編『中国教育年鑑』中国大百科全書出版社出版、1949 ～ 1981 年版
　　（合同版）、北京・人民教育出版社、1982 ～ 2005 年版
　人民教育社編『人民教育』人民教育出版社、1950 ～ 1965 年版
　『中国成人教育』編委会編『中国成人教育』1992 ～ 2005 年版
　『成人教育』編輯部編『成人教育』1982 ～ 2005 年版
　中共中央主編『紅旗』（半月刊）1958 ～ 1966 年版
　『掃盲通訊』編輯室編　内部刊行物『掃盲通訊』1953 ～ 1957 年版

4. 単行本および論文

　『中華教育歴程』編委会編『中華教育歴程』光明日報出版社、1997 年。
　程凱主編『当代中国教育思想史』河南大学出版社、1999 年。
　東北総工会文教部編『怎様在職工中開展業余識字教育』東北工人出版社出版、1951 年。
　山西人民出版社編『工農教育工作経験選輯』山西人民出版社、1959 年。
　蔵永昌編『中国職工教育史稿』遼寧人民出版社、1985 年。
　董純朴編著『中国成人教育史綱』中国労働出版社、1990 年。
　董明伝その他著『成人教育史』海南出版社、2002 年。

何東昌主編『中華人民共和国重要教育文献 (1949～1975年)』海南出版社、1997年。
関世雄主編『成人教育辞典』職工教育出版社、1990年。
中国大百科全書編委会編『中国大百科全書』中国大百科全書出版社、1985年。
毛沢東著『毛沢東選集（第3巻）』人民出版社、1991年。
毛沢東著『毛沢東選集（第2巻）』外文出版社、1968年。
人民教育出版社編『毛沢東同志論教育工作』人民教育出版社、2000年。
中国科学院歴史研究所第3所編集『陝甘寧辺区参議会文献彙輯』1958年。
教育陣地社『抗戦時期辺区教育建設』新華書店晋察冀分店、1946年。
陳元暉他編著『老解放区教育資料 (1) 土地革命戦争時期』教育科学出版社、1981年。
中央教育科学研究所編『老解放区教育資料 (2) 抗日戦争時期』教育科学出版社、1986年。
中央教育科学研究所編『老解放区教育資料 (3) 解放戦争時期』教育科学出版社、1991年。
河北省社会科学院歴史研究所・河北省档案館等編『晋察冀抗日根拠地資料選編（下冊）』河北
　　人民出版社、1983年。
陝西師範大学教育研究所編輯『陝甘寧辺区教育資料　社会教育部分（上冊）』教育科学出版社、
　　1981年。
華東師範大学教育系教育学教研室編『教育学参考資料（上冊）』人民教育出版社、1980年。
教育科学研究所筹備処編『老解放区教育資料選編』人民教育出版社、1959年。
『中華教育歴程』編委会編『中華教育歴程』光明日報出版社、1997年。
広東省人民政府文教庁編『工農教育参考資料』華南人民出版社、1951年。
何東昌主編『中華人民共和国重要教育文献 (1949～1975)』海南出版社、1997年。
東北総工会文教部編『怎様在職工中開展業余識字教育』東北工人出版社、1951年。
東北教育社編『東北区的識字運動』東北新華書店、1950年。
労働出版社編輯『職工業余教育有関文件』労働出版社、1952年。
大連市史誌弁公室編『城市的接管与社会改造（大連巻）』大連出版社、1998年。
遼寧省教育庁工農教育処編『場鉱掃盲工作経験』遼寧人民出版社、1958年。
陝西人民出版社編『工農群衆生活状況調査資料』陝西人民出版社、1958年。
中共遼寧省委宣伝部編『農村大躍進中的宣伝工作』遼寧人民出版社、1958年。
中国青年出版社編『群衆弁学、勤工倹学』中国青年出版社、1958年。
余博編『人民公社怎様弁業余教育』農業出版社、1960年。
蔵永昌編『中国職工教育史稿』遼寧人民出版社、1985年。
中国国家統計局『偉大的十年』人民出版社、1959年。
董玉良・宋鎮修・郭燕主編『難忘的歳月』黒竜江人民出版社、1996年。
国家教育委員会成人教育司編『掃除文盲文献滙編』西南師範大学出版社、1997年。
青年団遼寧省委宣伝部編『掃盲戦線上的能手楊素栄』遼寧人民出版社、1956年。
毛沢東著『毛沢東著作選読』北京人民出版社、1966年。

林漢達著『掃盲教学講話』通俗読物出版社、1957年。
南峯編『沙坨村的掃盲工作』通俗読物出版社、1956年。
『為社会主義建設開展掃盲工作』中国青年出版、1956年。
王自立主編『毛沢東教育思想研究』江西教育出版社、1993年。
当代雲南編輯部『当代雲南大事紀要』北京当代中国出版社、1996年。
国家教育委員会成人教育司編『掃除文盲文献滙編』西南師範大学出版社、1997年。
上海市教育局工農教育処編『上海職工業余教育在躍進中』上海教育出版社、1958年。
何沁主編『中華人民共和国史』高等教育出版社、1999年。
中央教育科学研究所編『中華人民共和国教育大事記（1949〜1982）』北京・教育科学出版社、1984年。
金鉄寛主編『中華人民共和国教育大事記』済南・山東教育出版社、1995年。
周恩来著中央教育科学研究所編『周恩来教育文選』教育科学出版社、1984年。
朱永新『困境与超越－当代中国教育述評』広西人民出版社、1990年。
邹淵主編『教育執法全書』中国民主法制出版社、1998年。
国家教委政策法規司編『中華人民共和国教育法規実用要覧』広東教育出版社、1996年。
王炳照　閻国華『中国教育思想通史』湖南教育出版社、1996年。
［美］埃徳加・斯諾『西行漫記』生活・読書・新知三聯書店、1979年。
欧陽璋『成人教育大事記』北京出版社、1987年。
張維、その他編『成人教育学』福建教育出版社、1995年。
毛礼鋭　沈灌群主編『中国教育通史（第6巻）』山東教育出版社、1998年。
人民教育出版社編『農民業余教育工作経験』人民教育出版社、1960年。
人民教育出版社編『農村掃除文盲和業余教育工作経験』人民教育出版社、1960年。
人民教育出版社編『培養新型労働者的半工半読学校』人民教育出版社、1964年。
福建省教育庁工農教育局編『半農半読育新人』福建人民出版社、1965年。
山東省教育庁編『職工業余教育参考材料』山東人民出版社、1956年。
葉忠海主編『面向21世紀中国成人教育発展模式研究』高等教育出版社、2001年。
陳乃林主編『面向21世紀中国終身教育体系研究』高等教育出版社、2001年。
馬叔平・瞿延東主編『面向21世紀中国成人教育制度研究』高等教育出版社、2001年。
郭伯農主編『面向21世紀中国成人教育法規建設研究』高等教育出版社、2001年。
謝国東その他編『面向21世紀中国成人教育学科建設研究』高等教育出版社、2001年。
高奇『中国現代教育史』北京師範大学出版社、1985年。
金一鳴著『中国社会主義教育的軌跡』山東師範大学出版社、2000年。
王雷『中国近代社会教育史』人民教育出版社、2003年。
蘇渭昌その他編『中国教育制度通史（第八巻　中華人民共和国）』山東教育出版社、2000年。
王国道「『三個代表』思想与成人教育発展」『遼寧工学院学報』第4巻第2号、2002年。

許绕坤「劉少奇許昌講話紀実」『党的文献』第3号、1999年。
蔡公「漢陽事件真相」『武漢文史資料』第2号、2001年。
方海興「論建国初期的工農教育」『党史研究与教学』第2号、1998年。
馬雲「20世紀50年代中国農村掃盲運動的特点」『商丘師範学院学報』第6号、2004年。
葉忠海「中国成人教育発展的基本問題に関する討議」『成人教育』第2号、2000年。
許崇清「人的全面発展的教育任務」『中山大学学報（社会科学版）』第1号、1957年。
北京師範大学教育学部3年生教育考察グループ「天津市工場挙辦半工半読学校的考察報告」『北京師範大学学報　哲学社会科学版』第1号、1959年。
李若建「社会流動模式的改変与大躍進」『中山大学学報』第5号、2002年。
［日］浅井加葉子著　王国勋　劉岳兵訳「1949～1966年中国成人掃盲教育的歴史回顧」『当代中国史研究』第2号、1997年。
柳士彬・孫麗英「成人教育史研究的発展与反思」『中国成人教育』第1号、2005年。

———————————— 日本語 ————————————

1. 年鑑・雑誌

中国研究所編『中国年鑑』石崎書店、1955～1961年版
中国研究所編『新中国年鑑』極東書店、1962～1984年版

単行本および論文

ジョン・フィールド著　矢野裕俊その他訳『生涯学習と新しい教育体制』学文社、2004年。
牧野篤『中国変動社会の教育』勁草書房、2006年。
新海英行・牧野篤『現代世界の生涯学習』大学教育出版、2002年。
牧野篤著『主体は形成されたか：教育学の枠組みをめぐって』大学教育出版、1999年。
牧野篤著『民は衣食足りて：アジアの成長センター・中国の人づくりと教育』総合行政出版、1995年。
牧野篤著『中国近代教育の思想的展開と特質：陶行知「生活教育」思想の研究』日本図書センター、1993年。
牧野篤著『「わたし」の再構築と社会・生涯教育：グローバル化・少子高齢社会そして大学』大学教育出版、2005年。
斉藤秋男・新島淳良著『中国現代教育史』国土社、1962年。
斉藤秋男『中国革命の教育構造』田畑書店、1977年。
梅根悟監修　世界教育史研究会編『世界教育史大系37　社会教育史Ⅱ』講談社、1975年。
日本教育政策学会編『転換期の教育政策を問う』八千代出版株式会社、1994年。
ユネスコ教育開発国際委員会著　国立教育研究所内「フォール報告書検討委員会」訳『未来の学習』第一法規出版株式会社、1977年。

藤田秀雄編著『ユネスコ学習権宣言と基本的人権』教育史料出版会、2001年。
社会教育全国協議会編『社会教育生涯学習ハンドブック』エイデル研究所、2000年。
細谷俊夫ほか編『新教育学大事典（第2巻）』東京第一法規出版、1990年。
上田孝典 2006年3月名古屋大学大学院教育発達科学研究科に提出した博士論文「近代中国における社会教育に関する研究」
小林善文著『平民教育運動小史』同朋社、1985年。
梅根悟監修『世界教育史大系4 中国教育史』講談社、1975年。
藤本幸三訳『毛沢東・人間革命を語る』現代評論社、1975年。
斉藤秋男・新島淳良『毛沢東教育論』青木書店、1962年。
波多野乾一編『資料集成 中国共産党史 第1巻』時事通信社、1961年。
斎藤秋男 新島淳良編『毛沢東教育論』青木書店、1962年。
新島淳良著『中国の教育』東洋経済新報社、1957年。
竹内実監修 中国研究会訳 解題注釈『毛沢東選集』第5巻〈第Ⅰ分冊〉三一書房、1977年。
小林文男編『中国社会主義教育の発展』アジア経済研究所、1975年。
多賀秋五郎『近代中国教育史資料（人民中国編）』日本学術振興会出版、1976年。
新島淳良『中国の教育』東洋経済新報社、1956年。
カウンツ著 田浦訳『ソヴェト教育の挑戦』誠信書房、1959年。
山田清人著『新しい中国の新しい教育』牧書店、1956年。
日本国際問題研究所・中国部会編『新中国資料集成（第3巻）』日本国際問題研究所、1969年。
早瀬康子編『中国の人口変動』アジア経済研究所、1992年。
日本国際問題研究所・中国部会編『新中国資料集成（第4巻）』日本国際問題研究所1970年。
海後勝雄編著『社会主義教育の思想と現実』お茶の水書房刊、1959年。
天児慧その他編『岩波現代中国事典』岩波書店、1999年。
中国研究所編『現代中国の基本問題』勁草書房、1970年。
中国研究所編『現代中国事典』岩崎学術出版社刊、1969年。
辻一彦著『中国の青年たち』福井県連合青年団発行（非売品）、1959年。
中国研究所編『現代中国の基本問題』勁草書房、1970年。
多賀秋五郎『現代アジア教育史研究』多賀出版、1983年。
斉藤秋男『中国現代教育史』田畑書店、1973年。
横山宏著『各年史 中国戦後教育の展開』エムティ出版、1991年。
梅根悟監修 世界教育史研究会編『世界教育史大系37 社会教育史Ⅱ』講談社、1975年。
陸定一著『中国の教育改革』明治図書、1965年。
斉藤秋男著『世界教育史大系4 中国教育史』講談社、1975年。
ピーター・ジャービス著 黒沢惟昭、永井健夫「監訳」『国家・市民社会と成人教育』明石書

店、2001年。
P・F・トラッカー著　上田惇生訳『プロフェッショナルの条件　いかに成果をあげ・成長するか』ダイヤモンド社、2000年。
矢吹晋『文化大革命』講談社現代新書、1989年。
宮原誠一著『社会教育論』国土社、1990年。
小川利夫『社会教育と国民の学習権』勁草書房、1973年
宮坂広作著『近代日本社会教育政策史』国土社、1966年。
大槻宏樹『自己教育論の系譜－近代日本社会教育史』早稲田大学出版部、1981年。
社会教育基礎理論研究会編著『叢書　生涯学習　Ⅳ　諸外国の生涯学習』雄松堂出版、1991年。
パウロ・フレイレ著　小沢有作その他訳『被抑圧者の教育学』亜紀書房、1997年。
中国教育研究会編『中国のモラルと人間像』明治図書、1967年。
牧野篤　上田孝典　李正連「近代北東アジアにおける社会教育概念の実践的展開に関する研究―1910～20年代中国・植民地朝鮮における社会教育実践を中心に」『名古屋大学大学院教育発達科学研究科紀要（教育科学）』第51巻第2号、2004年度。
牧野篤　上田孝典　李正連「近代北東アジアにおける社会教育概念の行政的・実践的実態化に関する研究―1910～20年代中国・韓国・台湾における社会教育行政と実践の展開を中心に」『名古屋大学大学院教育発達科学研究科紀要（教育科学）』第50巻第2号、2004年度。
牧野篤　上田孝典　李正連「近代北東アジアにおける社会教育概念の伝播と受容に関する研究―中国・韓国・台湾を中心に初歩的考察」『名古屋大学大学院教育発達科学研究科紀要（教育科学）』第49巻第2号、2002年度。
宮嵜浩・石田琢磨「中国の第11次5カ年計画：「農村重視」の背景に、都市・農村間の所得格差」『アジア経済』3月号、2006年。
牧野篤「中国都市部社会のセーフティネット・『社区』教育に関する一考察―上海市の『社区』教育を一例として―」『名古屋大学大学院教育発達科学研究科紀要（教育科学）』第50巻第2号、2003年度。
新保敦子「中国社会主義の建設過程における労働者教育」東京大学教育学部社会教育学研究室『社会教育学・図書館学研究』第8号、1984年。
奥野アオイ・李燦「1950年代中国における識字教育の意義とその歴史的背景に関する考察」『関西福祉科学大学紀要』第3号、1999年。
牧野篤「『共和国民』の創造」『名古屋大学教育学部紀要（教育学科）』第43巻第2号、1996年度。
牧野篤「中国成人高等教育の動向と課題」『名古屋大学教育学部紀要（教育学）』第45巻第1号、1998年度。
王国輝平成15年度名古屋大学教育発達科学研究科に提出した修士論文『中国の成人教育政策

に関する研究―「改革開放」期における展開過程を中心に―』
王国輝「『改革解放』期の中国における成人教育政策の展開とその特質に関する一考察」『名古屋大学大学院教育発達科学研究科紀要（教育科学）』第50巻第1号、2003年。
山田清人「中国の社会教育」日本社会教育学会編『社会教育と階層　日本の社会教育2』国土社、1956年。
新島淳良「中国と『近代』」『歴史学研究』第259号、1961年。
小林文男　竹田正直「過渡期における近代教育理念の超克過程」『教育学研究』第28巻第3号、1961年。
劉寧一『中国の労働者階級は第1次5カ年計画実現のために奮闘している』『人民中国』創刊号、1953年。
斉藤秋男・小林文男「中国社会主義教育の内部矛盾と農業中学」『北海道大学教育学部紀要』第8号、1962年。
横山宏「地域社会における社会教育」『社会教育』第3巻第31号、1976年。
斉藤秋男「江西共産主義労働大学・研究のために―『歴史研究』共大簡史要約」『中国研究月報』11月号（総345号）、1976年。
世良正浩「社会主義の中国化と学制改革」『国際教育』通号3、1996年。

付録 I. 中国国家教育行政部門における労農教育管理機関の設置

年月日	労農教育管理機関の設置
1949.11.1	中華人民共和国教育部が成立され、教育部には社会教育司を設置した。
1951	教育部内部機関調整後、労農業務余暇教育（工農業余教育）司（工農業余教育司）を設けた。
1952.11.15	中央人民政府委員会第19回会議では高等教育部と非識字者一掃工作委員会（掃除文盲工作委員会）を設立した。その際、教育部は労農業務余暇教育の管理を分担し、労農業務余暇教育司を設けた。高等教育部は労農速成中学の管理を分担し、労農速成中学教育処を設けた。非識字者一掃委員会は非識字者一掃に関することを管理する。事務庁（弁公庁）、都市部非識字者一掃工作司、農村部非識字者一掃工作司および編集・審査司を設立した。
1953	非識字者一掃委員会は幹部訓練司と研究室を増設した。
1953.10.19	政務院の批准を経、非識字者一掃委員会は教育部労農教育司との共同で事務を行う。
1954.3	高等教育部の労農速成中学教育処は、教育部に移転し、11月に労農速成中学教育司になった。
1954.11.10	国務院の通達により非識字者一掃委員会は教育部の所属部門になった。
1955	教育部労農業務余暇教育司は幹部文化教育局と合併し、労農業務余暇教育局になった。労農速成中学教育司が撤去され、その役割が中学教育司によって分担された。同年、高等教育部によって業務余暇高等教育処が増設された。
1957	高等教育部によって業務余暇高等教育処が撤去された。
1958.2.11	高等教育部と教育部が合併し、教育部になった。業務余暇教育司を設置した。
1963.10.23	国務院の137次会議の決定によって教育部が再び高等教育部と教育部に分かれた。
1964.6	教育部に業務余暇教育司を設置した。
1964.9	高等教育部の中に高等業務余暇教育司を設置した。
1965	高等教育部高等教務余暇教育司は高等教育第三司と改称した。
1966.5	文化大革命開始。
1966.7.23	高等教育部と教育部は再び合併し、教育部と改称した。しかし、その業務が停滞の状態なので、その内部機構は変更なし。

出所：張世平「我国国家教育行政部門成人教育管理機構設置沿革」『中国成人教育』第10号、1999年、p.4 より、訳出

付録Ⅱ．政務院の学制改革に関する決定

(1951年8月10日の政務院第97次政務会議で可決し、1951年10月1日、政務院により公布された)

　わが国の既存の学制には、多くの欠陥があったが、そのうち、最も重要な点は、①労働者・農民の幹部学校や各種の補習学校・訓練班が、学校系統の中で占めるべき地位をもたなかったこと、②初等学校が初級・高級に分かれていては、広範な勤労大衆の子弟が完全な初等教育を受けにくかったこと、③技術学校に一定の制度がなかったことなどで、これは、国家建設の要求に適応する人材を養成するために不適当となっている。こうした欠陥は、速やかに改められなければならないが、現在、全国の学制を完全に体系化することは難しいので、従来からある学校や新しく成長した各種の学校に適当な地位を与え、不合理な年限や制度を改革し、程度の異なる学校を相互に有機的に結びつけることによって、勤労大衆の文化水準を引き上げ、労農幹部の素質を向上させ、国家建設事業を促進することが必要であるとしている。わが国の現段階の学制は以下の如くである。

一　幼児教育

　幼児教育は、幼児園で行い、満3～7歳までの幼児を収容する。その教育は、幼児の心身を健全に発育させることを目的とすることとした。そして、幼児園は、まず、条件が揃っている都市に設置され、しだいに各地へ普及させることとしている。

二　初等教育

　初等教育には、児童の初等教育と、青年・成年の初等教育とがあるが、児童に初等教育を行う機関を小学とし、ここでは児童に全面的な基礎教育を行う。青年・成人に初等教育を行う機関を労農速成中等学校・業務余暇初等学校・識字学校（冬学・識字班）とし、前の2校では、教育を受ける機会を失った青年・成年に小学程度の教育を行い、最後の学校では、非識字者を一掃するための教育を行うものとしている。

　1．小学

　小学校の修業年限を5カ年とする。一貫制を実施し、初級・高級の別を廃する。
　入学年齢を満7歳とする。卒業後、試験を受けて、中等学校（中学など）へ入学できる。
　進学できない卒業生のため、補習班・専業訓練班の附設を認め、その教育を受けた学生は、試験を受けて中等学校の相当学年に編入できる。

2. 青年と成人の初等学校

① 労農速成初等学校　修業年限を2～3年とする。労農幹部・失学勤労者を入学させる。小学校レベルの教育を施す。卒業後、試験を受けて、中等学校（業務余暇中学など）へ入学できる。
② 業務余暇初等学校　労農勤労者、失学青年・成年を入学させる。小学校レベルの業務余暇教育を施す。修業年限は、当分規定しない。予定の課程修了者を卒業と認める。卒業後、試験を受けて、中等学校（業務余暇中学など）へ入学できる。
③ 識字学校（冬学・識字班）　非識字者を一掃することを目的とする。修業年限は、別に規定しない。

三　中等教育

中等教育を実施する学校を各種中等学校（中学・労農速成中学・業務余暇中学・中等専業学校）とし、中学・労農速成中学・業務余暇中学では、全面的・普遍的文化知識教育を施すが、中等専業学校では、国家建設の需要に基づき、各種の中等専業教育を実施するものとしている。

1. 中学

中学の修業年限は、6年とし、初級・高級に分け、その修業年限を各3年とし、それぞれ単独に設立することができる。教学内容は、初級・高級を通じて一貫した精神によるが、同時に身心の発展段階に即応することを考慮する。

初級中学は、小学卒業生、あるいはこれと同等の学力を有する者を入学させる。入学年齢は、満12歳をもって標準とする。卒業後は、試験の上、高級中学、あるいはその他同等の中等専業学校へ進むことができる。

高級中学は、初級中学卒業生、あるいはこれと同等の学力を有するものを入れる。入学年齢は、満15歳をもって標準とする。卒業後は、試験の上、各種高等学校へ進むことができる。

初級・高級中学の卒業生で、進学しない者は、政府の指導の下に就職しなければならない。

2. 労農速成中学

労農速成中学の修業年限は3～4年とする。これに入学する者は、革命闘争と生産工作に参加し、規定の年限に達した者、ならびに小学卒業に相当する程度を有する労農幹部と産業労働者である。ここでは、中学程度に相当する教育を施す。卒業後は、試験の上、各種高等学校へ進むことができる。

3. 業務余暇中学

　初・高両級に分かれ、修業年限は3～4年とし、おのおの単独に設立することができる。業務余暇初級中学には、業務余暇初等学校卒業生、あるいはこれと同等の学力を有する者を入れ、初級中学程度の業務余暇教育を施す。業務余暇高級中学には、業務余暇初級中学卒業生、あるいはこれと同等の学力を有する者を入れ、高級中学程度の業務余暇教育を施す。入学年齢については、ともに統一した規定を設けない。

　業務余暇初級中学卒業生は、試験の上、高級中学・業務余暇高級中学・同等の中等専業学校へ進むことができる。業務余暇高級中学の卒業生は、試験の上、各種高等学校に進むことができる。

4. 中等専門学校

（1） 技術学校（工業・農業・交通・運輸など）

　技術学校の修業年限は、2～4年とし、初級中学卒業生、あるいはこれと同等の学力を有する者を入学させる。入学年齢に関しては、統一した規定を設けない。

　初級技術学校の修業年限は、2～4年とし、小学卒業生、あるいはこれと同等の学力を有する者を入学させる。入学年齢に関しては、統一した規定を設けない。

　初級技術学校と技術学校の卒業生は、生産部門に奉仕しなければならない。服務規定年限が満ちた後、試験の上、技術学校（初級卒業生）・高級中学（初級卒業生）・各種高等学校（技術学校卒業生）に進むことができる。

　各種の技術学校は短期技術訓練班、または技術補習班を附設することができる。

（2） 師範学校

　師範学校の修業年限は3年とし、初級中学卒業生、あるいはこれと同等の学力を有する者を入学させる。入学年齢に関しては、統一した規定を設けない。

　初級師範学校の修業年限は、3～4年とし、小学卒業生、あるいはこれと同等の学力を有する者を入学させる。入学年齢に関しては、統一した規定を設けない。

　師範学校と初級師範学校には、ともに師範速成班を附設することができる。その修業年限は1年で、初級中学卒業生、あるいはこれと同等の学力を有する者を入学させる。師範学校と初級師範学校には、小学教師研修班を附設することができる。ここでは、在職小学教師を集め、訓練を行う。

　幼児師範学校の修業年限と入学資格は、師範学校に準じる。師範学校と初級師範学校には、幼児師範科を附設することができる。

　初級師範学校・師範学校・幼児師範学校の卒業生は、小学、あるいは幼児園に奉仕しなければならない。服務年限が満ちた後は、試験の上、師範学校・高級中学・師範学院、あ

るいはその他の高等学校に進むことができる。

（3） 医薬およびその他の中等専門学校（貿易・銀行・合作・芸術など）
　その修業年限・入学資格などは、技術学校の規定に準じる。

四　高等教育

　高等教育を実施する学校を各種高等学校（大学・専門学院・専科学校）とし、高等学校は全面的・普遍的文化知識教育の基礎の上に立って、学生に高級な専門教育を施し、国家建設のために必要な高いレベルの専門の知識を有する人材を培養するところとする。

　大学・専門学院の修業年限は、3～5年（師範学院4年）を原則とする。高級中学およびこれと同等の学校卒業生、あるいは学力を有する者を入学させる。入学年齢に関しては、統一した規定を設けない。

　専科学校の修業年限は、2～3年とする。高級中学およびこれと同等の学校卒業生、あるいは同等の学力を有する者を入学させる。入学年齢に関しては、統一した規定を設けない。

　各種高等学校には専修科を附設することができる。専修科の修業年限は、1～2年とする。高級中学およびこれと同等の学校卒業生、あるいは学力を有する者を入学させる。入学年齢に関しては、統一した規定を設けない。

　大学・専門学院は研究部を附設することができる。その修業年限は、2年以上とする。

　大学および専門学院の卒業生、あるいはこれと同等の学力を有する者を入学させる。中国科学院、およびその他の研究機構と配合し、高等学校の教師と科学研究の人材を培養する。

　各種高等学校は専修班（補習班）、または補習班を附設することができる。労農幹部・少数民族学生・華僑子女などを入学させる。

　高等学校卒業生の就職は、政府の分配によるとしている。

五　各レベルの政治学校と政治訓練班

　各レベルの政治学校と政治訓練班は、青年知識分子と旧知識分子に革命的政治的教育を施すが、その学校等級・修業年限・入学資格などについては別に定めることとしている。また、上記のような各種各レベルの学校のほか、各級人民政府は、広範な政治学習と業務学習の需要に応じ、各級各類の補習学校・函授学校を設立することができる。

　各級人民政府は生理上欠陥のある児童・青年・成人に施す特殊教育の機関としては、聾唖・盲目学校などの特殊学校を設立することができる。

　中央人民政府教育部は、この決定、および各地の実際状況に基づき、とくに少数民族地区の特徴を留意し、学制の実施計画および各種学校の規程を制定し、中央人民政府政務院

の批准を経て実行する。(中華人民共和国学校系統図は p.18 を参照)

題目の原語は『政務院関於改革学制的決定』である。
(出所:何東昌主編『中華人民共和国重要教育文献(1949〜1975年)』海南出版社、1997年、pp.105〜107より、訳出)

付録Ⅲ. 中共中央委員会・国務院の教育活動に関する指示(抄録)
(1958年9月19日)

(一) (略)
(二) (略)
(三)

　　党の教育活動方針は、教育をプロレタリアートの政治に奉仕させ、教育と生産労働とを結合させるということである。この方針を実現するために、教育は党によって指導されなければならない。

　　党の指導なしには社会主義の教育は考えることもできない。教育は旧社会を改造し、新社会を建設するための強力な道具の一つである。教育活動は党の指導下の下でのみ、社会主義革命と社会主義建設によりよく役立ち、都市と農村の差別、頭脳労働と肉体労働の差別をなくした共産主義社会の建設に役立つことができる。共産主義社会の全面的に発達した新しい人間とは、政治的な自覚をもつだけではなく、高い教養を見につけ、頭脳労働に従事するだけでなく、肉体労働にも従事する人間である。旧社会におけるような、専門のことだけを知っていて政治に無関心であったり、生産労働をしなかったりするブルジョア知識人とはまったく異なった人間である。党が提起した「社会主義的な自覚をもち、高い教養を身につけた勤労者」というスローガンは、「全面発達」の正しい説明である。党の指導の下でのみ、全国の勤労大衆と広範な知識人を団結させて、「教育のための教育」「頭をつかうものと身体をつかうもの(労心者と労力者)の分離」「教育は専門家だけが指導できる」といった、ブルジョア思想と断固たる闘争を行うことができる党の教育方針とブルジョアジーの教育方針との間の戦いは、その性質から言えば、社会主義の道と資本主義の道の間の戦いである。

　　すべての学校で、マルクス・レーニン主義の政治教育と思想教育を行って、教師と学生とに次のような観点を養わなくてはならない。それは、労働者階級の観点(ブルジョアジーの観点とたたかう)、大衆と集団主義の観点(個人主義の観点とたたかう)、労働の観点肉体労働と肉体労働者とを蔑視し、頭脳労働と肉体労働を分離する観点とたたかう)、弁証法的唯物論の観点(観念論と形而上学の観点とたたかう)である。また、政治教育において、わが国の社会主義革命と社会主義建設の実際を離れ、具体的な教育対象を離れた公

式主義的な教育方法を改めなくてはならない。学生の学習成績を評価する際にも、学生の政治的な自覚を第1の基準におき、学生の実際の行動によって、その政治的な自覚の程度を図るようにするのがよい。政治・思想活動を軽視し、学校に政治科を設けないようにすることは、いかなる理由があろうとも、誤りである。

　あらゆる学校で生産労働を正規の課程に組み入れなくてはならない。学生はだれでも規定によって一定時間の労働に参加しなくてはならない。現在、働きつつ学び、経費を節約する運動がひろく展開されている。事実が証明するように、良い指導が行われているかぎり、生産労働への参加は、学生にとって、徳育・知育・体育すべての面で有益であり、それが全面的に発達した新しい人間をつくる唯一の道である。今後の方向は、学校が工場や農場をつくり、工場と農業共同組合が学校をつくることである。学校が工場や農場を経営する場合、独力でつくってもよいし、工場や農業共同組合の援助を得てもよい。また、学生は学校経営の工場・農場で働いてもよく、学校の外の工場や農業協同組合で労働に従事してもよい。学校が工場や農場を経営する場合、できるかぎり授業と結びつける必要がある。さらに、学校は工場や農業協同組合が学校をつくるのを援助しなくてはならない。地方党委員会と地方政府は、学校がつくった工場や農場を地方生産計画と商業流通計画の中に組み入れ、それらの工場・農場に原料を供給し、その生産品の販路をひろげ、熟練工や技術者を派遣して生産技術を伝授し、また、彼らの生産を指導し、組織することに関心をもたなくてはならない。工場と農業協同組合が学校を経営するにあたっては、その工場や組合自身が必要とする要員を養成してもよいし、他の工業部門または農業部門のために人材を養成してもよい。そして、技術学校をつくることに重点をおくべきであるが、普通教育諸学校（中・小学）をつくり、あらゆる種類の要員の文化水準を引き上げることにも留意すべきである。というのは、それが文化革命実現に必要であり、また共産主義の遠大な目標を実現するのにも必要だからである。こういう学校は、地方の教育計画にも組み入れなくてはならない。地方の党委員会と地方政府は、このような学校の指導に留意し、教員の面での困難を解決するように、とくに基礎課程を教える教員がいないという困難を一歩一歩解決するよう援助してやらなくてはならない。労働（への従事）の欠けている学校では、労働を強調し、基礎課程の欠けている学校では、基礎課程を強調することによって、2つの種類の学校は、ともに自分の欠けていた面を発展させ、一歩一歩理論と実践のより完全な結合に向かって前進するのである。大量の、その職に相応しい教員を養成するために、県以上の各級党委員会と人民委員会は、師範教育を発展させなくてはならない。

　すべての教育行政機関とすべての学校は、党と党委員会の指導を受けなくてはならない。党委員会は、学校の教師と学生の中に党と青年団の組織を発展させるよう努力する。中央人民政府各部門所属の学校は政治の面でその土地の党委員会の指導を受ける。あらゆる高等教育機関では、学校党委員会指導の下に校務委員会責任制を実行すべきである。一長制（ソ連の工場管理制度で工場長があらゆる責任を負う制度、学校の場合は校長責任制とい

う）は党委員会の指導を離れやすいので妥当ではない。学校の党委員会は学年・学級の仕事を指導するために党員を配置し、また政治思想活動や学校行政・生活管理の仕事をするために党員を配置すべきである。党委員会書記と委員は、政治科の教授と研究の活動を負担するようにつとめる。学校党委員会は、教師の中で経常的に思想改造の仕事を行なうようにし、新しい力を養成するよう努力する。教員の採用や異動に当たっては、政治思想的条件・学力および実際問題を解決する能力に注目し、学歴・職歴は第二義的に考える。学生を評価するにあたっては、政治的自覚の程度および実際問題を解決する能力をしらべ、それとともに学科成績も調べる。すべての中等学校と初等学校も、党委員会の指導の下におかれることが望ましい。教育事業における党の指導を強化するために、各級党委員会は多くの要員を教育機関と学校に送り込まなくてはならない。

(四)

　より多く・より早く・より立派に・より無駄なく教育事業を発展させるために、あらゆる積極的な要素を動員しなくてはならない。中央の積極性だけではなく、地方の積極性と工場鉱山企業・農業協同組合・学校および広範な大衆の積極性が必要であり、そのためには統一性と多様性とを結びつけ、普及と向上とを結びつけ、全面的な計画と地方分権とを結びつけるという原則をとらなくてはならない。

　① 教育の目的は、社会主義的自覚をもち、高い教養をもった勤労者を養成することである。この目的は全国統一的なものであり、この統一性に反するものは社会主義教育の根本原則を破るものである。しかし、この統一的な目標の下に、学校の形式は多様であるのが望ましい。すなわち、国立の学校と工場鉱山立・企業立・農業協同組合立の学校、普通教育と職業（技術）教育、成人教育と児童教育、全日制の学校と半労半学学校と業務余暇学校、免費の学校と学費を徴収する学校とをそれぞれ併設することである。言い換えれば、全国に３つの類型の主要な学校があることになる。第１が全日制学校であり、第２が半労半学学校であり、第３が各種の形式の業務余暇（定時制）学校である。

　② ３つの類型の学校のうち、一部分は向上の任務を負うことになる。その部分の学校は完備した教育課程を備え、教授活動と科学研究活動を高め、各部門学科の水準を引き上げることに努力しなくてはならない。これらの学校は、従来の水準を低下させない範囲で、新しい学校を建設する仕事を援助するようにつとめる。これらの学校の水準を低下させることは、教育事業全体にとって不利である。速やかに教育を普及するためには業務余暇の文化技術学校と半労半学学校を大量に発展させなくてはならない。なぜならば、この型の学校は、全部または大部分が自分で経費の問題を解決でき、政府の援助を必要としないか、またはほとんど必要としないからである。また、この型の学校は「できるものが誰でも先生になる」という原則で、その単位内で教員を見つけることができるという利点もある。したがって、今大量に業務余暇文化技術と半労半学の学校形式を発展させて教育を普及することは、工農業の技術水準を引き上げ、広範な人民の政治水準を高める上に、極めて重

大な意義をもっている。この型の学校はしだいに課程・設備・教員などの面で、日増しに完備された学校になるであろう。業務余暇学校は将来への遠大な前途をもっている。工業と農業生産技術の向上に伴い、労働時間は短縮されるであろう。その時業務余暇学校と半労半学学校の区別はなくなる。生産の発展と組合の積立金の増加に伴い、学費をとる学校は当然免費の学校にかわるであろう。われわれの原則は普及の基礎の上に向上を図り、向上の指導の下に普及するということである。「二本足で歩く」ことであって、「一本足で歩く」ことではない。

③ 教育活動において中央人民政府の各部内の積極性を発揮させるだけではなく、地方の積極性を発揮させることができるように、あらゆる小・中学校、および大部分の大学・高専・中央専門学校・技術学校はすでに地方に委譲されて、省・市・自治区の管理に移っている。また、従来どおり中央各部の管轄下にある中等専門学校と技術学校も、各部の業務の地方委譲に伴って、各部に直接指導される工場・鉱山・企業・農場の管理に移されている。

各大協力区（人口7,000万～1億の規模で大経済基地を中心に協力し合う単位。全国に約7つ）はそれぞれの地区の実際状況と必要に基づき、一つの完全な教育体系を打ち立てるのが望ましい。各省・市・自治区も、しだいにそのような比較的完全な教育体系をつくるのが望ましい。しかるのち、どの専区、どの県でも同様の教育体系をつくるようにする。各省・市・自治区は、中央各部所属の学校の学生募集を成功させる責任をもっている。教育事業の発達した地区には、教育事業の遅れた地区を援助する責任がある。教育事業の遅れている地区は3～5年の間に他の省・市・自治区からの学生を募集しないですむようにしなくてはならない。中央教育部は全国の教育事業の総合的な計画をつくり、バランスを図る責任をもつ。

現行の学制は、積極的に、正しく改革する必要がある。各省・市・自治区の党委員会と地方政府は、新しい学制のためにモデル地区をつくって実験を積み、中央教育部に報告する権利がある。モデル地区による実験を行って十分な経験を得てから、全国的に行われる新学制を定める。

高等教育機関の教材は、党委員会の指導の下に、党委員会・教師・学生が結びつく、いわゆる「三結合」の方法をとり、大いに自由に意見を述べあい、討論を尽くして、真摯に修正すべきである。中・小学校の教科書は、各省・市・自治区が大衆の力を組織して編纂するときには、その地方の具体的な状況に即して異なったものをつくるようにする。中央教育部は各種教材の専門会議を開き、経験を交流し、優れた教材を推薦し、全国的に通用させてよい一部の教材を確定し、各種の学校のミニマムとマキシマムの科目を確定しなくてはならない。

全国の高等教育機関の学生募集の時期は、7月の15日以後、8月の15日までとする。この統一した規定の下で、各省・市・自治区はその地方の状況に基づいて、その地区の学校

暦（始業日・修業日・休暇などを定めたもの）を定め、中央教育部に報告する権利をもつ。全国的に統一した学校暦は廃止する。

地方党委員会は学校と工業・農業・商業・文化事業・科学研究事業などの各方面との協力を組織する。

地方に職権を委譲したのちの中央と地方の分業の問題については、中共中央と国務院公布の「教育事業管理権の地方委譲の問題に関する規定」（1958・8・4）によって処理する。

(五)

教育は人民大衆の事業である。人民大衆は社会主義革命と社会主義建設のために教育を必要とするのである。教育活動は大量の専門家の隊伍がなくては行うことができない。だが、教育活動の専門家の隊伍は、かならず大衆と結びつかなくてはならない。教育の仕事を神秘化して、専門家だけが教育を行うことができると考え、「素人は玄人を指導できない」とか、「委員会には教育はわからない」とか、「大衆は教育を理解できない」とか、「学生は先生を批判してはいけない」ということは、すべて誤りである。こういった迷信は、教育を人民大衆の事業とすることを妨げ、教育活動をわが国の社会主義革命と社会主義建設に役立たせることを妨げ、したがって教育活動の発展と進歩を妨げるだけである。教育を運営するには、党委員会の指導の下に、専門の教育者を大衆と結合させて、大衆の中から出、大衆の中へ入る大衆路線の方法を採用し、全党全人民で学校をつくるという道を貫かなくてはならない。

学校内部では、政治活動でも教育行政でも、教えることでも研究でも、すべてにわたって党委員会指導の下での大衆路線という活動方法を貫くようにする。

① 大いに意見を発表しあうことと壁新聞は、あらゆる高等教育機関の教師と学生の政治的自覚を高め、教授法と教育行政を改善し、授業の質を引き上げ、教師と学生の団結を強化する上での、最も広く、無駄なく行われるべき方法である。

② 学校教育計画を制定し、また教授要領を制定する時には、党委員会指導の下に教師と学生とが結びつくという方法をとる。

③ 学生に対して評価を行い、また奨学金の査定を行うときにも、党委員会指導の下に教師と学生とが結びつくという方法をとる。

④ 教授過程は理論と実際を結びつけるという原則を貫く必要があり、党委員会の指導の下に、可能な限り実際経験のある人（幹部・模範労働者・労働英雄・民間専門家）を招いて、専門の教師と共同で授業をするようにするのが望ましい。

⑤ 学校の指導人員は、可能な限り学生とともに生活し、ともに労働する必要がある。党と共産主義青年団の活動家・政治科の教師は、学生と一緒に食事をし、一緒に住み、一緒に労働するようにすべきである。学校の財政・建設計画などは、教師・全学生・職員の前に公開し、その全員が管理活動に参加できるようにすることが望ましい。

⑥ 教師と学生の間で民主的で平等な関係を打ち立てなくてはならない。教師は学生に

近づき、絶えず学生の状況を理解し、実際の状況に密着して教育を行い、「全面発達」と「因材施教」とを結びつけるようにする。

科学研究は「百家争鳴」の方針を実行する。高等教育機関の社会科学系各科の高学年では、若干ブルジョア理論系統の紹介または批判の課程を設けて、対立の側面を作り出すべきである。

経費を節約して学校を経営するという原則を堅持しなくてはならない。学校の経費は教育と生産に使用し、教授過程の改善や生産と無関係な項目の経費の増加をできるかぎり節減するようにしなくてはならない。

(六)

全国的に、3～5年の間に、基本的に非識字者を一掃し、小学教育を普及し、農業協同組合にはどこにも中学があり、学齢前の児童の大多数を託児所と幼児園に入れるという任務を完成させる。また、中等教育と高等教育を大いに発展させ、今後約15年間で、基本的におよそ本人が望み、条件が合う全国の成年・青年は、すべて高等教育を受けられるようにする。われわれは、約15年間で高等教育を普及し、さらにもう15年ぐらいの時間をかけて、その質的向上の仕事をする。

中共中央と国務院は、全党と全国人民と全教育者に、この文化革命の光栄ある任務を完成するために努力するよう呼びかける。各省・市・自治区の党委員会と人民委員会は、それぞれの実際状況に基づいて、具体的な計画を立てなければならない。

題目の原語は『中共中央、国務院関於教育工作的指示』である。
(出所：斉藤秋男・新島淳良・光岡玄編訳『続　毛沢東教育論』青木書店、1966年、pp.210-222)

あ と が き

　中国国家留学基金と留学時代の指導教官であった牧野篤先生のおかげで、卒業4年後の2011年10月に、再び日本にやってきた。日本の教育をあらためて味わうたびに、義務教育段階における人間としての成長や心の豊かさの育成を第一にする使命感や社会教育における自己教育と相互教育の醍醐味を鮮明に心の中に刻んでいる。30歳過ぎてはじめて日本に留学した筆者の当初の選択は、間違いがなかったと言える。

　留学したことで、色々な面で確かに成果を得られた。その一つとしては、留学を通して自分の研究方向を決められたことである。中国で修士論文を書く際に、ちょうど中国における成人教育大発展の時期でもあったため、当時の指導教官と相談した上で、日本の企業内教育を検討の対象にした。これは、その後の研究方向を決定づけることになり、また留学のきっかけにもなった。そして、日本語学校を経て名古屋大学大学院教育発達科学研究科に入学した筆者は、所属する社会・生涯教育学のゼミで、社会教育の本質や学校教育との関係などの問題を深く追究していく過程で、日本の社会教育の理論と実践レベルの高さを日に日に認識できた。

　一方、「改革・開放」以来の中国は目覚ましい経済発展を遂げていると同時に、中国における各階層所得格差の拡大、各地区経済発展格差の拡大などの社会問題ももたらされてきた。そこで経済発展の区域化と社会成員の多様化に伴って、成人教育が政府によって進められ、従来のような学校教育の補足という位置付けから生涯学習システムを形成する基本制度として位置づけられ、規模の拡大および内容の変化など急速な展開を示している。その一方で、現実の諸政策、諸課題の解決のため、一層合理的、計画的な成人教育政策の作成、決定、執行が迫られるようになった。ところが、成人教育は新中国建国の初期においては、新中国国家建設のために普通学校教育と併行する教育制度として確立された。そこで、建国初期に行われてきた労農教育の到達点とその展開過程

が内包していた諸問題を明らかにする必要があると考えるようになった。また、解放後の労農教育政策の分析は、中国社会の現実の成人教育問題を考察するための基礎的な作業であるといえる。なぜなら、今日の中国の成人教育の根幹（成人教育制度など）は建国初期に形成されたと考えられる。その基本的な骨格（「二本足で歩く」）は現在まで続けられており、今日の成人教育問題を分析する時、常に基礎的な検討の対象となりうる。

　本書は、上記の課題意識から、名古屋大学大学院教育発達科学研究科に提出した博士論文「中国の労農教育政策に関する研究―解放後の国家政策における人材観を中心に―」を若干加筆したものである。本研究にあたっては、博士論文の構想段階から執筆、審査、そして本書の出版にいたるまで、指導教官の牧野篤先生に多大な示唆と手厚いご指導をいただいた。そして、副指導教官である中嶋哲彦先生と高木靖文先生にもご指導をいただいた。また最後の博士論文審査の際、李正連先生からもご指導をいただいた。この場をお借りして改めて心よりお礼を申し上げたい。さらに、新海英行先生には、筆者の修士時代に名大を退官されたにもかかわらず、学会や研究会で会うたびにいつもあたたかい言葉で励ましてくださり、またご指導をもをいただいた。さらに、私の所属していた名古屋大学大学院社会・生涯教育学研究室の先輩や後輩である上田孝典様、中山弘之様、村瀬桃子様、松浦崇様、黒澤ひとみ様、古里貴士様などの方々にもお礼を申し上げたい。また、本論文の執筆中、私の友人である中国国家教育部の趙揮などの方々から資料調査の便宜を提供していただいた。かつての指導教官である王桂先生・傅維利先生にもあたたかいご声援をいただいた。これらの方々にも心から感謝の意を表したい。

　最後に、本書は、日本学術振興会平成24年度科学研究助成事業――科学研究費補助金（研究成果公開促進費）の交付を受けて出版するものである。日本学術振興会と理事長安西祐一郎様に心から感謝を申し上げたい。また本書の出版の際には、大学教育出版の佐藤守様、安田愛様にお力をお借りいただいた。深く感謝したい。

2012年7月15日

王　国輝

■著者紹介

　王　　国輝　（Wang　Guohui）

　　中国・遼寧師範大学准教授
　　東京大学大学院教育学研究科客員研究員（2011年10月〜2012年9月）
　　名古屋大学大学院教育発達科学研究科博士課程修了
　　博士（教育学）

　　主書
　　『当代外国教育―教育改革的浪潮与趨勢』（分担執筆、中国人民教育出版
　　　社、1995年）

中国労農教育政策の形成と展開
―解放後の国家政策における人材観を中心に―

2012年8月1日　初版第1刷発行

■著　者──── 王　国輝
■発 行 者──── 佐藤　守
■発 行 所──── 株式会社 大学教育出版
　　　　　　　〒700-0953　岡山市南区西市855-4
　　　　　　　電話 (086) 244-1268　FAX (086) 246-0294
■印刷製本──── サンコー印刷㈱

© Wang Guohui 2012, Printed in Japan
検印省略　　落丁・乱丁本はお取り替えいたします。
本書のコピー・スキャン・デジタル化等の無断複製は著作権法上での例外を除き禁じられています。本書を代行業者等の第三者に依頼してスキャンやデジタル化することは、たとえ個人や家庭内での利用でも著作権法違反です。
ISBN978-4-86429-161-3